블록체인,
기업의 미래를 결정하다

Blockchain for Business

블록체인, 기업의 미래를 결정하다

비즈니스 관점에서 바라본 블록체인 가이드

초판 1쇄 2020년 2월 7일

지은이 자이 싱 아룬·제리 쿠오모·니틴 거
옮긴이 김수진
발행인 최홍석

발행처 (주)프리렉
출판신고 2000년 3월 7일 제 13-634호
주소 경기도 부천시 원미구 길주로 77번길 19 세진프라자 201호
전화 032-326-7282(代) **팩스** 032-326-5866
URL www.freelec.co.kr

편집   고대광·오창희
표지디자인 황인옥
본문디자인 김경주

ISBN   978-89-6540-264-0

※ 일러두기
본문에 나오는 각주는 모두 옮긴이주입니다.

블록체인,
기업의 미래를 결정하다

Block chain
for business

비즈니스
관점에서
바라본
블록체인
가이드

자이 싱 아룬 · 제리 쿠오모 · 니틴 거 지음 —————— 김수진 옮김

프리렉

추천사

지난 몇 년 동안 블록체인에 관해 많은 글이 나왔다. 블록체인 기술이 기업과 업계, 경제에 장기적으로 의미하는 전략적 가치뿐 아니라 블록체인이 도대체 무엇이며, 또 어떤 것은 블록체인이 아닌지 다루는 깊이도 다양하다. 하지만 블록체인 기반의 솔루션을 개발하고 구현해서 운영하는 데 필요한 실용성 및 운영 측면에서의 '어떻게'에 해당하는 단계만큼은 미처 놓치고 있었다. 이 책은 우리가 놓치고 있던 빈 곳을 메울 목적으로 집필되었다. 지금 당장이라도 이 놀라운 기술이 열어 주는 변화의 물결에 합류해 가능성을 찾아보려고 하는 사람들에게 이 책은 큰 도움을 줄 것이라 기대한다.

대부분 기술은 한 번에 하나의 비즈니스로 구현되고 나면 끝이다. 하지만 블록체인은 그렇지 않다. 블록체인은 공급망 관리(SCM)처럼 여러 기업이 하나의 비즈니스 생태계를 구성해 그 기술을 다 같이 적용할 때 진가가 여실하게 드러난다. 《블록체인, 기업의 미래를 결정하다》는 이러한 생태계를 만들고 관리하려면 무엇이 필요한지 핵심 내용을 자세하고 깊이 있게 다룬다. 예를 들면, 블록체인 컨소시엄에 참여할 것인지 의사 결정을 내릴 때 근거가 되는 기술 고려 사항과 비즈니스 모델, 순조롭고 효율적인 운영에 필요한 거버넌스 구조 등이 되겠다. 또한 블록체인 프레임워크와 애플리케이션을 성공적으로 개발하고 운영하는 데 필요한 전문 기술과 관리자의 역할이 무엇인지도 친절하게 설명해 준다.

《블록체인, 기업의 미래를 결정하다》는 지금 당장이라도 이 변화무쌍한 기술이 열어 주는 세상 속으로 뛰어들어가 기회를 찾아볼 준비가 된 사람들에게 귀중한 가이드가 되어 준다.

MIT 슬론 경영대학원의 리서치 어필리에이트
월스트리트저널 CIO 저널 칼럼니스트
IBM 전 부사장
어빙 블라다우스키 버거(Irving Wladawsky-Berger)

추천사

블록체인이란 무엇인가?

블록체인에 대한 많은 오해가 있다. 첫 번째 오해는 블록체인과 분산원장이 서로 다른 개념임에도 동일한 개념으로 생각하는 것이다. 두 번째 오해는 암호화폐 하면 비트코인을 생각하는 것이다. 비트코인이 최초의 암호화폐인 것은 맞으나, 비트코인조차 수많은 암호화폐 중의 단지 하나일 뿐 비트코인과 암호화폐를 분리해서 생각해야 한다. 가장 중요한 마지막 오해는 블록체인과 암호화폐의 관련성이다. 블록체인과 암호화폐를 분리할 수 있는지 아닌지에 대한 논쟁이다(블록체인과 암호화폐는 분리할 수 없다).

블록체인에 대한 기술적 정의는 차치하더라도, 우리는 블록체인을 '제4차 산업혁명의 핵심 인프라' 또는 '제2의 인터넷'이라 말하고 있다. 이러한 말 속에 블록체인이 무엇인지에 대한 답이 있다. '제4차 산업혁명의 핵심 인프라'의 의미를 살펴보려면 현재 우리가 살고 있는 세상의 인프라가 무엇인지 생각해 보면 된다. 제3차 산업혁명으로 탄생한 현재 세상의 인프라는 컴퓨터와 네트워크(인터넷)라는 것을 누구나 알고 있다. 그렇다면 블록체인이란 현재 컴퓨터와 네트워크를 대체한다는 의미가 되는 것이다. 이를 통해 블록체인 개념 속에는 컴퓨터와 네트워크 개념이 포함된다는 것을 유추할 수 있다. 특히, '제2의 인터넷'의 의미는 '블록체인이란 또 다른 인터넷'이란 의미를 내포하고 있다. 결국 '블록체인'은 '컴퓨터이자 네트워크(인터넷)'이며, 미래 세상의 인프라가 되는 것이다.

우리나라는 1990년대부터 미래의 국가 경쟁력을 위해 인터넷 진흥 정책을 강력히 추진했으며, 그 결과 세계 최고의 IT 강국이 되었다. 그러나 엄밀히 말하면 IT 강국이 아닌 IT 인프라 강국, 즉 인터넷 강국이란 뜻이다.

비록 IT 인프라 강국이라 하더라도, 그것이 과연 IT 인프라로 창출되는 IT 관련 산업의 강국으로 이어질 수 있을까? IT 관련 산업의 강자인 페이스북, 구글 및 아마존 등은 어느 나라 기업인가? IT 인프라 강국과 IT 관련 산업 강국은 엄연히 다르다. 이유는 우리 모두가 이미 알고 있다.

이제 우리는 새로운 패러다임 탄생에 직면해 있다. 바로 블록체인(미래 세상의 인프라)이다. 미래 세상의 선도 국가가 되기 위해서는 과거 우리의 경험으로부터 해답을 찾아야 한다. 우리가 인터넷 진흥 정책을 통해 성공한 경험으로, 이제는 제2의 인터넷인 블록체인 진흥 정책을 정부 차원에서 강력히 추진해야 한다. 그리고 무엇보다도 중요한 것은 블록체인 관련 산업육성을 강력히 추진해야 한다는 점이다. 우리나라가 IT 인프라 강국이기는 하지만 IT 관련 산업으로 이어지지 않았다. 우리가 실패한 경험을 반면교사로 삼아 블록체인 관련 산업 육성을 위한 전략적 국가 정책이 필요한 시점이다. 물론 이러한 정책의 핵심은 관련 규제의 철폐일 것이다. 왜냐하면 인프라는 인프라일 뿐이기 때문이다. 인프라인 블록체인 자체 보다는 블록체인상에서 창출되는 블록체인 생태계 발전이 더욱더 중요하기 때문이다.

이제 우리는 블록체인과 암호화폐에 대한 오해를 풀고 미래 대한민국을 위해 준비를 해야 한다. 아니 이제 시작해도 늦은 것이다. 더 늦기 전에 우리는 '블록체인 강국'이 되기 위해 정부와 기업, 학계, 일반 국민들 모두가 함께 블록체인 생태계 활성화에 정진해야 할 때이다.

현재 우리나라의 경우 블록체인과 암호화폐가 분리 가능한지 아닌지에 대한 소모적인 논쟁과 블록체인 관련 킬러 서비스의 부재 때문에 '제4차 산업혁명의 핵심 인프라(미래 세상의 인프라)'인 블록체인에 대한 관심이 많이 사라지고 있고, 암호화폐에 대한 부정적 시각 때문에 많은 블록체인 및 암호화폐 전문가들이 안타까워하고 있다. 특히, 미래 신성장 동력으로 선택한 정부의 블록체인 육성 전략 또한 매우 미비한 실정이다. 더욱이 대통령 직속 제4차 산업혁명 위원회에서 발표한 보고서조차도 블록체인에 대한 인식이 매우 초보적인 수준에 머물러 있어 안타까운 실정이다. 블록체인을 제4차 산업혁명의 핵심 인프라로 이야기하면서, 정작 제4차 산업혁명 보고서에는 블록체인에 대한 깊이 있는 연구나 블록체인 생태계에 대한 내용이 미비하다.

이러한 시점에 《블록체인, 기업의 미래를 결정하다》가 출간되고 추천사까지 쓰게 되어 매우 기쁘고 영광스럽게 생각한다. 이 책은 블록체인 자체를 설명하는 것이 아니라 블록체인 생태계를 설명하고 있다. 즉, 블록체인 상에 창출되는 서비스의 실제적인 구현 방법을 설명하는 것이다. 많은 사람들이 아직까지 블록체인은 성숙되지 않은 기술이며, 블록체인 서비스가 시기상조라고 생각하는 것 같다. 그러나 세계는 이미 블록체인 생태계의 주도권을 잡기 위해 숨 가쁜 경쟁을 하고 있다. 심지어 기업조차도 블록체인 생태계의 주도권을 잡기 위해 전력을 기울이고 있다. 우리나라의 경우에도 이미 많은 사람들이 경험할 수 있는 블록체인상의 실제 서비스가 있다. 바로 은행들이 공동으로 구현한 '뱅크사인'이다. '뱅크사인'은 기존의 공인인증서를 대신한 블록체인 인증서이다.

이제 소모적인 논쟁을 끝내고 '대한민국의 미래(블록체인 강국)'이자 '청년들의 희망'인 블록체인과 암호화폐에 대한 올바른 이해를 바탕으로 조만간 다가올 블록체인 세상에서 대한민국이 선도적인 역할을 할 수 있으면 한다.

특히, 《블록체인, 기업의 미래를 결정하다》를 기업 및 일반인뿐 아니라 정부 관계자들도 숙독하여 블록체인과 암호화폐, 블록체인 생태계에 대한 올바른 이해가 되어 '블록체인 진흥 정책'을 제대로 입안했으면 한다.

동국대학교 국제정보보호대학원 블록체인 연구센터
박성준 센터장(앤드어스체인 및 다온코인 창안자)

추천사

본인(돈 탭스콧, Don Tapscott)은 집필진의 엄청난 통찰력과 대단히 실용적인 견해가 담겨 있는 《블록체인, 기업의 미래를 결정하다》에 관해 몇 가지 맥락을 덧붙여 설명할 기회가 생겨 대단히 기쁘게 생각한다. 아들인 알렉스 탭스콧(Alex Tapscott)과 내가 2016년 《블록체인 혁명》(2018)의 초판을 발간했을 때, 우리는 블록체인의 특징을 가치 있는 트랜잭션을 수행하는 플랫폼으로 정의했었다. 우리는 거의 40여 년간을 그렇게 설명했으며 정보의 인터넷 시대를 살아왔다. 정보의 인터넷 시대에 기업 간, 사람 간에 그리고 기업과 사람 간에 데이터의 흐름은 크게 향상됐지만, 기업의 가장 깊숙한 곳에 자리한 아키텍처까지 전환하지는 못했다. 왜냐하면 인터넷이란 원래 사람과 사람 사이에 정보를 이동할 목적으로 설계되었을 뿐이지, '암호학의 아버지'라 불리는 데이비드 차움(David Chaum)[01]이 '이중 지불 문제(double spending problem)'라고 표현한 현상을 해결하도록 설계되지 않았기 때문이다. 이중 지불 문제는 1달러짜리 디지털 화폐를 온라인에서 두 곳으로 송금할 수 있기 때문에 일어난다.[01]

이제 난생처음 우리는 처음부터 가치를 이동할 목적으로 개발한 디지털

---

01 '암호학의 아버지'라 불리며 세계 최초의 암호화폐인 이캐시(e-Cash)를 만들었다.

매개체를 갖게 되었다. P2P(peer to peer) 방식을 기반으로 금전과 음악부터 투표와 지적 재산권에 이르기까지 어떤 자산이든지 안전하고 신원이 노출되지 않은 상태에서 이전할 수 있다. 신용이라는 것이 반드시 은행이나 정부와 같은 중재자에 의해서만 담보되는 것은 아니며, 암호와 협력, 명석한 코드에 의해서도 가능하다.

《블록체인 혁명》의 선풍적인 인기에 힘입어 나는 알렉스와 함께 블록체인을 전문으로 연구하는 '블록체인 리서치 연구소(BRI, Blockchain Research Institute)'를 설립하게 됐다. BRI는 블록체인의 이용 사례를 발굴하고 조직에서 블록체인의 실험과 변화를 주도하는 데 필요한 리더십 연구에 전념하는 일종의 싱크 탱크 역할을 한다. BRI에는 글로벌 기업과 정부, 비영리 기관, 블록체인 스타트업 커뮤니티의 회원들이 참가해 그 규모가 커져 왔다.

IBM의 CEO인 버지니아 로메티(Virginia Marie Rometty)는 일찍부터 블록체인 기술의 전환적인 잠재력을 깨달아 IBM이 BRI의 창립 회원이 됐다. 또한 이 책의 공동 저자이기도 한 젠나로 제리 쿠오모(Gennaro Jerry Cuomo)는 2017년 가을, BRI가 처음으로 모든 회원사를 초대해 개최한 콘퍼런스에서 오프닝 패널로 참석하기도 했다. 제리는 당시 참석했던 임원들에게 상당히 의미심장하고 귀중한 경험담을 들려주었다. 그때 이후로 우리는 업계별로 10개의 그룹을 만들어 약 100개의 프로젝트를 구성하고, 공공과 민간 부문 양쪽에서 9명의 임원(C-suite)을 선임해 프로그램을 확대해 왔다. IBM은 적극적으로 활동하는 회원사로, 팀 구성원들이 다양한 프로젝트를 진행하면서 터득한 경험담을 아낌없이 공유해 주었다. 예를 들면, 월마트 및 브루클린 로스팅 컴퍼니(Brooklyn Roasting Company)[02]와는 식품 추적 프로젝트를, 머스크(Maersk)와는 글로벌 운송의 디지털화 프로젝트를 진행하고 유니레버와는 디지털 광고 구매 생태계를 추적하는 시스템을 개발했다.[02]

새로운 것을 창조해 내는 과정에서 공통된 경험을 겪다 보면 비슷한 생각을 하게 된다. 아마도 그렇기 때문에 자이 싱 아룬, 제리 쿠오모, 니틴 거가 공저한 《블록체인, 기업의 미래를 결정하다》에는 우리의 견해와 그 궤를 같이하는 주제가 담겨 있으며, 내 개인적인 생각과도 100퍼센트 딱 들어맞는다.

■ **디지털 신원 인증:** 자이와 제리, 니틴은 《블록체인, 기업의 미래를 결정하다》 전 범위에 걸쳐 디지털 신원 인증의 역할을 강조한다. 실제로 자이는 이 분야에서는 선구적인 이론가로, IBM에서 발행한 중요한 보고서인 '블록체인 기반 디지털 신원(Trust Me: Digital Identity on Blockchain)'의 공동 저자이기도 하다.[03] 이 보고서는 당시 엄청난 반향을 불러일으켜 문고판으로 출간한 《블록체인 혁명》에 큰 아이디어를 주기도 했다. 알렉스와 나는 자기 주권 신원(self-sovereign identity)[03]의 필요성을 강조했다.

---

02 뉴욕 소재의 커피 회사로 IBM과 함께 '블록체인 빈(Bean) 프로젝트'를 진행해 에티오피아의 커피 농장에서 생산되는 예가체프(Yirgacheffe)의 모든 이동 경로를 블록체인에 올려 추적한다.

03 자기 주권형 신원 증명 방식을 채택할 경우 특정 기관이 다량의 개인 정보를 보유할 때 발생할 수 있는 유출 사고의 위험이 없으며, 누군가 개인 정보를 조사한다거나 제공 및 사용 대가를 속여 뺏는 행위가 불가능하므로 개인 정보에 대한 소유권이 완전히 이전되는 효과가 있다. 개인 정보는 단말기에 분산된 형태로 저장되며 서비스를 이용하려면 개인 정보 중에서 꼭 필요한 정보만 선택해 인증받으면 되므로 매번 로그인하거나 인증할 필요 없이 이전에 인증했던 정보를 불러오기만 하면 된다.

부트스트랩(bootstrap)[04] 방식으로 개인의 신원이 정해진 절차에 따라 인 증 되도록 설정해 놓으면, 제삼자의 개입 없이도 어떠한 상황에서든 강제로 인증이 이뤄지도록 하는 수단으로 블록체인을 활용하는 것이다. 우리는 IBM이 회원사로 활동하는 컨소시엄인 탈중앙화 신원 증명 협회(DIF, Decentralized Identity Foundation)가 추진하는 탈중앙화 신원 인증 (DID, Decentralized Identifiers)에 대해 보고하기도 했다. DIF는 '전 세계적으로 쉽게 찾아볼 수 있는 탈중앙화된 인증과 블록체인 아이디(ID), 제로 트러스트(zero-trust)[05] 기반 데이터 저장'을 혼합하는 방안을 찾아보고자 설립됐다.04 작업 그룹(실무 협의단)은 이용 사례와 표준안 개발을 지향점으로 삼아 크게 세 가지 영역, 즉 식별자(identifier)와 검색(discovery), 데이터의 저장과 연산(computation), 확인(attestation)과 평판(reputation)에 중점을 두고 있다.05 IBM은 이러한 활동에 엄청나게 큰 노력을 기울여 왔는데 많은 협업 사례 중에서도, ATB 파이낸셜(ATB Financial, 캐나다 앨버타 주정부 은행), 에버님(Evernym)[06], 소브린 재단(Sovrin Foundation)[07], 워크데이 (Workday, 클라우드 기반 기업용 인사·재무관리 소프트웨어를 개발)와는 검증 가능한 자격 증명(verifiable credentials)[08]을 개발해 왔으며, 시큐어키 테크놀

---

04 일반적으로 한 번 시작되면 알아서 진행되는 일련의 과정을 뜻하며, 컴퓨터 부팅 과정을 부트스트랩이라고도 한다.

05 보안 위협을 막으려면 시스템의 내외부 모든 곳이 위험하다는 전제하에 적절한 인증 절차 없는 접속자나 앱, 디바이스를 전혀 신뢰하지 않으며, 누구든 시스템에 접근하려고 하면 권한을 부여하기 전에 재차 신원을 확인해야 한다는 개념이다.

06 2013년 설립한 블록체인 신원 인증 솔루션 스타트업

07 블록체인 기반 글로벌 신원 인증 체계를 구축 중인 비영리 민간단체

08 정보가 변경되었는지 쉽게 확인할 수 있는 ID 데이터 혹은 클레임(tamper-evident claim)들과 누가 발행하였는지를 암호학적으로 확인할 수 있는 메타 데이터의 집합

로지스(SecureKey Technologies)와는 모바일 애플리케이션을 통한 새로운디지털 신원 인증 및 속성 공유 네트워크를 구축해 왔다.06

- **기회와 도전:** 지금까지 블록체인에서 거둔 결실에서 가장 중요한 성공 요인은 바로 장애 요소를 기회로 바꿔 놓으려고 합심한 노력에 있다. 중역진들은 규제의 불확실성과 개념 증명 합의 메커니즘에 소모되는 에너지 수준, 개인의 암호화폐 사용을 제한하기 위한 중국과 러시아 등 정부의 노력을 이해해야 한다. 또한 몇 가지 세간에서 거론되는 우려 사항 중에서 꼽자면 블록체인 기술이 일자리 살인자가 될지도 모른다는 불안감 등도 알아두어야 한다. 우리는 이러한 문제에 대해 그동안 상당히 많이 다루어 왔으며, 이 문제들을 정면 돌파한 저자들에게 갈채를 보낸다.

- **블록체인 모델:** 블록체인 비즈니스 모델은 일반적으로 탈중앙화된 네트워크로, 노드의 숫자가 늘어나면 비즈니스 모델의 규모도 함께 늘어나서 네트워크 효과의 지배를 받는다. 자이와 제리, 니틴은 4가지 중요한 비즈니스 모델(창립자 주도형 네트워크와 조인트 벤처, 컨소시엄 네트워크, 비즈니스 생태계)을 설명했다. 저자들은 파일럿 프로젝트에서 기업 통합으로 옮겨가는 4단계 프로세스를 개략적으로 알려준다. 경험에서 우러나오는 실전 가이드다.

- **거버넌스:** 블록체인 세계는 공식 혹은 비공식 리더로 붐빈다. 어떤 리더는 스타트업이나 블록체인 컨소시엄, 규제 기관에서 중역의 역할을 맡고 있는가 하면, 어떤 리더는 설득력과 영향력을 겸비한 비전과 재능을 갖추고 있다. 우리는 거버넌스 네트워크가 필요하다는 점을 널리 알렸었다. 그중에서도 표준 개발과 정책 가이던스, 커뮤니티 옹호자, 지식, 교

육 분야에서 다중 이해관계자(multistakeholder)[09] 네트워크가 필요하다. 자이와 제리, 니틴은 이 쟁점들을 허가형과 비허가형 블록체인이라는 실용적 관점에서 현명하게 제시했다. 프로토콜의 온체인(on-chain) 및 오프체인(offchain)거버넌스[10]와 그 프로토콜에서 구동되는 애플리케이션을 갖춘 블록체인이다. 이 문제들은 시간이 흐르면서 시스템의 확장과 상호 운용성, 위기 관리에 대단히 중요한 쟁점으로 부상할 것이다.

■ **팀 구성:** 기업용 블록체인 파일럿에서 가장 중요한 것이 바로 이 부분이다. IBM은 회사 내부에서 다양한 부서에 걸쳐 팀을 꾸리고 업계와 국가를 초월해 함께 일해 왔기 때문에 이 부분에서는 풍부한 경험을 갖추고 있다. 저자들은 팀에 적합한 인재를 배치한 다음, 프로젝트를 효율적으로 관리하는 가이드를 제공해 준다. 따라서 기업은 성공 사례를 적극적으로 수용하고 실패를 통해 배울 수 있다.

■ **재무 모델:** 금융 업계는 단순한 일을 일부러 복잡하게 설계하여 처리하게 하는 루브 골드버그 장치[11]처럼 변모해 온 경향이 있다. 금융 서비스의 여덟 가지 기본 기능, 즉 신원 인증과 지급 이체, 저축 계좌 유지, 대출, 자산 거래, 자금 투자, 자산 담보와 리스크 관리, 회계를 수행한다. 분산 원장에서 구동되는 스마트 계약과 분산 애플리케이션은 이 여덟 개 영역에 각

---

09 정부를 포함해 시민 사회. 민간 기업, 전문가들이 동등한 자격으로 참여하는 과정에서 필요한 대책을 마련하고 공동의 의무를 다할 수 있도록 하는 구조

10 온체인 거버넌스는 거버넌스가 블록체인 내에서 이루어지며, 개발자 사용자채굴자(마이너)가 모두 골고루 참여하며 주로 투표에 의해서 정책과 정책 수정이 이루어진다. 오프체인 거버넌스는 블록체인 밖에서의 협의가 블록체인에 반영되는 구조다.

11 미국의 만화가 루드 골드버그(Rube Goldberg)가 고안한 장치인데, '간단한 일을 복잡하게 해결하는 인간'을 풍자했다.

각 포진해 있는 기존의 서비스 제공 주체에 도전장을 내밀고 있다. 암호화폐 공개(ICO)는 이미 벤처 캐피탈을 파괴하고 있다. 반대로 기존의 사업자들은 블록체인을 수용한다면 훨씬 발전된 방향으로 비즈니스를 전환할 수 있다. IBM은 스탠다드차타드 은행의 스마트 다국적 보험 계약을 개발하기 위해 AIG와, 그리고 주요 은행의 블록체인 글로벌 무역 금융 파트너십인 바타비아를 위해 캐나다 몬트리올 은행 및 스페인 카이샤 은행 독일 코메르츠은행, 오스트리아 최대 은행 어스트 그룹, 스위스의 UBS와 직접 협업하고 있다.07

자이와 제리, 니틴은 적절한 이용 사례의 발굴부터 매출 증가의 견인과 경쟁력 우위의 공고화에 이르기까지 기업이 블록체인 전략을 수립하는 데 필요한 견고한 미래 청사진을 제공했다. 우리는 지금이야말로 리더가 실행에 나서야 할 때라는 점에 동의하며, 그런 점에서 《블록체인, 기업의 미래를 결정하다》는 리더를 움직이게 할 것이다.

블록체인 리서치 연구소(BRI) 공동 창립자 겸 회장
《블록체인 혁명》의 공동 저자
돈 탭스콧(Don Tapscott)

옮긴이의 말

인터넷 초기에 누구나 품었던 분산과 자율, 익명, 가상의 공간 실현에 대한 열망은 GAFA(구글, 아마존, 페이스북, 애플), BAT(바이두, 알리바바, 텐센트)처럼 전 세계 사용자를 거느린 소수의 거대 플랫폼 사업자한테 영향력이 집중되면서 식어 버렸다. 이 플랫폼 사업자들은 그동안 축적한 '빅데이터'를 무기로 우리의 일거수 일투족을 감시하는 '빅 브라더'와 같은 존재가 될 수도 있다.

블록체인은 바로 이 빅 브라더에 대한 도전이라고 볼 수 있다. 중앙 집권적인 관리 체계를 따르지 않는 블록체인 기술은 기득권을 향한 도전이자 '새로운 길'의 시작을 알리는 신호탄이기도 하다. 하지만 그동안 블록체인을 접목할 수 있는 약 100가지 사례 중에서 하나에 불과한 암호화폐가 시장을 혼탁하게 변질시키고 규제 기관이 개입하면서 블록체인은 정당한 평가를 받지 못했다. 그럼에도 2019년에는 블록체인 규제 자유 특구로 부산시가 선정되고 블록체인 기반 지역화폐가 상용화되는 등 정부와 산업계에서 블록체인 기술의 이점을 '현실화'하는 단계로 접어들었다.

본인도 블록체인 사업 개발을 담당하지만 블록체인에 대해 소개해 달라는 요청을 받으면 난감함을 느낀다. 블록체인은 암호기술과 토큰 이코노

미라는 경제 모델을 결합해야 비로소 성립하는 구조이고, 그 모든 것을 대강 알려 주면 정작 상대방은 원하는 답을 듣지 못할 것이 뻔하기 때문이다. 그런데 그 '상대방들'이 궁극적으로 원하는 질문은 하나로 귀결된다. "우리 회사에 블록체인을 도입하거나 블록체인 컨소시엄에 참가하려면 어떤 것들을 검토해야 하는가? 블록체인이 디지털 화폐로서 어떠한 미래 가능성을 제시하는가?" 이 책은 바로 이런 질문에 대한 답과 통찰력을 준다는 점에서 기존의 블록체인 관련 도서와 차별화된다.

이 책에서 주목하고 싶은 내용을 크게 다섯 가지로 정리해 보았다.

첫째, 블록체인을 기술 관점에서 정리한 도서는 많았지만, 이 책처럼 블록체인을 기업의 비즈니스 관점에서 실무자를 위해 기술한 도서는 거의 찾아볼 수 없다. 기업 입장에서는 블록체인을 도입하려고 할 때, 어떤 것을 알아봐야 하는지 참으로 막막하다. 인력, 비용, 도입 형태, 동종 업계 사례, 기존 인프라와의 호환성 등 파악해야 할 것은 수도 없이 많지만, 나무만 보이고 숲이 안 보인다고 많이 이야기한다. 그도 그럴 것이 이 책의 저자들이 소속된 IBM처럼 블록체인 개발부터 운영과 거버넌스 등 모든 프로세스를 총망라한 솔루션을 제공하는 기업은 없기 때문이다. 이 책에서는 FAQ(자주 묻는 질문들) 형태로 궁금증을 풀어준다. 그리고 그만큼 IBM의 하이퍼레저 패브릭을 활용한 대표적인 글로벌 사용 사례들이 깊이 있게 다루어진다.

둘째, 블록체인 비즈니스 모델과 사업 모델의 가치 평가, 거버넌스 체계 등 비즈니스에 관한 논점과 블록체인 기술을 둘러싼 쟁점, 컨소시엄 모델 운영상의 이슈 등이 망라되어 있다. 따라서 새로운 비즈니스 모델을 구상하는데 있어 IBM이 수많은 기업들을 상대로 블록체인 컨설팅을 수행하면서 터득한 노하우를 가이드로 삼을 수 있다.

블록체인 컨소시엄에 직접 참여하여 참여사들 간에 운용 비용과 수익 모델의 배분으로 인한 이견이나 최종 의사결정권을 둘러싼 주도권 분쟁 등의 상황에 직접 맞닥뜨리지 않으면 '거버넌스 체계'라고 하는 단어가 피상적으로 들릴 수 있다. 하지만 블록체인 글로벌 컨소시엄에 참여하면서 '음, 거버넌스 체계가 부족해서 이런 문제가 발생하는군'이라고 여러 번 느꼈던 본인한테는 가슴에 와 닿는 내용이 많았다. 기업들이 가장 고민하는 부분과 블록체인 컨소시엄 모델에서 어떤 부분이 취약한지를 IBM 입장에서 지켜보았기 때문에 핵심을 짚어 줄 수 있다.

셋째, 스테이블 코인 등과 같은 미래의 디지털 화폐가 탈중앙화된 금융서비스(De-Fi, Decentralized Finance)에서 어떠한 파급력을 갖고 사용 사례를 만들어낼지 구체적으로 다룬다. 페이스북이 주도하는 '리브라' 암호화폐(스테이블 코인)가 2019년 블록체인 분야에서는 가장 큰 화두였을 것이다. 각 나라의 규제 기관으로부터 뭇매를 맞아 실현 가능성은 낮아졌지만, 이 리브라가 가진 문제점을 참고로 삼아 결과적으로 각 나라가 디지털 통화 발행에 나서게 되었다는 점에 주목해야 한다. 이 책에서 스테이블 코인에 많은 지면을 할애한 것은 그만큼 앞으로 탈중앙화된 금융 서비스(De-Fi)가 금융 시장의 큰 흐름이라는 것을 시사한다.

넷째, 하나의 블록체인 플랫폼이 구현되기 위해 필요한 구성 요소를 자세하게 설명해 놓았다. 블록체인 기술 전반을 문장으로 표현하는 것은 가능해도, 시각적으로 이해하기 쉽게 설명하는 것은 어려운 일이다. 이 책에서는 물류 등 실제 사례를 들어서 블록체인의 아키텍처를 시각적으로 최대한 깊이 있게 다루고 있다. 블록체인을 비즈니스에 활용하려는 사람은 물론, 기술적인 문제를 짚어 보고자 하는 사람에게도 이 책을 추천하고 싶다.

다섯째, 블록체인 컨소시엄 참여자로서 겪는 갈등과 동기 부여 요소 등에 대해 썼다. 그 중에서 대표적인 것이 컨소시엄에는 동종 업계 경쟁사들이 참여하는데 내 정보를 어느 수준까지 공개할 것인지 경쟁사도 네트워크에 참여한다면 과연 어디서 차별화를 찾을 것인지 컨소시엄에 경쟁사와 함께 참여함으로써 얻게 되는 가치는 무엇인지 등 참여자라면 당연히 고민하게 마련인 포인트에 공감대를 마련해 준다.

블록체인은 여전히 기술과 사업, 제도 측면에서 극복해야 할 난관이 많지만, 여러 번 넘어져도 다시 일어나는 오뚝이처럼 주류 시장으로 조금씩 잠입해 들어오고 있다. 블록체인이 시장에서 영향력이 커지고 있는 상황에서, 여러분이 블록체인을 기업 실무자 입장에서 바라볼 때 부디 한 번쯤은 이 도서를 유용하게 활용하기를 바란다.

옮긴이 **김수진**

서문

블록체인은 분산화되고 탈중앙화된 방식으로 프로세스와 비즈니스 모델의 재창조를 견인할 만한 잠재력이 있기 때문에 많은 비즈니스에 전환을 가져다주는 기술이 될 수 있다. 하지만 대다수 비즈니스 및 기술 리더는 자신의 비즈니스와 업계에서 블록체인을 어떻게 활용하고 가치를 이끌어 낼 지에 대한 잠재력을 간과하거나, 블록체인을 주로 비트코인이나 암호화폐를 활용한 애플리케이션과 연관하여 생각하는 수준에 머무를 수 있다.

블록체인이 비트코인의 근간이 되는 기반 기술이기는 하지만, 블록체인은 업계에서 다양한 이용 사례에 폭넓게 적용할 수 있으며, 금융 시장을 넘어 고객에게 설득력 있는 가치 제안(value proposition)[12]을 가능하게 한다. 암호화폐를 너머 기업용 사례로 접목하기에는 블록체인의 역량이 아직은 잘파악되지 않았으며, 여러 가지 이유로 블록체인을 통해 새로운 방식으로 비즈니스 모델을 전환할 만한 잠재성이 명확하게 드러나지 않는다. 기술 활용이 비즈니스 주도로 이루어진다는 견해가 성립하려면 비즈니스 성과를 평가할 때 실용주의와 장기 비전 사이에서 균형을 맞추는 감각이 필요하다.

---

12 고객이 우리 상품(솔루션)이나 서비스를 구매 또는 가입해야 하는 이유에 대해 경쟁사와의 독창적인 차별점과, 고객이 궁극적으로 전달받게 되는 가치를 강조해 전달하는 것

이 책의 독자는
누구인가?

　　　　　　　　　　지금 시중에는 블록체인 기술이 가진 높은 차원의 잠재성을 논의한다든지, 기술상의 구현과 프로그래밍을 아주 깊이 있게 다루는 훌륭한 도서가 많이 나와 있다. 하지만 이 책을 집필하게 된 주요 목적은 높은 차원의 전망과 깊이 있는 기술 개념 사이에 확연히 존재하는 격차를 없애기 위해서다.

　이 책은 리더를 위한 실용적인 가이드로, 리더가 블록체인 기술로 조직의 비즈니스 프로세스와 모델을 어떻게 전환할 수 있을지 이해도를 높이고 평가할 때 필요하다. 블록체인 기술과 역량, 가치에 대해 단순하고 실용적인 개요를 비즈니스 관점에서 제공하며, 실제 업계에서의 다양한 이용 사례와 구현 방식, 업계별 그리고 그 경계를 넘어선 이용 사례를 설명해 준다. 그리고 잠재적인 비즈니스 모델과 거버넌스 구조를 정의하고, 탈중앙화나 하이브리드 기업 또는 생태계에서 어떠한 형태로 팀을 구성할지, 그리고 이에 따른 비용과 투자 수익을 이해하는 데 필요한지 등 리더의 통찰력에 필요한 내용을 제공한다. 또한 블록체인 기술의 현재 상태와 진화 방향을 정확하게 알려주고, 앞으로 블록체인이 발전해 가는 흐름에 편승하려면 리더로서 어떻게 잘 대비할 수 있을지를 설명해 준다.

　블록체인 기술로 어떻게 비즈니스를 전환할 것인지 여전히 확신이 서지 않는 대다수 리더는 올바른 비즈니스 이용 사례를 발굴하고, 비즈니스 모델과 거버넌스 구조를 정의하며, 팀을 구성하고 비용과 투자 수익, 재무 구조를 결정하는 일부터 시작한다. 이 책은 비즈니스와 블록체인 기술에 대한 통합적인 관점을 제공해 줌으로써 비즈니스 및 기술 리더의 고민 사항을 해결하는 데 초점을 맞추었다.

이 책에는 어떤
내용이 담겨 있는가?

우리의 목표는 여러분이 조직에서 블록체인 기술을 평가하고 구현할 때 조직에 긍정적인 영향을 미칠 수 있도록 여러분 스스로 이해하는 데 필요한 모든 핵심 주제를 다루고자 하는 것이다. 여러분이 이미 일부 내용에 대해서는 익숙하다고 해도 장마다 주요 개념에 대한 이해를 보강해 주고 일반적인 이용 사례를 살펴볼 것이다. 그리고 내용을 깊게 들어가다 보면 조직에서 블록체인 솔루션을 성공적으로 구현하는 데 도움이 되는 구체적인 단계와 상세한 내용을 체계적으로 접하게 될 것이다. 하지만 필요에 따라 여러분의 현재 역할에 직접적으로 영향을 미치고 당면한 문제에 답을 주는 장으로 곧바로 건너뛰어 읽어도 상관없다. 여러분의 경험이나 조직 내 역할에 따라 부족한 부분을 보강하거나 자세한 내용을 찾아볼 수 있다.

Chapter 1. 블록체인 입문

1장 도입부에서는 리더가 블록체인 기술에 대한 신념을 인식하고, 기업용 블록체인의 개념과 발전 가능성에 대해 정확하게 이해할 수 있도록 블록체인 기술을 바라보는 중요한 관점을 소개한다. 따라서 여러분은 블록체인이 자신의 비즈니스에서 왜 중요한지를 알게 될 것이다. 블록체인의 판로를 개척하는 사례에는 무엇이 있는지, 블록체인 프로젝트의 범위를 신중하게 정하고 거버넌스를 유지하면서 블록체인 비즈니스 네트워크 참여자에게 동기를 부여하는 방법 등을 포함한 핵심적인 측면에 대해서도 배우게 될 것이다. 1장에서는 또한 공익 측면에 기여하는 블록체인의 전환 사례 몇 가지를 다루며, 블록체인과 관련해서 가장 흔히 나오는 질문에 대한 답변도 소개하도록 한다.

Chapter 2. 기회와 도전 과제

여러분은 블록체인 네트워크를 구현하면서 어떤 기회나 도전 과제와 마주칠 수 있을지 궁금증이 들 수도 있다. 2장에서는 여러분의 업계와 비즈니스 목표에 맞춰 블록체인을 어떻게 적용할 수 있는지 등을 다루게 된다. 블록체인 기술의 파괴적인 요소가 기존의 조직 구조와 비즈니스 모델, 생태계에 걸쳐 어떻게 전환을 일으키는지 설명해 준다. 이 파괴적인 요소는 많은 업계에서 현상 유지(status quo)에 혁신을 일으키고 현재 상태에 머무르려는 성향에 과감히 도전장을 내밀어 무궁무진한 기회를 열어 준다. 블록체인 프로젝트의 성공에 가장 어려운 부분은 기술 자체보다는 범위와 동기부여, 거버넌스로 좁혀진다.

Chapter 3. 블록체인 기술 지형 이해하기

3장에서는 블록체인 기술의 전반적인 지형, 기업용(허가형) 블록체인과 퍼블릭, 비허가형 블록체인 간에 신뢰를 쌓는 방식의 차이점을 다룬다. 기업용 블록체인의 설계와 기업 통합은 솔루션 구현 비용과 애플리케이션의 수명에 영향을 미친다. 따라서 어떤 블록체인 네트워크에서든 경제적 인센티브가 가장 중요한 요소가 된다. 이러한 특징은 암호자산의 가치를 평가하고 블록체인 기반 비즈니스 네트워크의 지속적이고 일관된 성장을 담보하기 위해서 필수적이다.

Chapter 4. 비즈니스 모델을 결정할 때 고려할 사안

기업에 블록체인을 도입할 준비가 되면 여러분의 비즈니스와 업계에 맞는 적절한 비즈니스와 기술 모델을 정하는 일이 중요하다. 여러분은 블록체인에 참여함으로써 경제적 인센티브가 생기는 모델, 가령 단독으로 있을 때보다는 네트워크를 통해서 훨씬 큰 가치를 창출할 수 있는 모델을 원한다. 모델을 제대로 선정하면 블록체인이 몰고 오는 파괴적인 세력에 맞서는 데 도움 또한 받게 될 것이다. 새로운 경제 패러다임 아래서 경쟁하기를 원한다면 피할 수 없는 일이기도 하다. 4장에서는 여러분이 선택할 수 있는 비즈니스 모델을 설명하는데, 조인트 벤처와 컨소시엄, 신규 법인(NewCo), 비즈니스 생태계, BOO(Build-Own-Operate) 방식 또는 창립자가 주도하는 네트워크, BOOT(Build-Own-Operate-Transfer) 방식 또는 컨소시엄 구성원이 주도하는 네트워크 등이 있다.

Chapter 5. 블록체인 네트워크의 거버넌스 구조 개발하기

이제 여러분은 블록체인 네트워크에 맞는 모델을 선정했으니 구현할 준비가 된 셈이다. 가장 먼저 해야 할 작업은 거버넌스 구조를 세우는 일로,

여러분과 생태계 파트너가 블록체인 네트워크에 대한 공통된 비전과 목표를 향해 매진하기 위해 필요하다. 거버넌스 구조가 갖추어지고 나면 생태계 파트너는 자신의 비즈니스 네트워크가 어떻게 관리되는지 알게 된다. 5장에서는 거버넌스 구조를 어떻게 세우는지 설명하는데, 업계별로 특화된 요건을 반영하고 비즈니스 모델과 기술 청사진을 연결하는 탄탄한 고리가 만들어지도록 한다. 모든 참여자는 공통의 거버넌스 구조를 채택해 공통으로 설정한 목표와 네트워크 자원의 공정하고 공평한 사용, 그리고 참여 규칙을 따른다.

Chapter 6. 블록체인 프로젝트를 이끄는 팀 구성하기

블록체인 네트워크를 구축할 팀을 구성할 때는 다양한 분야에서 많은 사람을 끌어들여야 한다. 블록체인 프로젝트를 구축하려면 창립자와 회원사, 운영자, 사용자처럼 기업 차원의 역할이 필요하다. 그리고 운영 위원회 멤버와 프로젝트 관리자, 블록체인 컨설턴트, 엔지니어 등의 역할도 필요하다. 블록체인 네트워크를 개발하기 위해 각 기업으로부터 '최고 중의 최고' 인재를 기용하는 것을 인트라프라이즈 시너지(intraprise synergy)라고 한다. 이 개념을 바탕으로 여러분은 블록체인 네트워크의 각 참여자가 규모가 큰 네트워크에서 전문성을 발휘할 수 있도록 탈중앙화된 권한과 자율성을 부여한다. 6장에서는 이러한 개념 및 그와 관련된 많은 사항을 상세하게 다룬다.

Chapter 7. 재무 모델과 투자 지침, 모델 리스크 프레임워크 이해하기

여러분이 지금까지 내용을 읽어오면서 추측했을 테지만, 블록체인의 복잡한 기술을 둘러싸고 많은 도전 과제가 산적해 있다. 그중의 하나는 오늘날 다양한 재무 모델과 투자 지침, 프레임워크(블록체인 네트워크를 최대한 효율적으로 확대할 목적을 가진 구조)가 존재하기 때문에 일어난다. 그중에서 어떤 것을 선택해야 할까? 7장이 여러분의 선택에 도움을 준다. 7장에서 알려준 대로 따라 하면 모든 규모의 리스크를 효율적으로 관리하는 한편, 자원이 체계적, 정량적, 적정하게 구현되도록 하는 데 도움을 받을 수 있다. 전략적 접근 방식과 비즈니스 설계, 재무 지침, 거버넌스·리스크·컴플라이언스(GRC, Governance, Risk and Compliance) 프레임워크를 적절하게 혼용하고 기술적 안목과 인재 풀 등 가용 자원을 십분 활용한다면, 블록체인 기반 비즈니스 네트워크를 통해 업계와 기업에 파괴의 바람을 일으키며 막대한 수익을 가져다주는 전환을 꾀할 수 있다.

Chapter 8. 블록체인의 미래

이 장은 탈중앙화된 경제에서 블록체인 기술이 네트워크 간의 네트워크로 진화하는 사례가 자주 등장하게 될 미래에 대해 준비하도록 한다. 여러분은 블록체인이 인공지능과 사물 인터넷, 양자 컴퓨팅 등의 연결 지점이되는 사례를 배우게 되며 이러한 기술의 교차가 비즈니스에 어떻게 가치를 창출하는지 보게 된다. 또한 8장에서는 미래 관점에서 핵심적인 산업 영역에서 승기를 잡으려면 과연 무엇이 필요한지 현실적 조언도 아끼지 않는다.

헌사

저를 세상에 태어나게 해 주신 아버지 푸시야 램과 어머니 사루피 데비, 감탄사로 격려를 아끼지 않았던 형제들, 내 영혼을 사랑으로 충만하게 해 주고 영감을 주었던 아내 바샬, 매일 기쁘게 하루를 열게 해 주었던 딸 사치와 아들 요그야, 그리고 고인이 된 사랑하는 형 옴프라카시 아룬, 천사 같은 여동생 바비타 아룬, 존경하는 장인 챈드라하스 마여카에게 이 책을 바칩니다.

_**자이 싱 아룬**(Jai Singh Arun)

사랑하는 아내 스테파니. 존 레논과 폴 매카트니 이래 우리 부부처럼 왕성한 창작 활동을 벌여온 동반자는 일찍이 없었다.

_**제리 쿠오모**(Jerry Cuomo)

조건 없는 사랑을 베풀어 주시는 부모님, 조건 없는 지지를 보내 주는 부인 리투, 매일 영감을 불어넣어 주는 아들 닐에게 이 책을 바칩니다.

_**니틴 거**(Nitin Gaur)

목차

Chapter 1
블록체인 입문   035

Chapter 2
기회와 도전 과제   065

블록체인
입문

인터넷이 정보의 흐름을 바꿔 놓았듯이
블록체인은 트랜잭션에 획기적인 변화를 불러올 것이다.

_ 버지니아 로메티(Virginia Rometty), IBM CEO

블록체인은 우리 삶의 질을 높여주는 새로운 방식의 비즈니스를 촉발하는 기술이다. 블록체인은 여러 기관이 뭉치면 혼자보다 더 좋은 성과를 낼 수 있도록 동기를 부여해 새로운 기회를 만들어 준다.

블록체인은 전 세계 비즈니스에서 일어나는 가장 근본적인 상호 작용 중에서 상당한 부분을 재구성하고, 지금까지는 상상하지도 못했던 새로운 형태의 디지털 상호 작용에 대한 가능성을 열어줄 수 있다. 현재 블록체인은 산업계·공공 기관 사회단체 전반에 걸쳐 업무를 처리하는 데 드는 비용과 함께 복잡성이 얼마나 많이 줄어드는지 잠재력을 꾸준히 보여 주고 있다.

블록체인에 대해 들어본 적이 있는 사람들 대부분은 블록체인을 암호화폐인 비트코인과 연관 지어 생각한다. 블록체인과 암호화폐는 관련 있지만 같은 개념이 아니다. 암호화폐는 블록체인을 활용한 수많은 응용 사례 중 하나에 불과하며, 블록체인을 접목할 수 있는 분야는 훨씬 무궁무진하게 많다. 또한, 비트코인 네트워크가 허가 없이 누구나 거래에 참여할 수 있는 퍼블릭(public) 형태의 비허가형(permissionless)으로 운영되고 익명성을 강조하는 반면에, 프라이빗(private) 형태의 블록체인은 허가형(permissioned) 또는 폐쇄형 네트워크로 허가를 받은 참여자에게만 접근 권한을 부여한다.

블록체인은 전 산업에 폭넓게 활용되어 그 진가를 충분히 발휘하게 될 것이다. IBM의 경우 공급망 관리(SCM), 헬스케어, 운송보험, 석유화학 업계를 비롯해 다양한 분야에서 진행되는 수백 개의 블록체인 프로젝트에 참여했으며, 지금까지의 경험에 비추어 블록체인에 대해 세 가지 신념을 지니게 되었다.

블록체인에 대한 신념

우리는 블록체인이 제시하는 미래의 청사진에서 다음과 같은 신념을 인식하게 되었다.

- **전환성:** 우리는 블록체인이 기존의 비즈니스가 상호 작용하는 방식을 근본적으로 바꿔 놓을 수 있는 전환적인 기술이라고 믿는다. 블록체인에서 핵심은 참여자 간에 공유하는 위변조할 수 없는 불변성 원장(immutable ledger)[01]이다. 블록체인 네트워크의 모든 참여자는 일종의 '공공 거래 원장(public ledger)' 또는 '분산 원장(distributed ledger)'으로 불리는 트랜잭션

---

01   블록체인 상의 모든 데이터는 그 이전의 데이터와 연결되어 연관성을 가지며, 블록체인은 모든 사용자의 동의와 승인하에서만 정보가 갱신되는 시스템이기 때문에 원칙적으로 데이터를 조작하는 것이 불가능하다.

(transaction)[02] 내역을 똑같이 보유하게 되며 새로운 트랜잭션이 일정량 쌓이면 원장은 자동 동기화되기 때문에 모든 사람이 똑같은 원장을 갖게 된다. 트랜잭션이 원장에 일단 기록되고 나면 변경과 삭제가 불가능하다.[03] 따라서 원장이 트랜잭션의 진위를 보장하므로 다음과 같은 장점이 생긴다.

- **새로운 성장 기회의 출현:** 신뢰를 기반으로 새로운 비즈니스 모델이 발굴된다.
- **지속 가능한 경쟁 우위 확보:** 새로운 비즈니스 모델을 기반으로 한 새로운 탈중앙화된 경제(decentralized economy)[04]에 참여하게 된다.
- **시간 절약:** 다중 참여자 간에 거래가 즉시 처리될 수 있다.
- **비용 감소:** 중재자가 개입하지 않고 참여자끼리 직접 거래할 수 있으므로 중개 수수료 등 간접비가 없어진다.
- **리스크 완화:** 이해당사자 간에 공유하는 분산 원장은 불변성을 활용해 거래 감시를 위한 감시 추적(audit trail) 기능을 제공한다.
- **개방성:** 우리는 블록체인이 개방성을 지향해야 업계에서 폭넓은 수용과 혁신, 상호 운용(interoperability)이 촉진된다고 믿는다. 오픈 소스 소프트웨어 비영리 단체인 리눅스 재단(LF, Linux Foundation)에서 주도하는 세계

---

02 블록체인에서는 단순히 '거래'의 의미가 아니라 '원장에 올려지는 기록'이라는 의미로 쓰이는 경우가 대부분이라 본 도서에서는 문맥에 따라 '거래'와 '트랜잭션'으로 구분해 설명하기로 한다.

03 블록체인에서는 중앙 서버가 아닌 수많은 컴퓨터에 데이터가 분산되어 저장되다 보니, 중앙 서버를 해킹하면 정보를 왜곡할 수 있는 중앙화 시스템과 다르게 정보의 위변조가 어렵다.

04 블록체인의 본질적 가치는 탈중앙화로, 인류는 역사 이래로 모든 재화가 있는 자에게 쏠리고, 중앙을 통제하는 자에게 영향력이 쏠리는 사회 현상을 반복해 왔다. 하지만 블록체인은 이러한 중앙 집중식 구조를 파괴 재편성하려는 철학을 근간으로 삼는다.

블록체인에 대한 신념

최대 블록체인 컨소시엄인 하이퍼레저 프로젝트(Hyperledger Project)[05]에는 전 세계 모든 산업을 아우르는 수백 개의 회원사가 참여하고 있는데 산업별로 비즈니스 가치 발굴에 역점을 두고 블록체인 소프트웨어 개발에 구심점 역할을 해오고 있다. 개방형을 추구하는 블록체인만이 업계에서 폭넓게 수용되고 비즈니스 혁신 속도에 박차를 가할 수 있을 것이다.

- **비즈니스 도입의 준비 완료:** 우리는 블록체인이 오늘날 기업이 비즈니스에서 실제로 활용할 수 있는 수준이라고 믿는다. 하이퍼레저 프로젝트의 주도 아래 처음부터 기획하고 개발한 새로운 유형의 블록체인 기술이 시중에 나와 있다. 하이퍼레저 프로젝트는 기업의 니즈와 수요를 반영하고 기업의 윤리적인 책임을 담보하는 기반을 제공하려는 목적에서 출발했다.

기업용
블록체인

블록체인의 기본 개념을 간단히 정리하면 다음과 같다. 블록체인은 '참여자 간 트랜잭션 내역이 투명하게 공유되며 한번 기록되고 합의된 정보는 바꿀 수 없는 불변성 디지털 원장(immutable digital ledger)으로 탈중앙화(decentralized)를 통해 신뢰성이 확보되며 암호화

---

05 2014년에 결성한 블록체인 오픈 소스 프로젝트로 하이퍼레저가 특별한 이유는 첫째 프라이빗 블록체인 플랫폼이라 기업 비즈니스를 구현하기에 적합한 환경이라는 점. 둘째 금융 거래에 특화된 여타 플랫폼과 달리 하이퍼레저는 금융·IoT·물류·제조 기술 산업 등 여러 산업에 범용적으로 도입 가능한 기술 표준을 제시한다는 점이다.

기술로 안전하게 보관된다.' 그런데 기업용 블록체인의 경우에는 다음과 같은 몇 가지 핵심 속성을 추가해 기본 개념을 확대해 볼 수 있다.

- **책임성:** 네트워크 참여자는 비즈니스 역할에 따라 접근 권한이 제한되는 암호화된 멤버십 키를 갖고 있다. 그래서 참여자의 신원과 접근 현황이 파악할 수 있다.[06] 만약 네트워크 참여자의 활동에 대한 책임성을 담보할 감사 장치가 없다면, 미국 보건복지부가 2012년 발표한 '건강보험 양도 및 책임에 관한 법(HIPAA, Health Insurance Portability and Accountability)'[07] 의 비식별화 지침(비식별화된 의료 데이터의 수집과 활용을 명확하게 보장)이나, 2018년 5월 25일부터 새롭게 시행된 유럽연합의 개인 정보 보호 규정인 '일반 개인 정보 보호법(GDPR, General Data Protection Regulation)'[08]과 같은 정부 규정을 준수할 수 없을 것이다.
- **프라이버시:** 네트워크는 참여자에 대해 알고 있지만, 트랜잭션 내역은 관계자에게만 공유된다. 기업용 블록체인은 개인 정보를 보호하기 위

---

06 허가형 블록체인은 신원이 확인되고 가입에 대해 사전 승인을 받은 조직과 개인만이 네트워크에 참여할 수 있는 자격증명을 발급한다. 블록체인의 접근 권한이 제어할 수 있고 참여자 행위에 대한 책임성(accountability) 확인의 요구 사항을 반영한다.

07 1996년 제정한 HIPAA의 취지는. 기업 근로자가 다른 주의 기업으로 옮기면 전 직장에서 가입한 보험을 같이 가지고 갈 수 있도록 하려고 만들어졌다. 2012년에 발표한 비식별화 지침에 따라 개인을 식별할 수 있는 18개 정보를 비식별화하면 당사자 동의 없이도 기업이 활용할 수 있다.

08 유럽연합은 가명 혹은 익명 처리된 개인 정보의 일정한 활용을 허용하면서도 동시에 공익, 과학적 연구, 역사 연구, 통계 목적, 빅데이터, 인공지능 등 신기술에 대응하기 위해 정보 주체의 권리와 개인 정보 처리자의 책임성을 강화하고 있다.

해 P2P(개인 간 거래) 네트워크 연결[09] 01, 프라이버시 채널(네트워크의 서브넷)[10] 02, 영지식 증명 기술(zero-knowledge proof)[11] 03과 같은 다양한 기술적 방법을 사용한다.

- **확장성:** 기업용 블록체인에서는 무수히 많은 트랜잭션을 처리할 수 있는 역량이 대단히 중요하다. 비트코인은 블록체인 네트워크에 참여하는 모든 노드(node, 참여자)[12]로부터 승인을 받아 트랜잭션 내역을 기록하기 때문에 트랜잭션 처리 속도가 실생활에서 사용하기에는 너무 느리다[13]. 하지만 기업용 블록체인에서는 트랜잭션을 즉시 처리할 수 있어서 문제가 되지 않는다. 기업용 블록체인의 트랜잭션 처리 속도는 블록체인 네트워크에 연결된 노드의 개수, 스마트 계약(smart contract)[14] 구현의 복잡도 등 다양한 요소에 좌우된다. 블록체인의 초당 트랜잭션 처리량(TPS, Transaction Per Second)이 수천 TPS에 달하는 것은 결코 어려운 목표가 아니다.04

---

09 오늘날 일반적으로 사용하는 클라이언트 서버 모델과 완전히 다르게 중앙 통제와 같은 특별한 주체가 없으며, 대등한 위치에 있는 각 노드(참여자)가 서로의 요청에 대해 서로 서비스하면서 합의 절차를 걸쳐 자율적으로 유지되는 네트워크다.

10 하이퍼레저 패브릭은 조직들끼리 인프라스트럭처를 공유하고 그것에 대해 비밀을 보장한다는 점에서 강력하며, 이런 점에서 채널이 상당히 유용하다. 채널은 컨소시엄 멤버 중에서도 소수 조직에서만 통신이나 데이터의 송수신 메커니즘이 이루어지도록 하며, 한번 채널이 생성되고 나면 '네트워크로부터의 자유'가 이루어져 오직 채널 설정에 명시적으로 지정된 조직만이 채널의 제어 권한을 갖는다.

11 증명자가 개인 정보나 거래 내역 등 자신이 보유한 정보를 검증자에게 직접 공개하지 않으면서도 특정 정보를 보유하고 있음을 증명할 수 있는 기술이다.

12 노드란 블록체인 복사본을 가진 컴퓨터 또는 컴퓨터 서비스를 의미하며 블록체인 네트워크에는 중앙 서버가 없는 대신에 수많은 노드가 연결되어 정보와 암호화폐를 거래하며, 신뢰성을 유지해 주는 역할을 한다.

13 세계에서 가장 많은 트랜잭션을 처리하는 카드사 중 하나인 비자카드는 24,000TPS 처리하는 데 비해, 비트코인은 최대 7TPS로 1번 트랜잭션이 발생하는 데 10분 정도, 최종 트랜잭션 종결까지 이론상 1시간 정도의 시간이 소요되어 블록체인의 트랜잭션 처리 속도는 아직은 낮은 수준이다.

14 계약의 주체가 사전에 협의한 내용을 미리 프로그래밍하여 전자 계약서 안에 넣어 두고, 이 계약의 조건이 모두 충족되면 자동으로 계약 내용이 실행되는 시스템이다.

- **보안성:** 기업용 블록체인은 장애 허용 시스템(fault-tolerant system)[15]이다. 장애 허용 기능을 합의 알고리즘(consensus algorithms)[16]에 포함시켜 설계해 악의적인 참여자가 있거나 부주의로 인한 결함이 발생해도 네트워크는 정상적 혹은 부분적으로 기능을 수행할 수 있다. 장애 허용 합의 알고리즘의 대표적인 예가 래프트(Raft)05다.
- **동기 부여:** 기업용 블록체인은 가입할 때부터 이미 기업에 동기 부여가 되는 요소가 존재하는 시스템으로, 수용 곡선(adoption curve)이 상승 곡선을 그리며 성장하는 데 도움이 된다. 네트워크 제공자와 소비자에게 동기 부여 요인과 경제적 인센티브를 제공하는 '로열티 포인트'나 '토큰'과 같은 형태로 생각해 볼 수 있다.

기업용 블록체인이 흔히 프라이빗 네트워크와 같은 특징을 갖는다고 생각하는데 분류를 잘못한 것이다. 실제로 기업용 블록체인에 접근하려면 '거버너(governor, 운영 위원)'의 통제를 받게 된다. 거버너는 새로운 회원사가 네트워크에 어떻게 참여할 수 있는지 정책을 마련하는 역할을 한다. 네트워크의 개방성(퍼블릭이나 프라이빗)은 어떤 거버넌스 시스템을 갖추고 있느냐에 달렸다. 결국, 기업용 블록체인은 참여자를 제한하는 허가형으로 운영

---

15 하이퍼레저 등 컨소시엄형 블록체인 플랫폼들은 프랙티컬 비잔틴 장애 허용(pBFT, Practical Byzantine fault-tolerant) 합의 알고리즘을 쓴다. 비잔틴 장애 허용은 여러 노드로 구성된 네트워크에서 악의적 공격을 방어하기 위해 만들어진 기술로, 블록체인 네트워크에서는 악의를 품은 참여자가 존재해 잘못된 블록이 생성될 수 있다.

16 합의 알고리즘은 블록체인 네트워크에서 '신뢰'를 책임지는 핵심 요소로, 중앙화된 권력이 신뢰를 부여하는 방식이 아니라 P2P 네트워크의 사용자들이 통일된 의사 결정을 위해 '이 방식을 거쳤으면 믿을 수 있다'라고 합의한 알고리즘이다.

하지만 그렇다고 반드시 프라이빗 블록체인이라고는 할 수 없다.

블록체인이 중요한 이유

이 세상에 완전히 고립된 상태에서 운영되는 비즈니스는 없어서 블록체인은 중요하다고 하겠다. 다양한 기관이 모여서 저마다 기능을 수행하다 보면, 독립적으로 운영할 때보다 훨씬 높은 성과를 올릴 수 있다. 다양한 그룹에서 수집된 집단 지식을 활용하는 비즈니스 프로세스를 도입함으로써, 업무 프로세스에서 비용 효율성은 엄청나게 높아질 수 있다. 블록체인을 도입하기 이전에는 실현 불가능했던 새로운 프로세스도 구현할 수 있다. 그렇게 되면 새로운 시장 기회가 열리고, 비즈니스의 여러 분야에서 경쟁 우위가 생길 수 있다.

예를 들어 미국 식품 의약처(FDA, Food and Drug Administration)는 최근 제조업체 대상으로 제품 포장의 영양 성분표에 '첨가당'을 의무적으로 표기하라는 규정[06]을 채택했다. 하지만 가령 프로틴바를 생산하는 회사는 어떻게 재료에 설탕이 들어갔는지 확인할 것이며, 더 중요한 것은 만일 누가 아니라고 주장한다면 어떻게 증명할 것인가 하는 문제다. 만일 프로틴바 제조업체가 블록체인 기반의 식품 유통 이력 추적 플랫폼을 운영한다고 하면, 재료 공급업체는 식품 정보를 블록체인에 기록하고, 프로틴바의 마케팅을 담당하는 회사는 농장부터 편의점에 이르기까지 각 재료의 출처를 쉽게 공개할 수 있을 것이다. 이러한 방식을 도입하면 시간과 비용이 절약될 수 있다.

또한, 식품 섭취로 인한 질병(식품 매개성 질환)을 예방하고 그러한 질병을 유발할 우려가 있는 불량 성분을 참가 기업이 추적하는 데도 똑같은 블록체인을 활용할 수 있다. 식품업계는 소비자의 안전과 후생 차원에서 많은 규제를 준수해야 하므로 앞에 나온 시나리오대로 작동하려면 기업용 블록체인이 얼마나 필수적일지 머릿속에 쉽게 떠올릴 수 있다. 특히, 블록체인은 다음과 같은 문제점을 해결할 수 있다.

- **책임성:** 블록체인에서 자신의 기관을 입증할 수 있다는 사실은 그 기관이 누구인지를 FDA와 다른 기업에도 알린다는 것을 의미한다.
- **프라이버시:** 경쟁사는 여러분이 설탕을 어떤 공급자로부터 얼마에 구매하는지 모를 것이다.
- **확장성:** 식품 이력을 대량으로 추적할 수 있다.
- **보안성:** 블록체인에 있는 모든 정보를 신뢰해야 하며, 정보에 대한 접근은 탄력적으로 운영되어야 한다.
- **동기 부여:** 회원사들은 경제적인 인센티브 때문에 데이터를 공유할 동기가 생긴다.

블록체인의 개척자

블록체인 개척자들은 선두에 서서 오늘날 비즈니스 가치를 실제로 입증하는 라이브 네트워크를 구현해 왔다. 초기 개척자들이 일구어 놓은 사례로는 다음이 있다.

- 무역 금융의 복잡성을 없애려고 은행 기관들이 모여 만든 무역 금융 솔루션07 위트레이드(We.Trade)[17]

- 캐나다 스타트업인 시큐어키 테크놀로지스(SecureKey Technologies)가 개발한 블록체인 기반의 디지털 신원 인증 솔루션 베리파이드미(Verified.Me)[18]08를 개발

- 글로벌 외환 거래 결제 서비스 업체인 CLS그룹[19]이 블록체인 기반의 외환 거래 서비스09 CLS넷을 출시

- 트루 티켓(True Tickets)[20]이 제공하는 이벤트 티켓팅10 솔루션

- 블록체인 기술을 활용한 자동차용 전자 결제 플랫폼11 자동차 전자 지갑(Car eWallet)[21]

- 로이열(Loyyal)[22]의 로열티 인터넷(Internet of Loyalty)12

---

17 도이치뱅크·HSBC·산탄데르 등 유럽 12개 은행이 블록체인 네트워크를 기반으로 무역 거래를 할 목적으로 구축한 플랫폼

18 IBM과 리눅스 재단이 개발한 블록체인 기술 기반의 신원 인증 시스템

19 골드만삭스·JP모건·바클레이스·시티그룹 등의 외환 자금을 매일 평균 5조 달러 처리하는 회사로, IBM 블록체인 기술을 이용해 만든 네팅(netting) 서비스 CLS넷에 골드만삭스와 모건스탠리 외에 중국은행과 유럽, 아시아권 6개 이상 은행이 참여한다.

20 샤토 소프트웨어(Chateaux software)는 IBM 블록체인 플랫폼을 기반으로 티켓팅 시스템을 구축해 암표나 가격 폭등과 같은 티켓팅의 고질적인 문제를 해결한다.

21 세계 2위의 자동차 부품 회사인 독일의 ZF는 미국 금융 기업 UBS, 독일 기술 개발 기업 이노지 이노베이션 허브(Innogy Innovation Hub)와 함께 주차장이나 유료 도로, 자동차 공유, 급유나 충전 등 자동차와 관련된 요금을 자동 처리하는 전자 결제 플랫폼을 개발 중이다.

22 블록체인 기술을 현대적인 충성도 및 인센티브 프로그램에 적용하는 회사로, 기업은 로이열의 기술을 통해 포인트나 마일리지, 별 등 자사 로열티 프로그램의 유동성과 호환성을 강화할 수 있다.

이 솔루션들은 개념 증명(PoC, Proof-of-Concept)[23]이 아니라 현재 실제로 운영되고 있는 애플리케이션으로, 다양한 회원사들이 참여하는 생성 시스템(production systems)[24] 구실을 하면서 날마다 블록을 생성하고 가치를 교환한다.

블록체인
솔루션 창립자

이 네트워크 솔루션들을 처음에 구축한 창립자들에게는 공통점이 많다. 두드러진 점은 이 솔루션들의 뒤에는 마당발, 즉 사회 관계망에서 구심점 역할을 하는 커넥터(connectors)의 전형적 특질13을 보여 주는, 창의력이 뛰어난 개인들이 자리하고 있다는 것이다. 예를 들면, 시큐어키(SecureKey)의 CEO인 그레그 월폰드(Greg Wolfond)14는 주변 사람들을 아우르는 성격으로, 공통의 목표 의식을 가지고 협업하는 문화를 자연스럽게 독려한다. 해결사로서의 총책을 맡은 그레그는 메이븐(mavens)이면서 세일즈맨(salesmen)[25]의 전형적인 모습을 갖기도 한다. 개별 기관들

---

23 기존에 시장에 없었던 새로운 기술을 도입하기 전에 이를 검증하기 위해 사용하는 것으로, 특정한 방식이나 아이디어를 테스트 환경에서 구현해 타당성을 증명한다.

24 '만약 X하다면, 그렇다면 Y하다'처럼 조건-행위의 규칙을 가진 모형이다. 적용 가능성을 결정하는 조건이 맞을 때 행위가 일어나는 체계로 구동된다.

25 '커넥터'는 몇 단계만 거치면 특정 지역의 거의 모든 사람과 연결할 수 있고, 이를 통해 인간을 서로 이어주는 구실을 한다. '메이븐'은 '지식을 축적한 자'라는 의미로, 남들보다 어떤 제품에 대해서 다양한 지식과 정보를 가지고 있으며 이러한 지식과 정보를 활용해 다른 사람의 문제를 해결하는 데 자발적으로 나서기를 좋아한다. '세일즈맨'은 실제로 사람들을 만나러 돌아다니면서 아이디어나 상품을 소개하며 사람들이 정보를 믿지 못하고 미심쩍어할 때 능수능란하게 설득할 수 있는 사람이다.

을 상대로 "혼자보다는 그룹이 함께할 때 훨씬 좋은 성과를 거둘 수 있다"라는 만트라(mantra)를 전파하며 여러 기관이 함께 해결 방안을 찾는 작업에 참여하도록 의욕을 불러일으키려고 한다.

우리는 앞에 나온 솔루션의 창립자들과 가까이서 일하고 수백 개의 블록체인 프로젝트에 참여하면서 관찰한 트렌드를 좇아가다 보니, 아이디어를 실제로 상용 네트워크에서 구현하려면 무엇이 필요한지 터득하게 됐다. 구체적으로 말하면, 이 창립자들은 상용 네트워크를 런칭하기 위해 프로젝트 범위와 참여자에 대한 인센티브(보상), 거버넌스 시스템에서 균형을 맞추었다.

범위: 꿈은 크게, 실행은 점진적으로

블록체인 솔루션 창립자들은 꿈은 크게 꾸고, 실행은 하나하나 확대해나간다. 그들은 미래 생태계를 혁신적으로 뒤바꿀 수 있는 블록체인의 막대한 잠재력을 일깨우려고 고군분투한다. 하지만 달나라로 우주선을 쏘아 올리는 '문샷(moon shot)'[26]에 도전하려면 무엇보다도 발상을 실행에 옮기기 위한 단계별 계획, 즉 '아폴로 계획(Apollo program)'을 수립해야 한다는 것을 안다.

투철한 개척 정신의 창립자들은 비즈니스 주도적 블록체인 솔루션의 범위를 한정해야 한다는 데 동의한다. 창립자들 대부분 파괴적이면서 새로운 비즈니스 방식의 탄생을 목표로 세운다. 동시에 최소 기능 제품(MVP, Minimum Viable Product)[27]의 목표는 기본에 충실하도록 세워 파괴적인 비즈

---

26 의미상으로는 '달 탐사선의 발사'를 뜻하지만, 실험과 도전 정신이 담긴 프로젝트를 뜻한다.

27 초기 고객을 만족하게 하고 앞으로 제품 개발을 위한 피드백을 제공할 수 있을 정도의 최소 기능을 갖춘 제품을 뜻한다.

니스 모델의 한 가지 측면만을 빠르게 검증하는 데 있다. 이 모델은 솔루션 회원사들에 새로운 매출원보다는 초기 비용 절감 효과를 가져다줄 가능성이 크다. 일부 창립자들은 '들어내서 교체(ripping and replacing)'하는 작업 대신 처음에는 기존 B2B(Business to Business, 기업 간 거래) 시스템을 그대로 유지하는 한편, 분산 원장 기술(DLT, Distributed Ledger Technology)[28]을 함께 운용하면서 기존의 비즈니스 프로세스에 새로운 기능을 추가한다. 레거시 시스템을 교체하지 않으면서 동시에 진행하는 방식이야말로 프로세스의 가치를 높여준다. 우리는 기존 방식을 대체하지 않으면서도 기록 체계를 개선할 방법을 복사본 원장(shadow ledger, 그림자 원장)이라고 부른다.

마찬가지로 성공한 솔루션 창립자들은 블록체인에서 탈중앙화된 서비스를 제공하는 것이 목표이기는 하지만, 솔루션을 런칭하려면 참가 회원사의 수를 최소로 제한해 최소 기능 생태계(MVE, minimal viable ecosystem)[29]를 구성해야 한다. 처음부터 회원사의 수가 많으면 작을 때보다 솔루션을 활성화하기까지 시간이 오래 걸린다. 멤버십에 가입할 때 고려 사항은 매우 중요하며 사전에 철저히 검토해야 한다. 신규 회원사들은 경쟁사들 또한 블록체인 네트워크에 참여하고 있으면 가입을 꺼릴 수도 있다. 하지만 회원사들이 다양할수록 블록체인의 신뢰도가 높아지기 때문에 경쟁사들의 참여를 유도하는 것이야말로 더욱더 신뢰 있고 활기찬 블록체인 생태계를 만

---

28 분산 원장 기술이 숲에 해당하는 대분류라면 블록체인은 숲의 나무에 해당하는 소분류다. 분산 원장 기술은 거래 정보를 기록한 원장을 특정 기관의 중앙 서버가 아닌 P2P 네트워크에 분산하여 참여자가 공동으로 기록·관리하는 기술로, 블록체인은 그러한 분산 원장을 구현하기 위한 하나의 데이터 구조에 불과할 뿐이다.

29 제품이나 서비스에 최소한의 노력과 개발 공수만을 들여 시장에서 영향력 확대가 가능한지 아닌지 원하는 결과를 알아보려고 최소한의 비즈니스 생태계를 설계하는 것을 말한다.

드는 비결이다. 올바른 거버넌스(지배 구조, 통치)[30]와 인센티브 시스템을 갖추는 것도 도움이 될 수 있다.

동기 부여: 생태계에서 블록체인 활성화의 성장 모멘텀

성공한 창립자는 회원사들에게 어떻게 동기를 부여할지 잘 파악한다. 동기 부여 방안이란 흔히 해당 솔루션에서 구매자(데이터를 소비하는 주체)와 판매자(데이터를 제공하는 주체) 간에 경제를 창출하는 것이다. 또한, 의무와 보상을 균형 있게 맞추어야 동기 부여가 된다.

예를 들면, 시큐어 솔루션은 데이터가 어떻게 교환되는지 기본 원칙들을 체인 코드(chaincode)[31]에 정의해 '프라이버시 보호' 기능을 제공한다. 이 원칙들은 또한 디지털 자산(digital asset) 소비자들이 신원 속성(identity attribute)을 확인받으려고 토큰을 '지불'할 때 디지털 자산 공급자들이 '보상'을 받도록 한다. 이 원칙들은 디지털 마켓플레이스의 근간이 되는 것으로, 정확도 향상과 확인 비용의 인하, 속도 개선, 전반적으로 개선된 고객 경험을 제공해 참여를 유도하게 된다.

자산 토큰화(asset tokenization)[32]는 기업용 블록체인 창립자들 때문에 최근

---

30 거버넌스가 중요한 이유는 시간이 지나면서 블록체인에 새롭게 일어나는 문제들에 유연하게 대처할 수 있는 변화의 기술이 확보되지 않는다면 그 블록체인의 네트워크가 생존할 수 없기 때문이다. 거버넌스는 규칙(스마트 계약)과 법(악의적인 참여자에 대한 벌칙), 절차(X가 일어났을 때 어떤 일이 행해지는가), 책임 소관(누가 무엇을 해야 하는가)과 같은 요소들로 이루어져 있다.

31 하이퍼레저에서 스마트 계약을 뜻하는 용어로, 비즈니스 로직 자체가 컴퓨터 코드로 프로그래밍 되어 있어 지정된 조건이 충족되면 자동 실행된다. 비즈니스 프로세스를 자동화간소화할 수 있는 잠재력은 있지만, 해킹 범죄의 주요 표적이 되는 등 전통적인 컴퓨팅 패러다임에 존재하지 않는 고유한 문제들이 존재하며 이는 보안에 영향을 끼칠 수 있다.

32 암호화폐·상품권·부동산·미술품·저작권·라이선스·게임 아이템 등을 블록체인 기반으로 디지털화한 유무형의 자산을 말한다.

새롭게 부상하는 분야로, 동기 부여 시스템을 제공하고 있다. 대부분은 토큰은 해당 솔루션 네트워크에서만 유통되며 로열티 포인트와 비슷한 기능을 수행한다. 예를 들면, 사용자(네트워크 회원사)가 에너지를 절감할 때 탄소 배출권(carbon credit) 토큰을 증정하는 솔루션을 구축한다고 하자. 사용자는 탄소 배출권 제공 주체인 에너지 회사(예: 한국전력공사)와 같은 네트워크의 회원사이기도 한 체크카드 사업자로부터 체크카드 구매 시 할인받을 수 있는 쿠폰을 증정받아 탄소 배출권 토큰과 교환할 수 있다.

거버넌스: 총합은 부분의 합보다 크다

거버넌스는 블록체인 네트워크에서는 필수 요소로 블록체인 솔루션이 제대로 구현될 가능성은 거버넌스가 잘 작성될수록 높아진다[33]. 성공한 창립자들은 그룹으로 여러 수준에 따라 모아 놓는 '중재자(referee)' 역할을 한다. 모든 경우에 '이해관계자 자문 위원회(board of stakeholder)'를 소집해 해당 솔루션과 관계된 규정을 정의하고, 업무 범위와 동기 부여 방안에 대해 의견을 모은다.

일반적으로 블록체인 작업 그룹은 비즈니스 모델과 지적 재산권, 법적 책임, 기술 설계, 아키텍처(시스템 구조)에 관한 법률 문제에 집중하도록 정해져 있다. 적절한 비즈니스 거버넌스는 회원사의 참여를 촉진하며, 스마트 계약 내에 구현된 비즈니스의 의무 이행에 따른 불확실성과 위험 부담을 줄여 준다. 적절한 기술 거버넌스가 갖추어지면 블록체인 솔루션을 탈중앙화

---

[33] 블록체인 네트워크는 현실과 마찬가지로 하나의 '세계'이며, 따라서 세계를 유지하려면 구성원 간의 이해관계를 중재·조정하는 거버넌스가 필요하다. 거버넌스는 국가정부의 통치 기구 등 조직체를 가리키는 '거버먼트(government)'와는 구별되어 '통치·지배'의 의미보다는 '경영'의 뉘앙스가 강하다.

된 방식으로 관리할 수 있다. 따라서 스마트 계약을 새롭게 구현하거나 신규 회원사를 초대할 일이 생기면 그룹으로부터 동의를 구해 운영하게 된다.

초기 블록체인 개척자 중에서도 제일 먼저 시장을 개척했던 그룹은 '블록에 데이터를 담아 체인으로 연결'해 솔루션을 런칭했다. 현재도 이들은 꿈은 크게 꾸면서 하나씩 점진적으로 발전시켜 나가고 있다. 또한, 다양한 회원사 대상으로 인센티브 시스템과 포용적인 거버넌스 프로세스를 마련해 블록체인 네트워크에 참여하도록 동기를 부여하고 있다.

공익 차원의 블록체인

블록체인 네트워크의 바탕을 이루는 신뢰 모델은 공익을 실천하는 데 있어 전례가 없는 해결 방안이 자연스럽게 나오도록 하는 환경을 마련해 준다. 블록체인은 비즈니스 수익을 충분히 거둘 수 있는 준비가 되어 있다. 블록체인은 제대로 활용한다면 사용자의 프라이버시가 존중되고 그야말로 생명까지 구하는 사용자 경험을 제공할 수 있다. 공익 차원의 블록체인이 비즈니스에도 어떻게 좋은지 다음 세 가지 사례를 통해 살펴보겠다.

식품 매개성 질환 감소

여러분은 다음과 같은 경험을 해본 적이 있는가?

뉴욕 라과디아 공항에서 비행기를 타려고 탑승 게이트로 급히 달려가고 있다. 배에서 '꼬르륵' 소리가 나자 탑승 직전에 샐러드 한 팩을 산다. 탑승한 지 한 시간이 지나고 아랫배가 살살 아파지기 시작한다.

2006년 미국에서 200여 명의 환자가 발생했던 식중독15 발병 사건의 원인은 시금치 샐러드로 판명됐다. 감독 기관이 발병을 역추적해 정확한 원인을 찾아내기까지 2주가 걸렸다. 2주 동안 많은 사람이 식중독에 걸렸으며, 그중에서 1명이 사망했다. 식중독을 일으키는 시금치만 골라낼 수 없었기 때문에, 멀쩡한 시금치 수천 톤이 쓸데없이 폐기되었다.

IBM의 블록체인 기반 식품 공급망 솔루션인 IBM 푸드 트러스트 네트워크16에는 월마트(미국 최대 유통업체), 유니레버(다국적 소비재 유통업체), 네슬레(스위스 식품업체) 등 글로벌 유통업체가 참여하고 있다. 푸드 트러스트를 통해 참여 회원사 간에, 그리고 회원사들이 자체적으로 구축한 유통 생태계에서 공급망의 가시성34이 확보되어 식품 안전 문제가 발생했을 때도 오염원의 출처를 신속하게 파악할 수 있다. 푸드 트러스트는 식품 리콜의 여파를 줄이고35, 식품 매개성 질환으로 식중독과 사망 등의 인명 피해를 줄일 수 있다는 성과를 보여 주었다.

식료품 재료가 농장에서 식탁까지 이동하는 과정에서 네트워크 회원사들은 블록체인을 통해 식품 성분의 출처를 추적할 수 있다. 최근에 월마트는 월마트 매장에서부터 농장까지 슬라이스 망고의 출처를 추적하는 실험

---

34 구매-공급-생산-판매 등 전체 기업 활동에서 발생하는 자재, 제품, 비용의 흐름을 연결해 하나의 정보 흐름으로 파악하는 것으로, 생산과 유통 전 과정에서 투명성과 신뢰성이 높아진다.

35 IBM에 따르면, 예전에는 시금치에 문제가 생기면 시금치 코너에 들어간 모든 시금치를 리콜해야 했지만, 블록체인 기술을 활용하면 문제가 발생한 시금치 농가에서 재배한 제품만 리콜하면 되기 때문에 식료품 리콜 과정에 드는 비용을 80퍼센트까지 절약할 수 있다고 한다.

공익 차원의 블록체인

을 진행했다. 그 결과, 기존 방식으로 식품 유통 경로를 추적하는 데 약 7일이 소요됐지만, 기업용 블록체인을 도입하자 시간이 2.2초로 줄어들어 유통 추적이 엄청나게 빨라졌다. 월마트의 식품 안전 담당 부사장인 프랭크 이안나스(Frank Yiannas)17는 "블록체인 도입으로 생각의 속도(the speed of thought)만큼이나 빠르게 제품을 추적할 수 있게 되었습니다"라고 말했다. 블록체인이 일상생활에 어떤 변화를 가져왔는지 보여 주는 고무적인 사례다.

빅데이터 침해 근절

여러분은 다음과 같은 경험을 해본 적이 있는가?

아파트를 임대하려고 하는데, 부동산업자가 여러분 신상 정보를 '탈탈 털려고' 한다. 현재 거주 주소, 주민 등록 번호, 직장 주소, 은행 계좌 잔고 증명 등을 요구한다. 스마트폰을 새로 개통하거나 건강 검진 때문에 의사를 찾아갈 때도 이러한 일이 반복된다. 사용자 ID와 비밀번호를 포함해 여러분 신상에 대한 이런 정보가 인터넷 전체에 퍼져 있다. 그러던 어느 날 여러분의 신상 정보를 보유한 사업자로부터 정보가 유출됐다는 공지 메일이 날아온다.

이러한 시나리오가 섬뜩하고 짜증스럽겠지만, 실제 벌어지는 일이다. 재정 정보 서비스업체인 제블린 스트래티지 & 리서치(Javelin Strategy & Research)는 2017년 신분 도용 연구 보고서에서 2016년 신분 도용 피해 소비자 수가 1,540만 명에 달한다고 밝혔다.18

하지만 시큐어키가 프라이버시 강화를 목적으로 개발한 신원 인증 시스템인 베리파이드미(Verified.Me) 덕분에 빅데이터가 침해를 받을 날도 얼마 남지 않은 듯하다.8 캐나다 스타트업이 이끄는 베리파이드미 네트워크는 상용화가 되었으며 캐나다 대형 은행 다섯 곳이 주관한다. 베리파이드 미 앱으로 자신의 디지털 신원 속성을 통제할 수 있다. 이 앱은 온라인 기반의 서비스(예: 공공 서비스)에 가입하고 로그인하기 편리하도록 간편한 사용자 경험을 제공한다. 이 앱은 신원 인증을 위한 디지털 저작권 관리(DRM, Digital Rights Management)[36] 시스템 역할을 해서, 부동산 회사에 아파트를 임대하는 데 필요한 문의를 온라인으로 하도록 허가해 줄 수 있다. 마찬가지로 신뢰 기관(예: 은행, 교통행정과, 현재 다니는 직장)에도 부동산 신청서 문의에 대한 답을 하도록 허가해 준다.

블록체인으로 인증 과정이 실시간으로 이루어지며, 프라이버시 존중은 전례 없이 강화되고 있다. 이들 솔루션은 신원 인증을 위한 식별 정보가 중앙 집중화된 데이터베이스 형태로 존재하지 않도록 설계된다. 대신 블록체인 원장이 디지털 저작권 관리 시스템으로 사용되며 원장에는 해당 사용자가 기관에 자신의 신원 정보에 접속할 권리를 부여하는 허가와 증명이 저장된다. 중앙화된 '데이터 허니팟'[37]이 존재하지 않기 때문에 개인 정보 침해 공격을 받는 부분이 완전히 바뀌어 악당(bad actors)이 '한몫' 단단히 챙기고 빠져나가기가 어렵게 된다.

블록체인은 또한 여러분의 디지털 정보가 추적되지 않도록 한다. 여러분은 주거래 은행 정보가 부동산 회사에 알려지기를 원하지 않을 수도 있다.

---

36 출판자 또는 저작권자가 그들이 배포한 디지털 자료나 하드웨어의 사용을 제어하고 인증된 사용자가 인증된 기간만 사용 가능하도록 통제함으로써 불법적인 사용을 제한할 때 많이 사용하는 기술이다.

37 데이터가 한 곳에 저장되면 데이터의 부정 이용이나 해킹을 목적으로 하는 범죄자들이 몰려들 만한 '허니팟(honeypot)'을 만들어 내기 때문에 보안 결함과 데이터 남용 가능성이 커진다.

'트리플 블라인드(triple blind)[38] 데이터 거래' 방식에 따라 정보 요청자는 정보 제공자를 알지 못하며, 반대도 성립한다. 또한, 네트워크 운영자는 정보 요청자와 제공자 양쪽 모두를 모른다.

블록체인에서는 필요한 정보만 교환되도록 할 수도 있다. 만일 여러분이 술집에 들어가려고 베리파이드미로 나이를 인증한다면, 21세 이상인지만 인증하면 되지 굳이 주소까지 적혀 있는 운전면허증까지 보여줄 필요는 없다. 미국 국립표준기술연구소(National Institute of Standards and Technology)[39] [19] 는 다른 개인 정보 기관과 마찬가지로 이러한 방식이 사용자의 프라이버시를 보호하는 최고의 전략이라고 평가했다.

짝퉁 제품 방지

여러분은 다음과 같은 경험을 해본 적이 있는가?

이 책의 필자에게 일어난 일이었다. 한 친구가 두통을 호소하며 아스피린을 달라고 했다. 필자는 노트북 가방에 있던 비상약통에서 아스피린을 한 알 꺼내 건넸다. 친구는 알약을 먹기 전에 여태 먹었던 아스피린과 달라서 유심히 들여다보더니 "나한테 뭘 주는 거야?"라고 물었다. 필자는 "내가 보기엔 아스피린이야"라고 말했다. 친구는 약간의 우려 섞인 목소리로 "뭐? 네가 보기에?"라고 반문했다. 알약의 한쪽 면에는 번호가 적혀 있었다. 핸드

---

38 임상 시험 또는 기타 실험에 대한 용어로서, 시험 대상자와 치료를 시행하는 사람뿐 아니라 치료 효과를 판정하는 사람까지 어떤 대상자가 어떠한 치료를 받았는지를 모르는 상태에서 실험하는 것을 말한다.

39 1901년 미국 의회에 의해 설립된 미국 상무부 기술관리국 산하에 있는 연구소이다. 산업 현장에서 반드시 요구하는 각종 기술과 측정 분야에서 국가 기준이 되는 표준을 선정하고 개발 적용해 상품과 서비스의 질을 향상하는 데 기여한다.

폰으로 번호를 재빨리 검색했더니 타이레놀 복제약[40]이라고 나왔다. 휴~

앞에 나온 것과 비슷한 사례가 급속하게 퍼지면서 우려감이 증폭되고 있다. 세계보건기구(WHO)의 추정치를 보면 현재 하위 소득 국가와 중위 소득 국가에서 유통되고 있는 알약 백신 의료 용구 등 의약품을 비롯한 의료 제품 열 개 중에서 한 개는 기준 미달이거나 위조된 제품으로 판단된다는 결과가 나왔다. 강력한 마약성 진통제 성분인 오피오이드(Opioid)가 함유된 아동용 기침 감기약이나 감자와 옥수수 전분으로 만든 가짜 항말라리아제를 대표적인 예로 들었다.

IBM 리서치 랩에서는 크립토 앵커 검증기(CAV, Crypto Anchor Verifier) 프로젝트[41]20라는 모조품 탐지 프로그램을 진행하고 있다. 인공지능과 블록체인을 기반으로 하는 위조 감지 기술로 스마트폰에서도 실행할 수 있다. 이 기술은 물리적인 자산에 상응하는 디지털 자산을 특수한 방식으로 식별해 출처를 추적한다. 아스피린 제조업체라면 블록체인에 아스피린을 식별하는 인자를 포착해 암호화된 디지털 지문을 등록할 수 있어서 아스피린이 공급망을 통해 운송될 때 진품 여부를 확인할 수 있다.

크립토 앵커 검증기는 사물을 마이크론 단위까지 세밀하게 측정할 수 있는 렌즈를 일반 스마트폰에 부착하여 실행할 수 있다. 이 앱은 인공지능을 활용해 물리적 자산마다 존재하는 특유의 광학 패턴을 분석한다. 다이아몬드

---

40 처음 개발된 새로운 화학 합성 의약품을 오리지널(original)이라 하고, 오리지널의 법적 권한이 소멸한 이후 이를 따라서 만든 의약품을 제네릭(generic)이라고 한다.

41 스마트폰 앱으로 제품 사진을 찍으면 진품 업체가 제공하는 진품 사진이 가득 들어 있는 데이터베이스에 있는 이미지와 비교해 진품 여부를 판별한다. IBM은 이 기술을 다이아몬드부터 현금, 와인, 의약품 등 다양한 분야에 응용할 수 있다고 한다.

처럼 현미경으로 봐야만 식별할 수 있는 제품의 특성과 끈적거림과 그 외 질감 색상 재료의 패턴 등을 포착해 물리적 제품마다 고유한 디지털 식별 인자를 부여한다. 그리고 데이터를 변경 조작할 수 없는 블록체인 원장에 상품에 대한 '지문'이 올려지고 나면, 세관과 구매 시점(POS, Point of Purchase)이나 약을 복용하기 전에 바로 크립토 앵커 검증기에서 확인할 수 있다.

이 사례에서 블록체인의 잠재력을 확인할 수 있다. 블록체인은 일상생활에서 누리는 혜택에서 동기를 부여받아 기업용 블록체인에서도 비슷한 고무적인 사례를 많이 발굴하도록 비즈니스와 기술상의 문제점들을 계속 해결해 나가려고 한다.[21]

블록체인에 관한 질의응답

블록체인은 파괴적인 기술임과 동시에 전환적인 기술이다. 블록체인을 여러분 비즈니스에 활용하려고 할 때 아마도 몇 가지 질문이 생길 것이다. 다양한 업계에 포진해 있는 수백 명의 비즈니스 및 기술 리더와 블록체인 기술과 비즈니스의 가치를 공유해 오면서 굵직한 핵심 질문 몇 가지가 생겼다. 우리는 조사를 통해 블록체인을 비즈니스와 연관 지을 때 가장 빈번하게 검색되는 용어들을 추렸다. 그림 1.1은 추린 용어들과 그 용어마다 관심 정도를 보여 준다.

그림 1.1 가장 빈번하게 검색된 블록체인에 관한 용어들

우리 조사에서 나온 데이터를 관찰한 결과 비즈니스 리더들이 블록체인에 대해서 있을 수 있는 상위 여섯 개 질문을 추론해 냈다. 이 질문들을 하나씩 소개하며 다른 장에서도 자세하게 다루겠다.

블록체인이 내가 속한 업계와 비즈니스 목표에 해당할까? 블록체인은 여러분이 종사하는 업계는 물론 전 업계에 틀림없이 변화의 바람을 일으킬 것이다. 특정 업계와 그 업계를 넘어서까지 블록체인 솔루션의 영향력이 미칠 확률은 높다. 예를 들면, 무역과 금융, 식품 공급업계는 이미 블록체인으로 연결되어 있다. 블록체인은 많은 업계에서 기존 비즈니스 방식에 변화를 몰고 올 것이다. 하지만 블록체인은 모든 비즈니스 목표에 들어맞는 선택이 아닐 수 있다.

블록체인으로 매출 및 수익이 증대되고 비즈니스에 경쟁 우위가 생기는가? 블록체인으로 비즈니스에 투명성과 신뢰성이 생기기 때문에 새로운 비즈니스 모델과 생태계가 만들어지고 안전하고 분산된 비즈니스 트랜잭션으로 새로운 경제 환경이 조성되면서 새로운 기회가 열린다. 새로운 기회들 덕분에 많은 비즈니스가 새로운 매출원을 확보하며 전환적인 기술을 채택하고 일부 경쟁자들을 가치 사슬에서 잠정적으로 몰아내 경쟁력이 비약적으로 상승하도록 해줄 것이다. 예를 들면, 많은 이해관계자가 얽혀 절차가 복잡한 무역 금융에 블록체인을 접목한 디지털 무역 체인[42]으로 무역 금융 플랫폼이 간소화되고 무역 거래 파트너사들과 비즈니스에 더욱 많이 접근할 수 있게 된다. 금융 거래를 시작하기 전 고객의 신원을 확인하는 인증 절차인 고객 알기(KYC, Know Your Customer)[43] 애플리케이션에 블록체인을 도입해 분쟁 소지와 확인 시간을 줄이며, 고객사를 훨씬 신속하게 끌어들일 수 있다.

블록체인은 어떤 부가 가치가 있는 비즈니스 모델을 제시하는가? 블록체인은 상당수의 기존 비즈니스 모델을 개선하고 새로운 모델을 창출할 것이다. 기업용 블록체인 채택으로 연결되는 경로를 명확하게 정의했는지 확신하려면 비즈니스 모델과 기술 모델도 함께 주목해야 한다. 우리는 업계와 기업에 영향을 미치는 이용 사례를 한 가지 들어 비즈니스와 기술에 대한 가

---

42 무역 금융 거래 처리 등 금융 및 선적 관련한 복잡한 정보를 원장에 저장한 후 여러 명의 관련 주체가 동시에 분산 처리하기 때문에 보안성이 높고 결제 절차를 자동화할 수 있어 선적 지연을 방지할 수 있다.

43 고객의 신원을 확인·보증하는 비즈니스 과정으로, 국제 금융 실명제의 일환이다. 테러 자금 유입 자금 세탁 등을 방지하기 위해 실시한 정책으로, 신분증이나 공인인증서를 이용하는 것과 같은 개념이다. 암호화폐 트랜잭션 또한 KYC 인증 절차를 통한 본인 인증이 필요하다.

치 분석에 적용할 수 있다. 그 결과로 컴플라이언스(compliance)[44], 회계 감사 기업 통합과 더불어 비즈니스 아키텍처와 기술 청사진이 그려진다. 앞에서 언급한 블록체인의 연관 검색어들이 블록체인을 채택하는 동인으로 작용한다. 이 검색어들이 블록체인 솔루션에 있어 비용과 경제적 존속 가능성에 영향을 미치는 요소와 장애물, 도전 과제들을 종합해 보여 주는 것이다. 허가형 네트워크의 경우 제대로 된 인센티브와 경제 모델을 공개할 필요성 또한 있을 수 있다. 그래야만 모든 이해관계자에게 혜택이 돌아가는 보상의 생성과 분배, 공유 개념을 사용하는 플랫폼에 기업이 강제로라도 가입하게 된다. 적절한 비즈니스 모델을 찾아가는 여정이 업계에서 시작되어야 한다. 가치 창출이 가능하도록 하고 많은 업계가 파괴 세력들에 필사적으로 맞서 싸우는 데 필요한 현대화 활동을 조장하는 비즈니스 모델이여야 한다.

블록체인 네트워크 거버넌스와 설계는 어떻게 작동할까? 회원사들이 블록체인 네트워크에 참여할 때는 해당 네트워크를 통치하고 운영하는 명확한 프로토콜(블록체인 안에서 서로 정보를 주고받을 때 사용하는 약속)이 갖추어져 있어야 한다. 기업을 대상으로 삼는 영역에서는 거버넌스 프레임워크를 단순하게 정의해야 한다. 그리고 해당 프레임워크 아래서 게임 이론(Game Theory)과 인센티브, 불이익, 유연성, 위임, 네트워크 간 조정 기구 원리가 포함된 거버넌스 모델을 만들어야 한다. 이러한 핵심 원리는 블록체인 네트워크를 통치하는 모든 측면에 반영되어야 한다. 기술 인프라 거버넌스와

---

44 기업을 운영할 때 내외부적으로 빈드시 지켜야 하는 법규 준수, 준법 감시, 내부 통제 등의 의미로 조직 구성원 모두가 제반 법규를 철저하게 준수하도록 사전적 및 상시적으로 통제 및 감독하는 체제를 말한다.

네트워크 멤버십 거버넌스, 비즈니스 네트워크 거버넌스 등이 포함된다.

우리 조직에 블록체인을 전담하는 개발팀이 필요할까? 간단히 말하자면 이 질문에 대한 답은 '그렇다'이다. 그렇다고 팀을 새롭게 꾸릴 필요까지는 없다. 일반적인 블록체인 솔루션의 80퍼센트는 애플리케이션이고, 20퍼센트는 블록체인 프레임워크로 구성되기 때문에 어떤 개발자이든 블록체인 개발자가 될 수 있다. 애플리케이션은 노드 JS(Node.js), 고(Go), 자바(Java), 자바스크립트(JavaScript), 파이썬(Python)처럼 내부 개발팀이 이미 익숙한 프로그램 언어로 작성할 수 있다. 프레임워크의 구성 요소는 블록체인 플랫폼으로 관리할 수 있다. 애플리케이션 구성 요소와 마찬가지로, 스마트 계약도 이미 친숙한 프로그램 언어로 개발할 수 있다. 따라서 개발팀 구성원들이 이미 잘 아는 지식을 활용해 블록체인 개발팀을 쉽게 꾸릴 수 있으며, 업무 비중은 애플리케이션 개발 80퍼센트와 프레임워크 개발 20퍼센트로 이루어진다.

블록체인을 도입하려면 얼마나 비용이 들까? 블록체인을 도입할 때 들어가는 비용은 회사의 프로젝트나 이용 사례, 참여자, 기술, 비즈니스 모델, 투자 자본 수익률(ROI) 기대치 등 각 상황에 맞는 변수들을 활용해 따져볼 수 있다. 하지만 효율적인 비용으로 블록체인 여정의 첫발을 내디딜 수 있다. 하이퍼레저와 이더리움, R3 코다(Corda), 쿼럼(Quorum)과 같은 블록체인 플랫폼은 공개된 기술이거나 오픈 소스이며, 심지어 IBM 블록체인과 같은 기업용 플랫폼도 시작 단계에서는 유료 서비스를 무료로 사용하게 해 주는 프리티어(free tier)를 제공한다.

그 밖의 질문

기업용 블록체인을 도입할 것을 고민할 때 관심거리가 될 만한 주요 질문을 몇 가지 소개하면 다음과 같다. 이 책을 읽어 나가다 보면 다른 장에서도 이 질문을 다시 보게 될 것이다.

- 블록체인을 도입하면 어떤 장점이 있을까?
- 블록체인을 구현할 때 가장 문제가 되는 것은 무엇인가?
- 블록체인을 구현할 때 도움을 받을 수 있는 가이드가 있는가?
- 블록체인의 확장성을 둘러싸고 어떤 문제점이 생기는가?
- 블록체인을 구현하려면 어떤 유형의 IT 인프라가 필요한가?
- 블록체인 솔루션의 설계를 어떤 관점에서 고려해야 하는가?
- 데이터 트랜잭션 요구 사항을 맞추려면 속도와 데이터 가속 측면에서 어떤 요소들이 해결되어야 하는가?

Chapter 1 요약

블록체인 입문에 해당하는 1장에서 블록체인이 무엇이며 블록체인이 갖는 장점에는 무엇이 있을지 여러분의 호기심이 자극되었기를 바란다. 블록체인 기술을 사용할 때 생기는 장점 중에서 몇 가지 사례를 떠오르도록 다음과 같은 세상을 머릿속에 한번 그려보자. 여러분의 데이터가 안전하게 보관되고 식품 매개성 질환으로 죽는 사람이 줄어들며, '짝퉁'은 그 자리에서 바로 발각되기 때문에 위조에 쏟아부은 모든 노력이 수포로 돌아가는 세상.

만일 블록체인의 이러한 장점들이 크게 와 닿지 않는다면, 여러분의 비즈니스에 어떤 혜택이 돌아갈지 생각해 보면 어떨까? 정부와 여타 기관들에 책임성을 입증하고 효율성은 유지하면서도 비즈니스 트랜잭션을 안전하게 보호하며, 기업을 한 차원 높은 단계로 성장시킬 수 있다. 기업 데이터를 안전하게 보관하면서도 접근성을 유지하고, 데이터를 블록체인 네트워크에 공유해 수익원을 창출할 수 있다.

앞선 내용들이 놀랍게 들리고 블록체인 네트워크가 제공하는 기회들을 더욱 자세하게 알고 싶다면 2장으로 넘어가기 바란다. 2장에서는 블록체인이 여러분 기업에 가져다줄 기회들을 자세하게 알아 보지만, 블록체인이 갖는 커다란 이익과 혜택을 누리기 전에 극복해야 하는 몇 가지 도전 과제도 짚어 보겠다.

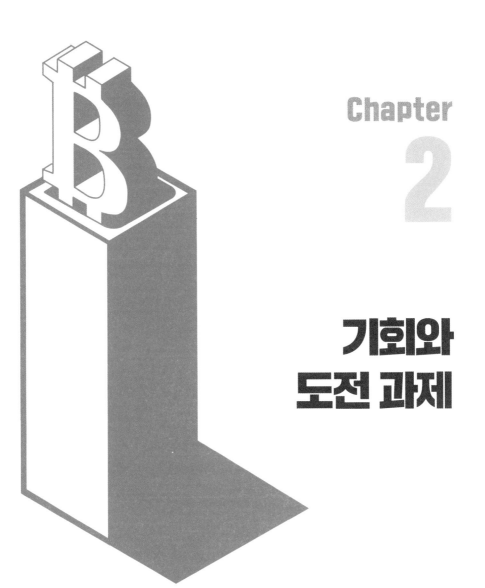

기회와
도전 과제

신뢰야말로 비즈니스에서 성공적인 거래를 이끌어 내고
사회에서 개인적/사회적으로 의미 있는
가치 교환이 이루어지도록 하는 가장 중요한 요소다.

_ 자이 싱 아룬(Jai Singh Arun)

20세기 말에 등장했던 인터넷을 제외하면, 블록체인은 21세기에 출현한 가장 파괴적인 기술이다. 블록체인은 비즈니스에서 신뢰와 투명성, 책임성을 둘러싼 문제에 근본적인 해결책을 제시하고 업계 전반에 걸쳐 무한한 혁신의 기회를 열어 준다.

최근 수십 년간 비즈니스와 무역은 지리상의 경계를 넘어 여러 측면에서 세계화되고 개방되었다. 그런데도 신뢰는 여전히 근본적인 도전 과제로 남아 있다. 잠재 파트너들은 제한되어 있거나 서로 신뢰가 형성되어 있지 않은 경우가 많았다. 그래서 흔히 둘 이상의 이해관계자가 비즈니스 거래를 완수하려면 중재자가 개입해야 한다. 중재자의 예로는 은행을 비롯해 보험 기관, 수출입 대행사, 정부 기관, 신용 기관, 신원 인증 기관 등을 들 수 있다.

블록체인이 이끄는 혁신적인 변화는 바로 신뢰가 없는 파트너들 사이에 새로운 방식의 신뢰를 쌓아준다는 점이다. 이러한 변화로 여러분이나 파트너들이 과거에 하던 비즈니스 방식이 완전히 바뀌게 될 것이다. 그러한 움직임에 따라 중재자를 비롯해 모든 산업과 조직을 둘러싸고 많은 새로운 기회와 공유 경제, P2P 경제[01]가 형성되어, 비즈니스 프로세스와 비즈니스 모델이 재구성되고 전환이 일어난다. 하지만 새로운 기회는 보통 초반부터 예기치 못한 상황이 나타나기 마련이다. 블록체인을 너무 광범위하게 도입하려다 보면 참여자에게는 동기 부여나 인센티브가 없으며, 거버넌스 구조는 변화 수용에 느리고 내부에 너무나 많은 이해관계자가 존재하므로 블록체인을 채택하기가 어려워진다.

파괴적인 요소

블록체인이 파괴적 속성을 갖는 이유는 무엇일까? 블록체인은 본질적으로 참여자 간에 사본을 공유하는 절차를 개발해 비즈니스 네트워크와 우리 사회에서 결여된 신뢰를 채워 준다. 블록체인 기술의 다섯 가지 핵심 요소(투명성과 불변성, 보안, 합의, 스마트 계약)가 파괴적인 혁신을 일으키는 주역이다(그림 2.1). 여러분이 이 파괴적인 요소들을 어떻게 바라보느냐에 따라 각자 비즈니스를 전환하는 방식이 달라진다.

---

01 대량 생산 시대에는 단순한 소비 주체였던 개인이 기술의 발전으로 생산-분배-소비 모든 측면에서 경제 활동의 중심이 됨에 따라 금융 에너지 거래 지식 서비스 임대 등의 분야에서 다양한 방식의 P2P가 나타나고 있다.

그림 2.1 블록체인 기술의 다섯 가지 파괴적인 요소

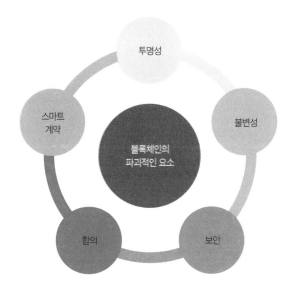

투명성

블록체인은 비즈니스 트랜잭션들을 종단간(end-to-end) 서비스로 모든 과정을 한눈에 볼 수 있도록 한다. 비즈니스 네트워크에서 이들 트랜잭션은 단일 소스 저장소(SSOT, Single Source of Truth) 상태로 분산 원장 전체에 걸쳐 복제해 공유하게 된다. 프라이빗이나 퍼블릭 기반의 비즈니스 네트워크에 허용된 접속 권한을 통해 여러분은 블록체인에서 일어나는 모든 트랜잭션의 경로와 이력을 확인할 수 있다. 과거에 여러 참여자가 참여하는 비즈니스 네트워크에서는 이러한 투명성이 존재하지 않았었다. 따라서 블록체인이 제공하는 투명성 덕분에 P2P 방식으로 직접 접속해 상품이나 서비스를 교환할 수 있고, 여러분의 비즈니스 네트워크에서 제삼자의 중재자 역할이 사라진다.

파괴적인 요소

가치 사슬 전체에 걸쳐 단일 소스 저장소가 실현된 공급망 관리 네트워크를 상상해 보자.

일반적인 물류와 공급망 비즈니스에서 운송 상황을 실시간으로 확인하는 것은 어렵다. 공급망 관리 네트워크는 다양한 참여자(제품의 사용자와 리테일러, 유통업체, 제조업체, 공급업체, 중개자)로 이루어져 복잡하며, 참여자는 자신에게 해당하는 트랜잭션 기록만을 보유하고 이러한 기록들은 전체적으로 동기화할 수 없는 구조이기 때문이다. 블록체인 기반의 공급망 관리 네트워크는 뛰어난 가시성과 투명성을 제공해 비용 절감과 시간 단축 등 효율성과 가치를 높여준다.

불변성

블록체인 원장에 트랜잭션이 일단 기록되고 나면 누구도 삭제할 수 없다. 여러분이 트랜잭션을 변경하려고 하면 블록체인은 또다시 업데이트된 기록(트랜잭션을 변경하려는 시도가 있었다는 사실)을 기존의 트랜잭션에 덧붙이므로[02] 네트워크에 있는 참여자 누구나 알게 된다. 블록체인의 모든 트랜잭션 내역은 암호화된 데이터로 블록[03] 안에 담기며 노드 간 합의 서명을 거쳐 타임 스탬프(블록 생성 시간)가 찍힌다. 새로 만든 블록에는 앞서 만든

---

[02] 블록체인은 추가 전용(append only) 데이터베이스로, 내용을 덧붙이기만 할 수 있고 삭제나 변경 기능은 없다.

[03] 블록 하나의 크기는 최대 1메가바이트로 2,000~3,000개 정도의 트랜잭션 내역이 담기며 약 10분을 주기로 생성된다. 비트코인의 경우 사용자는 늘어남에 따라 트랜잭션 처리 수는 기하급수적으로 증가했지만, 블록 크기는 1메가바이트로 제한되어 있었기 때문에 기술 병목 현상이 발생하기 시작했다. 비트코인에서 분기한 비트코인 캐시가 나와 최대 8메가바이트까지 용량 확장이 가능해 처리 속도가 빠르고 수수료도 저렴하다.

블록의 모든 트랜잭션 기록이 담겨 있기 때문에 사실상 블록이 앞뒤로 연결되어 있다. 그래서 블록의 내용은 삭제나 변경이 불가능하고 비가역성을 가진다. 트랜잭션 이력의 불변성 때문에 비즈니스 트랜잭션에서 흔한 위변조와 사기가 일어날 우려가 사라진다.

블록체인의 불변성과 투명성을 활용한 출처 증명 프로세스가 위조 가능성을 없앤다.

의약품·식료품 명품 의류·보석류와 같은 고가품과 법률 및 금융 서류를 다루는 데 있어 위변조는 전 세계적으로 가장 심각한 문제다. 기업이 위변조 때문에 지불하는 비용은 연간 총지출의 7퍼센트 이상을 차지하며 이는 글로벌 전체 규모로 보면 연간 거의 4조 달러에 육박한다.[01] 블록체인 네트워크에서는 자산이나 재화의 이전에 관한 영구불변의 디지털 기록과 이력을 모든 참여자가 조회할 수 있기 때문에 시스템이나 프로세스에서 사기나 조작 시도가 원천 차단된다.

보안

블록체인은 해킹이 거의 불가능해서 대단히 안전한 트랜잭션 시스템을 제공한다. 블록체인의 모든 트랜잭션 기록은 업데이트 내용과 함께 디지털 서명으로 암호화되어 안전하게 보호된다. 네트워크의 참여자는 새로운 트랜잭션을 일으키거나 기존의 트랜잭션을 업데이트할 때면 자체적인 개인 키(private key)[04]를 할당받게 된다. 따라서 보안의 취약성을 쉽게 파악하여 해킹을 예방할 수 있다. 모든 트랜잭션 내역은 분산 저장된 원장 전체에 복제되거나 공유된다. 그 말인즉슨 해커가 모든 원장을 일일이 들여다보고 원장마다 같은 데이터나 기록을 찾아서 위변조해야 한다는 뜻인데 사실상 불가능한 일이다.

> 분산 원장, 트랜잭션의 무결성, 높은 가용성, 감사 가능성 때문에 블록체인의 보안, 프라이버시, 컴플라이언스가 강화된다.

비즈니스에서 핵심 데이터와 트랜잭션에 대한 보안은 어떤 조직과 산업 영역에 있어서건 주요 고민 사항이다. 결국 핵심 데이터와 트랜잭션의 디지털 전환은 오늘날의 비즈니스 세계에 복잡성을 더하고 새로운 차원의 보안 문제를 만들어 내는 주요 원인으로 작용한다. 가트너(Gartner)에 따르면 2018년 글로벌 차원의 사이버 보안 관련 지출은 1,140억 달러를 초과했으며[02], 독일의 시장 조사 기관 스태티스타(Statista)는 관련 지출이 2022년까지 2,340억 달러를 넘어설 것으로 예측한다.[03]

대부분 조직은 비즈니스와 고객 정보를 중앙 시스템에 보관한다. 하지만 불행히도 그러한 중앙 시스템은 외부의 공격에 취약하다. 블록체인은 탈중앙화된 접근 방식을 도입해 트랜잭션 데이터를 한곳에 보관하지 않고 분

---

04 개인 키(private key)는 디지털 서명 생성에, 공개 키(public key)는 디지털 서명 검증에 쓴다. A와 B가 개인 키와 공개 키 한 쌍을 각각 생성하고, A가 자신의 개인 키를 가지고 원본 데이터를 암호화하여 디지털 서명을 생성해 B에게 보내면 B는 A의 공개 키를 가지고 디지털 서명을 복호화함으로써 암호화된 데이터가 원본 데이터로 바뀐다.

산 원장에 복제해 둔다. 따라서 원장 중에서 하나가 작동하지 않더라도 다른 원장에도 동일한 트랜잭션 내역이 보관되어 있기 때문에 가용성이 보장된다. 모든 트랜잭션은 네트워크 참여자가 내역을 검증하고 동의한 후에야 비로소 원장에 게시된다. 블록체인에서 회원들을 식별할 수는 있지만 익명성과 프라이버시는 유지되는데, 이것은 조직이 신뢰를 보장하는 데 있어 중요하다. 블록체인에는 조작되지 않은 트랜잭션 내역이 존재하기 때문에 언제라도 컴플라이언스와 규제를 목적으로 한 감사에 대응할 수 있다.

합의

블록체인 네트워크 참여자는 합의 메커니즘을 사용하기 때문에 비즈니스 트랜잭션의 유효성을 검증하기 위해 중앙 기관 및 제삼자에게 의존할 필요가 없다. 예를 들면, 암호화폐가 근간으로 삼는 것은 누구나 허가 없이 참여할 수 있는 퍼블릭 블록체인으로, 채굴자들에게 화폐 트랜잭션의 유효성을 검증해 달라고 요청하는 방식으로 작동한다. 이러한 유효성 검증 과정을 작업 증명(POW, Proof of Work) 또는 채굴 작업이라고 부르는데 엄청난 컴퓨팅 성능과 막대한 에너지가 필요하다[05]. 반면에 허가형 블록체인은 네트워크에 신뢰할 수 있는 참여자만 들어오고 별도의 채굴 작업 없이 익명으로 트랜잭션을 검증하는 합의 알고리즘을 사용한다. 따라서 퍼블릭 블록체인에서 사용하는 컴퓨팅 성능과 에너지 비용의 극히 일부만 있으면 된다.

---

05 작업 증명이란 목푯값 이하의 해시(hash)를 찾는 과정을 무수히 반복함으로써 해당 작업에 참여했음을 증명하는 방식으로, 채굴을 통해서 가장 먼저 목표값 이하의 해시를 찾은 사용자는 해당 블록을 구성하고 체인에 연결하며 그 대가로 코인을 지급받는다.

합의는 비즈니스 네트워크에서 민주적인 방식으로 공정한 참가를 유도한다.

글로벌 차원에서 보면 경제 구조에서 불공정한 관행이 50퍼센트 이상을 차지한다. 2012년 BBC가 22개국 12,000명 대상으로 조사한 결과에 따르면 응답자들의 50퍼센트 이상은 각 국가에서 경제적인 수혜와 부담이 불공정하게 분배되어 있다고 답변했다. 매년 많은 비즈니스에서 불공정한 쟁점을 해결하는 데 수십억 달러를 쓰면서도 일부에서는 불공정한 문제가 있는지도 모른 채 그 돈을 고스란히 날려 버리고 만다. 법률과 비즈니스, 정부 영역에 존재하는 중재자 중 상당수는 자신들의 경제나 재정의 이익을 목적으로 불공정하고 기만적인 관행을 이용하기도 한다. 그런 측면에서 블록체인 기술은 대단히 민주적이고 투명하게 거래 방식으로 바꿔 비즈니스와 정부에서 벌어지는 불공정함을 예방할 잠재력이 있다.

스마트 계약

스마트 계약은 비즈니스 파트너 간에 법률 및 비즈니스 계약 조항을 명시한 계약 조건이 만족되면 자동으로 실행되는 전자 계약으로 생각할 수 있다. 블록체인에서 스마트 계약은 비즈니스에 필요한 데이터 처리를 수행하는 응용프로그램으로, 트랜잭션 기록 내에 프로그램이 포함되어 있으며 비즈니스 프로세스를 자동화한다. 자동 계약 기능 때문에 중앙 통제 기관과 법적 시스템 혹은 중재자의 개입 없이도 다양한 비즈니스 참여자 사이에 트랜잭션과 합의가 이루어진다. 블록체인 내 트랜잭션은 신뢰성과 투명성, 불변성의 특징을 갖기 때문에 스마트 계약 기능을 통해 비즈니스 프로세스 자동화가 가능해진다.

스마트 계약은 막대한 비용 지출과 위험 부담 없이 자동화, 속도, 컴플라이언스를 통해 비즈니스 프로세스 혁신을 촉진한다.

비즈니스 혹은 법적 계약 관리에서 자동화와 신속성은 가속화되고 있지만 계약 및 상용 관리 국제 협회(IACCM, International Association for Contract and Commercial Management)에 따르면, 기본 계약서를 처리하고 심사하는 평균 비용은 지난 6년 동안 38퍼센트 증가했으며 현재 평균 6,900달러에 이른다.04 스태티스타 보고서를 보면 글로벌 법률 서비스 시장만 봤을 때 2021년까지 1조 달러를 넘어설 것으로 전망한다.05 현재 계약 관리 서비스에 얼마나 큰 비용을 지출하고 있는지, 그리고 스마트 계약을 사용하면 계약이 신속하게 또는 거의 즉시 전자적으로 처리되며 투명성과 불변성을 적용해 위험 부담이 줄어들게 됨에 따라 얼마나 막대한 비용이 절감될 것인지 예상해 보면 된다. 초기 추정치를 보면 블록체인 기술은 기본적으로 법인이 개입하지 않고도 현재 들어가는 비용 중에서 극히 일부만으로도 비즈니스 계약의 실행 방식을 수작업에서 자동화 방식으로 바꿔 놓아 며칠씩 걸리던 기간을 불과 몇 분으로 단축할 수 있다.

다음에는 앞에 나온 블록체인의 파괴적인 요소들이 여러분의 비즈니스를 전환하는 동안 어떻게 새로운 기회를 열어줄 수 있는지 탐색해 보도록 하겠다.

기회

대다수 개인과 조직은 새롭고 혁신적인 기술이 등장했을 때 미래가 어떻게 변화할지 예측하는 능력이 부족하다. 그래서 비즈니스가 발전적인 방향으로 변화하는 데 걸림돌이 된다(때로는 고의가 아닌 경우도 있다). 첨단 기술의 등장으로 우리의 사고방식과 비즈니스 운영 방식에 변화가 일어나게 되고 이 덕분에 새로운 기회가 열리고 일상생활이 바뀌고 있다. 우리가 20세기에 겪었던 혁신 기술 중에서 두 가지를 꼽자면 개인용 컴퓨터와 인터넷이라고 하겠다. 그리고 21세기 차세대 혁신 기술은 바로 블록체인이다.

가트너는 블록체인이 창출하는 비즈니스 가치가 2030년까지 3조 1천억 달러가 될 것으로 전망한다.06 블록체인의 진정한 비즈니스 가치는 업계 전체에서 다양한 사례가 나오면서 사용자가 자신들의 비즈니스는 과연 어떤 전환을 겪게 될지 새로운 가능성을 머릿속에 떠올려 볼 때 드러나게 될 것이다. 가상화폐에서 국가 간 지급과 음식 안전성에 대한 원산지 출처, 공급망 관리에서 무역 금융, 임상 시험에서 의료 정보 교환, 디지털 저작권 관리(인터넷 콘텐츠 지적 재산권 보호 기술)에서 로열티 정산, 디지털 신원 인증에서 토지 등기 등에 이르기까지 수많은 사례가 되겠다. 이렇듯 블록체인 때문에 무궁무진한 기회가 펼쳐진다.

블록체인의 전환적인 영향력

블록체인 기술은 세 가지 방식으로 전환적인 기회를 창출해 기업과 경제, 생태계가 번성하게 한다. 세 가지 전환적인 요소는 새로운 조직 구조와

그림 2.2 블록체인의 세 가지 전환적인 요소

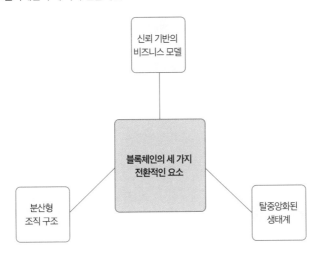

비즈니스 모델, 생태계로 되어 있다(그림 2.2).

분산형 조직 구조

공기업이든 사기업이든 대부분 조직은 대단히 중앙 집권적인 형태를 띠고 있으며 흔히 독점적인 존재에게 유리한 관료주의적 통치 체제를 도입한다. 그러한 구조에서는 동료끼리도 상대방을 밟고 올라가야 경쟁에서 살아남게 되며, 단기적인 효과를 거둘 목적으로 도입한 지휘 통제 방식 때문에 조직에서 혁신적인 의제가 싹을 틔우지 못하는 일이 너무나도 흔하게 발생한다. 그러한 조직에서 중앙화된 구조는 비즈니스의 가시성과 신뢰, 투명성을 제한하거나 무력화시킨다. 그러다 보니 비즈니스 운영에서 비용은 올라가고 민첩성은 떨어지고 비효율성이 늘어나면서 불건전하고 지속적이지 못한 기업 문화가 만들어진다.

이제 비즈니스 네트워크 참여자에게 자유로운 혁신과 자율성을 장려하는 중앙화된 조직 구조를 다시 살리기 위해 어떻게 블록체인을 사용할지 상상해 보자. 블록체인 기술의 분산된 속성이나 중추 기능을 하는 합의 알고리즘과 스마트 계약은 전통적인 기업 구조를 분산·공유된 수평 구조로 변모시켜 높은 자율성을 갖춘 자치적 비즈니스 네트워크를 탄생시킨다. 비즈니스 트랜잭션은 분산 원장 또는 공유 원장으로 관리되어 전체 네트워크에 걸쳐 투명성과 가시성을 제공하며 복잡하고 위계성이 없다. 한 국가가 사기와 관료제로부터 자유롭고 국민에게 모든 것이 투명하게 공개되는 완전히 새로운 통치 구조를 갖추었다고 상상해 보자.

새로운 구조 덕분에 조직에서 서비스를 제공하고 비즈니스에서 성과를 얻는 데 있어 비용 효율성과 업무 능률성, 신속성이 훨씬 개선된다.

신뢰 기반의 비즈니스 모델

비즈니스 모델이란 조직이 고객과 파트너를 위해 가치를 창출하고 전달하는 일련의 역량들을 어떻게 모을 것인지 나타내는 하나의 구조를 지칭하는 것으로, 고객 및 파트너와 끈끈한 관계를 유지하고, 경쟁사들과 차별화된 제품과 서비스로 그 목적을 이루고자 한다. 전통적인 비즈니스 모델은 과정이 복잡하며 서로 간에 신뢰가 부족하고 투명성이 제한되기 때문에 이해관계자와 중개자, 제삼자가 개입해야 한다. 이러한 특성 때문에 비즈니스에서 비효율성과 비용 상승, 진척이 부진한 현상이 일어난다. 하지만 최근 들어 우버(차량 공유 서비스)와 에어비앤비(숙박 공유 플랫폼), 넷플릭스(동영상 스트리밍 서비스)처럼 전통적인 비즈니스 모델을 파괴한 새로운 모델들이 출현했다.

블록체인은 조직들이 암호화폐를 넘어 전통 비즈니스 모델을 탈피할 많은 기회를 열어 준다. 신뢰를 바탕으로 한 P2P 교환, 디지털화되고 자동화된 비즈니스 계약의 실행, 스마트 계약을 통한 합의 때문에 이러한 일이 가능하다. 분산 원장이 제삼자들 간에 중재 역할을 하며 보안과 암호화 기법으로 트랜잭션의 무결성이 유지된다.

블록체인은 비즈니스 트랜잭션에 신뢰를 심어준다. 블록체인은 기본적으로 비즈니스 모델에서 신뢰의 상태가 동적으로 바뀌도록 한다. 따라서 비즈니스 모델을 '신뢰할 수 있음, 어느 정도 신뢰할 수 있음, 신뢰할 수 없음' 세 가지로 구분할 수 있다. 퍼블릭과 프라이빗, 허가형 또는 컨소시엄 블록체인은 각각 올바른 거버넌스 구조와 정책을 바탕으로 신뢰를 조성한다.

블록체인 네트워크에 구축된 조직의 브랜드와 평판 시스템은 조직의 비즈니스 기록을 통해 신뢰와 투명성을 담보할 수 있으며, 그 기록들은 잠재 고객과 파트너에게 신뢰성을 가시적으로 입증해 보일 수 있다.

비즈니스 모델에 전환을 일으키는 사례로는 다음과 같은 것들이 있다.

- 창작자와 청취자 간에 음원 파일이 직접 거래되고 유통업자를 거치지 않고 수익화가 이루어지는 음원 유통 모델
- 송금인과 수신인이 금융 기관을 거치지 않고도 직접 돈을 주고받을 수 있는 송금 모델
- 거래 중개인이 개입하지 않고 판매자와 구매자가 직접 연결되는 오픈 마켓 모델

탈중앙화된 생태계

블록체인을 기반으로 네트워크에서 비즈니스 트랜잭션의 신뢰성과 투명성을 지향하는 개방적인 방식은 네트워크 참여자에게 전환의 여정을 떠나도록 독려한다. 이러한 방식으로 조직들과 시스템은 협력하며 네트워크에서 공동의 가치가 창출되고 내재화된다.

블록체인은 분산된 조직 구조와 신뢰 기반의 비즈니스 모델을 만들어 내기 때문에, 신뢰할 수 있는 마켓 플레이스와 가치가 교환되는 경제가 새롭게 출현하도록 환경을 조성한다. P2P 모델은 플레이어(참여자) 간에 새로운 생태계를 만들고 있으며 중재자의 역할을 없애 버렸다. 이렇게 시스템이 변화하기 때문에 새로운 고객층과 경쟁자, 미시 경제학(microeconomy), 이익 풀(profit pool), 분산 생태계가 활발하게 만들어진다. 탈중앙화되고 생태계가 주도하는 시장은 동일 선상에서 경쟁하는 것이 불가능하다.

다음 사례들은 분산 환경에서 나타날 수 있는 새로운 생태계를 설명해 준다.

- 스타트업의 자금 조달 방식이 암호화폐 공개(ICO)와 토큰 발행을 통해 바뀐다.
- 비즈니스 네트워크 내에서 고객 알기(KYC) 서비스를 만들어 사용하며, 각 조직에는 불필요했던 기존의 KYC 절차를 없앤다.
- 개발도상국에서 자산과 토지대장 등록 절차가 선진국에서의 전통적인 농촌과 도시 개발 및 부동산 거버넌스 생태계를 넘어설 수 있다.
- 트레이딩과 투자 모델이 청산 기관 없이 운영된다.

앞에 나온 선진 사례를 실제로 구현하기 위해 필요한 것은 블록체인 기술의 숙달 문제가 아니다. 현재 시장에서 여러분 비즈니스의 역할과 가치 흐름(특정 제품·서비스를 구현하는 데 필요한 모든 개별 활동), 현재의 비즈니스 생태계를 다른 각도에서 생각하고 비즈니스를 전환하기 위해 기회를 찾아보는 노력이 필요하다. 그러기 위해서는 조직 구조나 비즈니스 모델, 생태계와 같은 많은 요소가 다시 설계되어야 하므로 비즈니스에서 급진적인 변화가 일어난다고 할 수 있다.

전환의 기회

다음 단락에서는 비트코인이나 암호화폐를 넘어서 특정 업계에서 블록체인이 견인할 수 있는 전환 기회 중에서 몇 가지 사례를 살펴보겠다.

은행권과 금융업계

블록체인은 금융업계에 혁신을 불러일으켜 고객 경험을 완전히 바꿔 놓을 만한 잠재력이 있다. 트랜잭션 처리 시간은 몇 시간에서 수초로 단축되고 매뉴얼에 따라 수작업으로 진행하던 프로세스를 없애며 무역 금융·디지털 신원 국가 간 지급에서 불필요한 중재자가 없어진다. 블록체인 도입으로 종이에 기록되던 트랜잭션 기록이 블록체인으로 옮겨가면서 비즈니스를 신속하고 안전하게 수행할 수 있으며, 중소기업처럼 기존에는 충분한 서비스를 제공받지 못했던 시장으로까지 서비스를 쉽게 확대할 수 있다.

기회

무역 금융

은행권들은 앞으로도 수동으로 업무 프로세스를 처리하고 국내외 무역 거래에서 관리·추적·보안을 위한 엄격한 요건을 준수하느라 허덕이게 된다. 예를 들어 기업의 무역 금융 거래에서 신용장(letter of credit)[06]은 대부분 종이로 발행되며 기존에는 거래 관계가 전혀 없었던 다양한 이해관계자가 개입되다 보니 프로세스가 단편적이고 파편화되어 있다. 그렇기 때문에 신용 평가 점수가 없는 중소기업 중 50퍼센트에는 자금 조달이 훨씬 어려울 수 있다.

블록체인 기반의 스마트 계약을 활용하면 계약의 상세 사항과 재정 조건을 자동으로 저장하고 담보하며 교환할 수 있다. 또한 통합된 실시간 네트워크를 통해 무역 물류와 지급을 조정하고 디지털 무역 프로세스를 간소화할 수 있다. 블록체인으로 원장의 트랜잭션이 신탁 은행을 통해 중소기업 한 곳에서 다른 한 곳으로 바로 전달될 수 있다. 대기업들 또한 무역 금융 거래 내역을 보다 원활하게 추적할 수 있는 이점이 생긴다. 예를 들어 IBM은 유럽의 대형 은행 8곳과 컨소시엄을 맺어 블록체인 기반의 국제 무역 플랫폼 위트레이드(We.trade)를 런칭해 중소기업들과 신뢰 기반의 디지털 무역 금융 체인 커넥션을 구축하고 있다.

디지털 신원 확인

고객에게 신원 정보를 반복해서 요청하면 고객 만족도가 낮아지고 업무

---

06 수입업자의 요청에 따라 수입업자가 거래하는 은행에서 수출업자가 발행하는 환어음의 결제를 보증하는 문서

처리가 늦어질 수 있다. 당좌 예금 계좌나 담보 대출로 신규 고객을 유치하거나 고객을 한 은행에서 다른 은행으로 이전하려면 KYC 표준 규정을 철저히 준수해야 한다.

IBM 블록체인에서는 개인 식별 정보는 실제로 저장하지 않으면서 네트워크 접근을 제한하는 허가형 방식으로 신분 증명 서류를 통합할 수 있다. 이러한 방식은 KYC 규정 준수 의무를 지원하는 한편, 개인 정보를 안전하게 보호하고 고객 만족도를 높여준다. 예를 들어 IBM과 시큐어키 테크놀로지스는 캐나다 은행들과 신원 공유 생태계를 구축 중인데 고객이 신규 계좌를 개설할 때 자신의 신원을 즉시 확인할 수 있도록 해줄 것이다. 그 밖에도 운전면허증 신청과 유틸리티 서비스(예: 가스와 전기, 수도)를 신청할 때도 사용하게 될 것이다.

보험

블록체인은 보험업계 특성상 다양한 업계 관계자 간에 일어나는 복잡한 운영을 간소화하고 안전하게 처리할 수 있다. 상대하는 대상이 고객이건 누구이건 간에 블록체인은 다수의 업계 관계자들이 자체적으로 기록을 보관하고 있어서, 예상되는 문제점들을 줄일 수 있다.

비즈니스 트랜잭션이 일어나면 보험 회사는 블록체인의 분산 원장 기술을 사용해 네트워크에 있는 다른 기록들을 조회해 정보를 업데이트하고 검증할 수 있다. 보험 약관, 보험금 청구, 보험 계약자와의 관계 등 운영 관리 비용은 줄어들고, 운영은 효율화되며 고객 만족도는 높아진다. 회사들 또한 새로운 비즈니스 모델이나 보험 상품을 발굴해 새로운 기회와 매출원을 확보할 수 있다.

복잡한 리스크의 보장 범위

보험 약관을 볼 수 없는 직원, 보험 계약자, 손해 사정인, 보험 모집원 등은 대개 인력 지원이 필요하다. 그러다 보니 실수가 빚어질 확률이 높아지고 보험금 청구 심사가 지연되며 비용이 늘어난다. 복잡한 보험 프로그램이나 법률상·규제상으로 엄격한 컴플라이언스가 수반될 수 있는 여러 국가의 약관을 관리할 때는 문제가 더욱 심각해진다. 앞에 나온 장애 요소의 상당 부분을 블록체인으로 해결해 보험 서비스를 원만하게 운영할 수 있다.

예를 들면, IBM 블록체인을 활용해 AIG손해보험과 스탠다드차타드는 여러 가지 약관들을 '스마트 계약'으로 전환했는데 실시간으로 약관 데이터와 문서를 한 개씩 혹은 통합해서 보는 기능을 제공했다. 이 솔루션은 보험금을 지급한 후 네트워크 참여자에게 자동으로 통보함으로써 보험의 보장 범위와 보험료 납입에 대한 가시성을 제공할 수 있다.

단체 보험

흔히 단체 보험을 지원하는 조직들은 보험을 관리하기 위해 지원 업무 담당자, 보험업자, 직원 등 복잡한 인적 네트워크에 의존하곤 한다. 정보는 동일하지만 버전이 다른 관계로 적격성을 확보하고 보험 내역에 접속하기 위한 통합 작업이 필요하다.

예를 들면, IBM 블록체인은 서드파티의 지원 담당자들로 이루어진 폭넓은 생태계와 서비스 제공업체 네트워크에 중요한 연결 통로가 될 수 있다.

블록체인 공유 원장의 투명성은 직원이 실수를 줄이는 데 도움이 되며, 결과로 보험금 청구 프로세스가 향상되고 서비스 제공업체의 관리 효율성은 높아지며 운영 비용이 낮아진다.

헬스케어

블록체인은 헬스케어 기업이 전환하도록 유도할 수 있으며 비즈니스 모델과 생태계가 새롭게 진화할 수 있는 환경을 조성해 헬스케어의 질적 수준을 높일 수 있다. 블록체인에 저장된 헬스케어 정보는 의료 서비스 제공업체가 의료 기록을 저장하는 방식은 물론, 다른 헬스케어 파트너사·보험사·환자뿐 아니라 자신의 조직 내에서 정보를 공유하는 방식까지 바꿀 수 있다.

헬스케어 정보는 블록체인에서 탈중앙화 방식으로 저장되기 때문에 데이터의 가용성과 효율성, 투명성, 신뢰가 높아진다. 하지만 블록체인이 보유한 장점들을 최대로 활용하려면 신중한 기획이 필요하다. IBM이 기업들 대상으로 구축 지원 중인 블록체인 인프라는 기업들이 즉각적이면서도 장기적인 비즈니스 해결 방안을 찾을 수 있는 탄탄한 플랫폼을 제공한다.

환자의 동의와 의료 정보 거래

기록 보관 시스템 간에 호환성이 없으면 환자의 동의서와 병력 정보가 불충분하고 충돌되거나 모호해질 수 있다. 그에 비해 블록체인에 저장된 기록은 개인에 대한 완전하고 장기적인 의료 기록을 제공하는 데 사용할 수 있으며 모든 환자에게 확인된 동의(verifiable consent)[07] 의사를 통해 자신의 데이터에 대한 통제권을 높일 수 있게 해 준다. 블록체인으로 모든 환자의 기록은 유전체 정보부터 의료 영상 진단 정보까지 대중적인 의학 정보를 담고 있으며 필요시에는 중앙화된 통제를 거치지 않고 정보를 안전하게 이전할 수 있다.

임상 시험 관리

헬스케어 중재 시술(intervention)[08]을 위해 임상 시험을 할 때 상당히 많은 데이터가 생성되는데, 헬스케어 관리자에게 피어 리뷰(peer review, 동료 의사의 검증과 평가)를 위해 안정적이고 일관된 기록을 보관하고 규제 요건을 준수하도록 요구한다. 전자 데이터 수집 프로그램을 블록체인의 툴과 합할 경우 임상 시험 데이터가 연구자와 진료의 사이에 자동으로 수집·복제·분배될 수 있다. 따라서 복잡한 종전 시스템보다 감사 가능성과 출처의 추적, 통제 기능이 훨씬 강화된다.

리테일과 소비재 상품

블록체인은 소비재 제품과 리테일 비즈니스에서 생기는 장애 요소를 없

---

07 구글의 자회사 딥마인드 헬스(Deepmind Health)는 2016년 11월부터 영국 국립 의료 서비스(NHS)와 손잡고 인공지능 기술을 도입했으나, 환자 동의를 받지 않고 정보를 수집해 논란이 일었다. 구글은 이러한 우려를 불식시키기 위해 블록체인 기반의 '입증 가능한 데이터 검사(Verifiable Data Audit)' 기술을 도입해 환자의 데이터를 암호화하고 데이터가 언제, 어떤 목적으로 사용됐는지 정부에 기록한다.

08 CT·초음파 등 다양한 영상 장비를 이용해 인체 내부를 관찰하면서 미세 의료 기구를 체내에 삽입하여 진단 또는 치료를 하는 것으로, 스텐트를 삽입해 심장 혈관을 뚫어 피가 잘 통하게 하는 관상 동맥 중재 시술 등이 있다.

애고 가시성을 높이고 있다. 참여자 사이에 공유되는 불변의 분산 원장 때문에 투명성이 높아져 송장과 지급, 소비재 업계의 공급망 관리, 국제 운송 등의 사업 영역에 신뢰가 조성될 수 있다. 블록체인 솔루션이 없었더라면 비즈니스를 지연시켰을 수도 있는 장애 요소가 분산된 신뢰 기반의 데이터베이스를 사용하기 때문에 줄어든다. 즉, 사일로(silo, 단절 또는 고립) 방식의 관리, 규제 시스템, 오랜 시간이 소요되는 정산 프로세스, 거래를 일으키는 주체 간의 불확실성이 줄어든다. 블록체인으로 비즈니스 거래에 속도가 붙고 네트워크 참여자들 사이에 신뢰가 쌓이며 다른 업계와 글로벌 시장으로 향하는 기회의 문이 활짝 열린다.

커머스

글자가 빼곡하게 적힌 송장과 여러 시스템을 거치는 지급 프로세스 때문에 확인과 지급이 늦어지며 그 결과, 오늘날 글로벌 시장에서 비즈니스를 할 때 분쟁이 일어나고 비용이 올라가기도 한다. 이런 일들이 너무나도 흔히 발생한다. 블록체인은 공급자와 구매자 사이에 공유되는 일련의 공동 정보에 대해 가시성을 제공하므로 상거래에서 일어나는 분쟁을 없애는 데 도움을 준다.

예를 들면, 한 유명 소비재 기업은 송장을 처리할 때 일어나는 복잡성과 모호함을 줄이는 데 IBM 블록체인을 활용했다. 해당 솔루션으로 처리 시간이 5일에서 1일로 단축되었으며 처리 비용은 50퍼센트까지 줄었다. 이 기업은 블록체인 기반의 새로운 모델을 수많은 공급자 관계 관리(supplier relationship management)로 확대할 계획이다.

공급망 관리

공급망에 존재하는 여러 업체가 사용하는 서로 다른 시스템 때문에 생태계에서 가시성이 차단되고 관계자 사이에 불신이 형성되며 모든 관계자가 위험에 빠질 수도 있다. 예를 들면, 식품 공급망의 경우 공급자와 가공업자, 유통업자, 리테일러, 물류 업체, 소비자 간에 투명성이 부족하다 보니 업계 전체가 신뢰에 타격을 받아 왔다.

IBM 푸드 트러스트와 같은 블록체인 기반의 식품 공급망 시스템은 공급망의 모든 단계에 걸쳐 식품을 효율적이고 안전하게 추적하도록 하기 위해 재배자와 유통업자, 가공업자, 리테일러, 기타 식품업계 이해관계자들을 하나로 묶는 협업 솔루션이다. IBM의 블록체인 솔루션으로 농장에서부터 매장에 이르기까지 종단간(end-to-end)에 데이터에 대한 경로를 신속하게 추적하며 컴플라이언스 인증에 접속해 식품의 안전성을 담보하는 데 도움이 된다.

예를 들면, 월마트와 IBM은 IBM 푸드 트러스트를 도입해 식품 안전성을 개선하려고 파트너십을 맺었다. 식품 시스템 전반에 걸쳐 제품의 생산 데이터를 운영하는 최초의 블록체인 식품 안전 솔루션으로, 초기에 도입하는 기업들이 식품 공급망 파트너들과 데이터를 안전하게 공유할 수 있도록 해 준다.

다른 공급망 이용 사례를 살펴보자면, IBM과 세계 최대 해운사 머스크는 IBM 블록체인을 기반으로 선적된 화물 기록을 블록체인으로 효율적이고 안전하게 관리하는 글로벌 무역 디지털 플랫폼 구축에 협력하기로 발표했다. 양사는 트레이드렌즈(TradeLens)라는 합작 법인을 설립해, 화물이 국경과 무역 지대를 넘어 이동할 때 필요한 투명성과 간소함, 공개 표준을 해결하고자 했다.

정부

정부는 신분증 발급과 재산 등록부터 선거 관리, 법률 집행에 이르기까지 국민 정보를 보호하고 신뢰를 유지하며 공공 기록의 정확성을 보장하기 위해 데이터 스튜어드십(stewardship, 관리)[09]이 엄격하게 이행되도록 해야 한다. 데이터 아키텍트(data architect)[10]와 데이터 관리자(data administrator)[11], 개인 정보 보호 책임자(privacy officer)[12]는 국민의 개인 정보를 보호해야 하지만, 중요한 정보를 필요할 때는 열람할 수 있도록 해야 한다. 업무 범위를 조정하면 공무원들의 일과가 복잡해지기도 한다. 무상 서비스의 범위를 대폭 확대하고 해당 서비스를 제공하기 위해 엄청난 인력이 필요하다 보면, 사기와 낭비, 남용이 생길 수 있어 결국 중요한 공공 기록에 치명적인 실수가 빚어지게 될 수 있다.

자산 등록

우리는 주택과 사업체, 자동차 등에 소유권을 확인하고 금융 거래를 안전하게 처리하기 위해 정부 기관을 통해 내역을 정확하게 기록하고 추적한다. 따라서 정확하면서 열람 가능한 등기는 신뢰와 투명성을 추구해야 하

---

09 데이터에 대한 공유와 무결성을 점검하여 데이터 품질을 조정(coordination)하는 역할과 책임을 일컬으며, 많은 기업에서는 데이터 아키텍트(Data Architect), 데이터 관리자(Data Administrator), 데이터베이스 관리자(Database Administrator) 등이 데이터 스튜어드십 역할을 수행한다.

10 데이터와 관련된 모든 지식을 총괄하는 사람으로, 데이터의 표준·원칙·설계·관리·시스템 등을 다룬다.

11 데이터베이스 보고서와 개발 영역 문제점을 해결하고 주기적인 보수뿐 아니라 다양한 긴급 요청을 도와주는 역할을 한다.

12 고객의 개인 정보를 사이버 범죄로부터 보호·관리하고, 관련 정책 결정 및 운영 등을 담당하는 책임자를 말한다.

는 정부에게 가장 중요하다. 이러한 필요에도 불구하고 오늘날 등기부 등록은 절차가 너무 느리고 중복되며, 오류가 발생하기 쉽고 불완전한 수작업 입력에 지나치게 의존하기 때문에 문제가 생긴다. 블록체인은 정부 기관으로 하여금 기존 등기 데이터는 그대로 둔 채, 자산의 소유권을 단일한 공유 원장에 연결해 공문서 기록의 정확성과 효율성을 높일 수 있게 한다.

사기 방지 및 컴플라이언스

사기와 프라이버시 정보의 남용, 우발적인 데이터 유출 사고는 정부의 데이터 트랜잭션을 고질적으로 괴롭히는 너무나 흔한 문제다. 더욱이 정부 조직 내에서 사일로화된 기존 시스템과 프로세스 때문에 여러 사용자가 다양한 버전의 데이터를 생성하는 결과가 종종 생긴다. 단일 버전의 진실(SVOT, Single Version of the Truth)[13]이 존재하지 않는 상태에서는 입력된 데이터 중에서 어떤 것이 옳은지 판별할 수 없기 때문에 데이터 세트(data set)[14]가 접속될 때마다 사기가 일어날 위험과 컴플라이언스를 준수하기 어려운 점이 늘어난다.

블록체인은 암호학적으로 안전한 데이터를 순차적으로 추가해 공유하는 신뢰 원장을 만든다. 이 원장에는 오직 신뢰받는 기관만 접속할 수 있어 정부 관리자에게 최신의, 조작이 거의 불가능한 정확한 데이터로 작업한다는 확신을 심어준다.

---

13 조직의 모든 데이터를 일관되고 비중복 형태로 저장하는 개념

14 컴퓨터가 처리하거나 분석할 수 있는 형태로 존재하는 관련 정보의 집합체

미디어와 엔터테인먼트

블록체인은 광고 구매와 디지털 콘텐츠 관리에 있어서 다수의 이해관계자를 필요로 하지 않기 때문에 미디어와 엔터테인먼트 생태계에서 복잡성을 없애고 디지털 트랜잭션에 투명성을 높이고 있다. 트랜잭션이 일어날 때마다 불변성 공유 원장에 기록되기 때문에 미디어와 광고, 엔터테인먼트 업계 등에 속하는 기업들은 콘텐츠나 데이터가 판매되고 사용될 때 완벽하게 가시성을 확보하게 된다.

블록체인은 다양한 업계와 이용 사례에 '기업용(built for business)' 글로벌 블록체인 네트워크의 구축을 확산하려는 용도로 설계된다. 디지털 생태계에서 콘텐츠를 신뢰 있고 투명하게 유통할 수 있는 디지털 저작권 관리처럼 미디어와 엔터테인먼트업계에 상당한 영향력을 발휘할 수 있다.

광고 정산

광고 중에서 거의 50퍼센트는 광고 노출의 타깃이 되는 대상에게 도달되지 못한다.[07] 게다가, 오래된 방식의 평가 측정 시스템 때문에 특정 광고가 몇 명이나 되는 대상에게 노출되었는지 정확한 수치를 산출하기 어려울 수 있다. 디지털 광고 사기 피해는 연간 70억 달러에 이르는 반면,[08] 광고 중개자들은 광고비 중에서 60퍼센트를 수수료로 챙긴다. 광고가 실제로 사용자에게 노출이 됐는지 기록하는 시스템에 불일치가 있다 보니 분쟁과 인건비 누수, 부실한 현금 흐름이 일어나곤 한다.

하지만 블록체인의 불변성 원장을 사용하면 광고 중개자를 없앨 수 있고, 따라서 광고비 지출을 낮출 수 있다. 광고 생태계에 걸쳐 디지털로 트랜잭션을 저장해 광고주와 광고 중개자[15], 광고 판매자(매체 소유자)는 광고가 얼마나 노출됐는지 정보를 공유하며, 스마트 계약을 통해 광고비가 노출수에 따라 지급된다는 사실을 증명하는 투명한 시스템을 만들 수 있다. 광고 인벤토리(inventory, 광고를 노출할 수 있는 영역)를 능률적으로 관리할 수 있고 광고를 제작하는 대행사 측에서는 광고비의 청구와 수납이 훨씬 효율적으로 이루어질 수 있다.

예를 들면, 전 세계 최대 광고주인 유니레버(Unilever)는 IBM과 파트너를 맺고 광고 공급망을 관리하는 블록체인 시스템을 구축해 광고 구매자들이 확인할 수 있도록 하는 신뢰 기반의 투명한 솔루션을 개발했다. 모든 이해관계자가 광고 프로세스의 모든 단계를 시각적으로 확인할 방안을 제공한다. 새롭게 도입한 투명한 방식으로 인해 광고주와 광고 플랫폼 사업자는 광고 캠페인이 얼마나 효율적인지 비용 지출의 타당성을 쉽게 따져볼 수 있을 것이다.

로열티 프로그램

로열티 프로그램은 무엇보다도 서비스·금융·엔터테인먼트·항공사·리테일업계를 중심으로 다양하게 진행되어 왔다. 하지만 업계 간에 시스템이 나누어져 있다 보니 소비자들이 다양한 업계에서 쌓은 로열티 포인트를 교환하는 것이 어려울 수 있으며 설령 같은 은행권이라고 해도 상황은 마찬가지였다. 그러므로 교차 판매(서로 다른 업종 간의 제휴를 통한 마케팅) 활동을 벌일 수 있는 여지와 매출 성장 기회가 줄어들었다.

---

15 광고주와 매체 소유자 사이에서 광고에 관한 전반적인 업무를 대행하는 서비스를 제공한다.

블록체인 솔루션을 도입하면 소비자가 항공사의 단골 마일리지를 호텔 예약과 테마파크 입장권 구매, 커피 주문에 쓸 수 있도록 로열티 생태계에 신뢰를 구축하기 위해 로열티 인벤토리에 대한 가시성을 완벽하게 확보하는 것이 가능하다. 반대로 소비자는 다른 업계에서 적립한 로열티 포인트를 항공권 티켓 구매에 사용할 수 있다.

예를 들면, 중국 유니온페이(UnionPay)[16]는 150여 개 이상 국가에서 중국은행을 통해 신용카드를 사용할 수 있도록 한다. 유니온페이는 서로 다른 은행에서 발급한 카드로 결제할 때 적립한 보너스 포인트를 교환해 결제할 수 있도록 '카드 포인트 트랜잭션 시스템'을 IBM 블록체인 기반으로 개발했다. 이러한 은행 간의 새로운 리워드 포인트 거래 시스템으로 은행과 신용카드 사용자, 상품 매장 간에 포인트 교환이 가능해질 것이다.[17]

차량

부품 공급사와 차량 제조사로부터 고객, 안전 규제 기관에 이르기까지 복잡한 자동차 비즈니스 생태계를 이루는 모든 이해관계자는 차량을 제조하기 훨씬 이전부터 시작해서 구매한 지 한참 지난 이후에도 확장되는 트랜잭션과 지식 네트워크에 의존한다. 그리고 네트워크는 성장하고 있다. 하드웨어와 서비스가 진화하면서 기술 지원부터 결함이 있거나 위조된 부품

---

16 2002년 중국의 88개 은행이 공동 투자를 통해 설립한 국영 신용카드 회사로. 중국 카드 시장에서 약 99퍼센트의 시장을 점유하고 있는 사실상 독점 기업이다.

17 일반적으로 카드 포인트로 살 수 있는 제품이나 서비스는 제한되지만. 양사는 궁극적으로 항공 마일리지. 슈퍼마켓 적립 포인트를 포함한 다양한 '로열티 스킴'(royalty schemes)을 블록체인 기반 거래소로 통합한다는 원대한 목표를 가지고 있다.

의 출처와 소재를 파악하는 데 이르기까지 자동차업계가 추적해야 하는 데이터의 양은 폭발적으로 증가하고 있다. 블록체인은 소유권과 소재, 부품과 재화의 이동에 관해 공유한 허가받은 기록을 활용해 효율성과 투명성, 신뢰를 쌓는 데 도움을 줄 수 있다. 블록체인 기록은 융통성이 있기 때문에 혁신적인 새로운 비즈니스 모델에 완벽하게 발맞추어 발전해 나갈 수 있다.

모빌리티 서비스

현대의 차량은 단순 이동 수단 이상의 역할을 한다. 상당히 복잡하고 네트워크로 연결된 바퀴 달린 소프트웨어 플랫폼이다. 차량은 소액 결제와 차량 공유서비스 업체와의 상호 작용, 스마트 교통 인프라, 전기 차량 충전 등 안전하고 매끄러운 모빌리티(이동성) 서비스를 통합할 필요가 점점 커지고 있다.

IBM은 자동차 부품 제조업체인 ZF 및 UBS 은행과 파트너십을 맺어 IBM 클라우드를 통해 운영되는 블록체인 기반의 자동차 전자 지갑(Car eWallet) 시스템을 구축하겠다고 발표했다. 고속도로 통행료와 혼잡 통행료, 전기차 충전 요금, 주차 요금과 같은 소액 결제를 비현금으로 지불하고 차량 간 결제도 가능하다. 이 시스템은 또한 차량 주인이 소포 배달 서비스 업체에 트렁크의 접근 권한을 줄 때 차량이 소포의 안전한 배달 장소로 사용될 수 있도록 한다.

출처 추적

차량 제조는 정말로 글로벌 차원에서 이루어진다. 부품은 전 세계로부터 공급받고, 완성 차량은 전 세계 어디서나 운행되기도 한다. 차량의 위조 부품과 불량 제품 리콜에 대응하려면 추적성은 차량의 판매 이후 이동 상황을 파악하는 데 있어 대단히 중요하다. 차량 제조사들은 안전과 안정성을 유지하기 위해서 안전 규제 당국과 구매자 모두를 위해 차량의 이동 상황을 파악해야 한다. 만일 부품에 안전 문제가 일어나면 차량 제조사와 부품 공급사는 블록체인 기술을 활용해 해당 부품의 소재를 신속하게 파악하게 된다.

자동차업계에서 일어나고 있는 발전 양상을 보잉에서도 찾아볼 수 있다. 보잉은 IBM 블록체인 기반의 솔루션을 구현하고 있는데, 비행기 공급망 전체에 걸쳐 수집되는 정보를 부품 공급사와 비행기 소유주, 정비업체, 규제 당국까지도 접근할 수 있도록 할 계획이다.

여행과 운송 수단

여행과 운송 환경에는 움직이는 요소들이 수백만 개쯤 존재한다. 블록체인 기술은 각 요소가 안전하고 확실하게 효율적으로, 그리고 비즈니스의 성공과 고객 만족도 향상을 위해 마찰 없이 움직이도록 뒷받침할 수 있다.

항공업계에서 인터라인 티켓팅과 인터라인 부킹으로도 알려진 인터라인(interline)[18] 관행을 살펴보겠다. 인터라인은 여러 차례 환승을 해야 하는 승객들을 위해 복수의 항공사가 제휴를 맺고 각각의 노선을 연계해서 하나의 티켓에 묶어 발권하는 것으로, 개별 항공업체 간에 이루어지는 자발적인 상무 협정(commercial agreement)[19]이다. 이러한 관행의 일환으로 예약 대

---

18 공동 운항 또는 코드 쉐어(좌석 공유)와 유사한 형태지만, 더 넓은 범위를 이동할 수 있다.

19 나라와 나라 간의 항공 교통 내용에 대한 협정인 항공 협정이 체결된 이후 양국 간의 특정 항공사 간 체결되는 항공기 운용에 관한 각종 규제와 협정을 뜻한다.

행사, 항공사, 신용카드사, 공항 간에 여러 차례 B2B(기업 간) 거래가 일어난다. 그 결과 복잡하고 실수가 잦거나 거래 분쟁이 종종 일어나곤 한다. 그에 반해 모든 당사자가 블록체인 환경에서 동일한 데이터를 사용할 때 공통 정보의 가시성과 공유로 인해 불일치를 해소할 수 있다. 블록체인 기술은 육상과 해상, 공중 어디에 도입하건 간에 트랜잭션 처리 속도를 높이고 사기를 방지하며 이해관계자 사이에 신뢰를 구축하는 불변의 안전한 시스템으로, 운송 수단을 능률적으로 운영하는 데 효과적이다.

인력 조정

어떤 형태의 운송 수단이건 간에 승객과 화물을 안전하게 수송하는 일이 가장 중요한 임무이지만, 승무원 교육과 자격증 발급에는 여러 기관이 오랫동안 관련되어 왔다. 탑승 터미널은 연료 공급과 티켓 예매서비스, 케이터링(음식 공급) 준비, 셔틀카 운전, 청소 등 너무나도 다양한 임무를 맡은 여러 회사에 고용된 직원들로 쉴 새 없이 바쁘게 돌아간다. 모든 직원은 보안 검사를 철저히 받아야 하고 모든 작업은 조율이 필요하다.

블록체인의 불변성 공유 원장은 입력한 데이터를 변경하거나 조작할 수 없기 때문에 블록체인은 운송 회사들이 필요로 하는 확인과 안목을 제공할 수 있다. 모든 승무원의 자격 증명과 라이선스는 블록체인에 저장되며 교육을 추가로 받을 때마다 확인 과정을 거쳐 갱신된다. 블록체인은 급여와 근무 상황, 그 밖에 혹시 다른 문제가 일어날 경우 분쟁 해결에 필요한 공동 정보에 대한 가시성을 갖춘 중앙 관리의 기능을 한다.

화물 취급

물류를 배송하려면 발신자와 수신자, 운송업체, 심사 기관을 포함해 여러 관계자가 개입하게 된다. 너무나 많은 주체가 제각기 다른 기록 시스템을 갖추고 있는 상황으로, 블록체인을 도입하게 되면 화물의 위치와 이동 상황을 추적하는 데 도움이 될 수 있다. 운송업체는 소유자와 위치, 이동 상황에 관한 공유 기록을 활용해 적재 기기의 이용률을 높일 수 있으며, 발신자와 수신자는 터미널에서 기다릴 필요 없이 수송 중인 물류를 세관에서 통과시켜 빠르게 배송할 수 있다.[20]

예를 들면, 두바이 항공 운송 협회(DNATA, Dubai National Air Transport Association)는 지상 조업[21]과 화물, 여행, 400개가 넘는 항공사의 기내 케이터링(식음료) 서비스를 담당하는 글로벌 사업자로, IBM과 함께 블록체인을 활용해 불필요한 중복 데이터를 없애고 화물 서비스의 가시성과 투명성을 높이는 작업을 했다. 그 결과 화물의 출발 지점부터 도착 지점까지 과정을 효율화하고 간소화했다. 공급망을 디지털화하고 물류 정보를 P2P 네트워크로 전달해 각 화물 컨테이너의 경로를 관리 추적하는 것이 블록체인 도입으로 가능하다.

---

20 한국 관세청도 블록체인을 수출 통관 업무에 적용하기 위해 꾸준한 시범 사업을 진행해 왔다. '전자 상거래 물품 통관 시범 사업'(과학기술정보통신부 협업), 'e-C/O(전자 원산지 증명서) 발급·교환 시범 사업'(행정안전부 협업), '블록체인 기반의 수출 통관 물류 서비스'(과학기술정보통신부 협업) 등이 있다.

21 항공기의 출발이나 도착점검을 비롯해 수하물 운반 등 비행기와 관련된 공항의 지상 업무

도전 과제

기업이 블록체인을 도입하려고 할 때 핵심이 되는 주요 과제는 완벽하고 성숙한 기술을 갖추는 것과는 상관이 없다. 인터넷 기술이 처음 도입된 이후 거의 40년 동안 계속 발전하고 있는 것과 마찬가지로 블록체인도 앞으로 끊임없이 진화해 나갈 것이기 때문이다.

블록체인 기술은 암호화폐 응용프로그램의 기본 토대로서 몇 년간 활용되어 왔다. 최근 들어서는 많은 조직이 다른 업계에서 일어나는 변화에 준비 태세를 갖추는 차원에서 블록체인 기술을 기업에 도입하며 발전시켜 왔다. 기업에 맡겨진 핵심 과제는 블록체인의 적용 범위를 적절하게 선택하고 비즈니스와 참여자에게 제대로 된 동기 부여 방안을 마련하며, 적합한 거버넌스 구조를 보장하고 탄탄한 인력과 기술을 갖추는 일이다. 블록체인 네트워크를 효율적으로 관리하기 위해 신중하고 부지런히 노력하며 여러분 머릿속에 그려 놓은 궁극적인 방향으로 이끌어 가는 데 초점을 맞춘다면 이러한 과제들은 해결될 수 있다.

그림 2.3에서 보여 주듯이 이러한 과제들을 다루기 위해서는 세 가지 측면에서 고민이 필요하다. 범위는 블록체인 네트워크에 대해 어떤 계획을 세워야 하는지 결정하는 데 도움이 되고, 거버넌스는 블록체인 네트워크의 운영 방법을 정의하며, 동기 부여는 블록체인 네트워크를 구축하거나 블록체인 네트워크에 참여해야 하는 이유를 결정한다.

그림 2.3 블록체인을 둘러싼 세 가지 측면의 고민

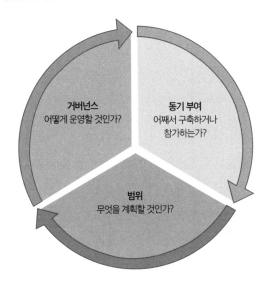

범위

블록체인은 많은 비즈니스를 파괴할 만한 잠재력이 있지만, 현재의 비즈니스 정책과 요건으로 인해 전환 작업을 즉시 지원하지 못할 수 있다. 또한 블록체인은 기존 정부와 기업, 법적 계약 사항과 법률, 외부 공개, 글로벌 차원의 평판, 관료주의, 파트너십 등과 같은 여러 가지 이유로 실현이 어려울 수도 있다. 따라서 범위를 적절하게 선택하는 것이 중요하다. 비록 비즈니스 전환을 주도하겠다는 원대한 희망을 가슴에 품고 있다고 해도, 그렇게 해야만 성공 사례를 점진적으로 구현해 나갈 수 있다. 범위를 선택하는 모의 연습에는 여러분이 가진 비전과 비즈니스 결과에 대한 기대치가 반영된다. 그러나 블록체인은 조직 구조와 비즈니스 모델, 생태계라고 하는 핵심적인 요소들과 관련되기 때문에 여러분이 희망하는 단기적, 장기적인 비즈니스 성과의 맥락에서 세 가지 항목의 범위를 각각 고려하는 것이 중요하다.

블록체인 프로젝트의 성공 여부는 적절한 범위 선택에 달려 있다. 따라서 블록체인 프로젝트에 대한 시작 상황을 명확하게 염두에 두고 최소 기능 제품(MVP)과 최소 기능 생태계(MVE)를 정의해야 한다. 최종 목표는 SMART하게 설정해야 한다. SMART는 구체적(Specific), 측정 가능(Measurable), 성취 가능(Achievable), 결과 지향적(Results-focused), 시간 제한(Time-bound)이 있다는 의미다. 다음 항목들을 정확하게 짚어 실행해야 하는 핵심 활동들을 파악하기 바란다.

- 파괴적인 비즈니스 이용 사례를 파악하기 위해 취약점과 비효율성이 있는 영역 발굴
- 비즈니스 네트워크 참여자 및 생태계 준비 정도
- 경쟁에 필요한 비즈니스 모델 및 차별화
- 협력 및 신뢰를 위한 거버넌스 기획 및 정책
- 비용과 역할 등 운영 기획
- 기술 및 공급업체 선정

동기 부여

인센티브 기획을 제대로 수립해야만 소비자와 파트너가 참여하는 어떤 비즈니스 네트워크에서건 올바르게 행동하고 신뢰와 협력을 도모하겠다는 동기 부여가 생긴다. 블록체인 네트워크에는 네트워크 창립자와 참여자가

함께 있다. 그러나 분산된 조직이나 이익과 손실을 기꺼이 함께 나눌 준비가 된 탈중앙화된 생태계의 속성을 고려할 때 적절한 인센티브 구조를 개발하는 것이 중요하다. 그래야만 모두에게 동기 부여가 생기고 누구나 네트워크에서 신뢰받는 파트너로서 행동하게 된다. 네트워크에 참여한 불순한 행위자들은 여러분이 당초에 기획한 시간과 비용, 자원의 조건 내에서 목표를 달성하려는 역량을 저해할 수 있다.

블록체인 비즈니스 네트워크에서의 인센티브는 금전적인 측면이 아니라, 가시성, 접근성, 공유, 가치의 교환 권리를 가질 수 있다는 점일 수도 있다. 예를 들면, 규제 당국은 규정 준수를 목적으로 트랜잭션에 대한 접근과 가시성 확보를 원할 수 있으며, 창립자가 아닌 참여자는 네트워크에 참여해 자산을 교환하거나 수익을 원할 수도 있다. 그리고 정부 기관과 같은 창립자는 신뢰와 투명성을 유지하면서 비즈니스 정책이나 거래와 관련해 특별한 권리를 확보하기를 바랄 수도 있다.

네트워크에서 트랜잭션이나 자산 교환을 늘리거나 트랜잭션의 가치를 높이기 위해 인센티브 차원에서 토큰을 발행할 수 있다. 토큰은 시스템에서 지분(equity)이나 보상을 나타내며 만일 모두가 기대치나 그 이상을 충족하는 수준에서 활동하고 있다면 보상 가치가 늘어난다. 이 토큰들은 리테일이나 소비자 대상의 비즈니스에서 로열티 포인트를 관리한다거나 에너지 거래에서 탄소 배출권 발급, 금융권 시스템에서 신용점수 부여, 교육 시스템에서 코스 수료나 메릿(Merit) 인증서 발행, 심지어는 평판 시스템에서 브랜드나 사회적 이미지를 관리할 때도 사용할 수 있다.

블록체인 네트워크에서 참여자 사이에 계속해서 동기를 유발하려면 다음과 같은 측면을 평가해 봐야 한다.

- 누가 네트워크에 어떤 데이터와 지식 또는 자산을 제공하는가?
- 그들이 네트워크에 기여하는 가치는 얼마나 되나?
- 그들이 대가로 무엇을 기대하는가?
- 그들을 신뢰받는 참여자로 끌어들이기 위해서는 무엇이 동기 부여 요소가 될 것인가?
- 장기간 참여할 경우에는 단기간에 비해 어떤 인센티브를 제공할 수 있는가?
- 어떤 정책에 기반해 인센티브 배분이 자동으로 이루어질 수 있을까?

거버넌스

훌륭한 사업은 바람직한 거버넌스 구조를 갖추고 있으며 신뢰할 수 있는 파트너들이 한 팀을 이루어야 가능하다. 사업의 성패는 적절히 통제되고 인센티브가 주어지는 생태계를 개발하는 능력에 전적으로 달려 있다.

거버넌스는 탈중앙화된 자산을 유지 관리하기 때문에 블록체인 프로젝트를 성공적으로 추진하는 데 있어 핵심적이고 필수적인 요건이다. 탈중앙화된 자산에는 자체적으로 실행이 가능한 비즈니스와 법적 계약이 갖추어져 있는데 스마트 계약의 형태로 트랜잭션에 구체화된다. 이러한 방식이 비즈니스 네트워크에서 자동화와 속도, 효율성을 이끌어 내지만, 스마트 계약을 거버넌스 구조의 일환으로 어떻게 개발하고 관리할지 이해하는 것이 중요하다. 예측불허의 상황에서 네트워크에 있는 파트너들과 신뢰 관계를 쌓고 동기 부여 요인을 제공해 왔다면 합의를 이루는 것이 훨씬 수월하고 신속하게 진행된다.

블록체인 프로젝트에서 리스크 규모는 거버넌스의 복잡성 정도에 직접적으로 비례한다. 거버넌스가 복잡하면 불확실성과 지연, 비용이 늘어나기 때문이다. 그런 점에서 퍼블릭 블록체인 네트워크는 프라이빗 블록체인, 허가형 블록체인 또는 하이브리드 블록체인[22]에 비해 거버넌스 효과를 발휘하기가 어렵기 때문에 리스크가 큰 편이다. 일부 사례는 퍼블릭 블록체인에 완벽하게 들어맞지만 그렇지 않은 사례도 많다. 따라서 어떠한 형태의 블록체인을 도입할 것인지 신중하게 기획하지 않으면, 개방적인 퍼블릭 형태의 탈중앙화된 거버넌스 구조는 프라이버시, 규정 준수, 규제 요건 때문에 많은 경우에 있어 기업용으로 도입하기에는 적합하지 않을 수 있다. 다양한 업계의 규제 기관은 블록체인 기술이 컴플라이언스 요건에 어떤 영향을 미치는지 조사하고 문제들을 공론화하고 있기 때문에 여러분의 블록체인 네트워크는 반드시 현존하는 컴플라이언스 정책에 부합해야 한다.

블록체인 네트워크의 거버넌스 구조에는 여러 수준에서 작업 그룹들이 있는데, 그들은 다음에 나오는 구체적인 관심 사항을 해결하는 데 전념해야 한다.

- 구상하고 있는 비즈니스 모델의 파괴적인 본질과 참여자에 미치는 영향
- 참여자의 역할과 책임성

---

22 퍼블릭 블록체인과 프라이빗 블록체인의 특징을 적절히 섞는 혼합형 블록체인을 뜻하며, 보안성이 높은 퍼블릭 블록체인 네트워크와 성능 및 확장성이 뛰어난 프라이빗 블록체인 환경을 혼합해 구성할 수 있는 하이브리드 구조가 최근에는 주목을 받는다.

- 의사 결정 권한
- 인센티브 및 억제책의 공유
- 지적 재산권 및 법적 책임
- 기존의 규제 및 컴플라이언스 정책과 미래 변화에 대한 인식
- 기술 설계 및 아키텍처

기술

기술에 대한 우려는 블록체인 채택을 저해하는 주요 요인은 아니다. 실제로 IBM을 비롯한 많은 조직은 기술상의 구현과 적용, 통합, 운영 지원에 대한 우려 사항을 효과적으로 해결(또는 해결하는 과정 중)함으로써 블록체인을 기업에서 사용할 수 있도록 하려고 신중하게 준비해 왔다.

많은 비즈니스는 프라이버시와 범위 또는 데이터 처리량 측면에서 기술상의 문제들 때문에 압도당할 수도 있다. 초당 트랜잭션 처리량(TPS)과 상호 운용성, 합의, 스마트 계약 확인, 도구, 기술 지원, 양자 컴퓨터의 위협[23] 등 문제가 쌓여 있다. 하지만 이러한 우려 사항 중에서 상당수는 이미 블록체인 기술을 다양하게 구현한 많은 업체가 해결했다.

허가형 블록체인과 프라이빗 블록체인은 허가받은 참여자로부터 받은 트랜잭션을 검증하는 한편 참여자의 익명성을 유지하거나, 또는 개인 정보

---

[23] 상당수 보안 전문가는 "양자 컴퓨터가 10년 안에 비트코인의 보안 시스템을 깨뜨릴 것"이라고 전망하고 있으며 현재 구글 등 세계 주요 기업과 정부가 양자 컴퓨터 개발에 총력을 기울이면서 기술 혁신 속도가 빨라지고 있다.

의 노출을 제한하는 난독화(obfuscation)[24] 기술을 사용해서 프라이버시에 대한 우려를 해결할 수 있다. 퍼블릭 블록체인 구현에서 비즈니스들은 오프체인(off-chain, 블록체인 외부에 데이터를 저장하는 방식)[25]의 실행을 구현하도록 선택할 수 있다. 오프체인은 퍼블릭 원장에는 트랜잭션 정보만을 기록해 보관하고 개인 식별 정보는 노출이 되지 않도록 별도의 복사본 원장으로 옮겨 두 원장을 동시에 유지하는 것이다.

블록체인 네트워크의 확장성 또는 처리량은 합의 알고리즘의 효율성을 비롯해 적용되는 보안과 암호화 수준에 주로 달려 있다. 만일 보안 강도를 느슨하게 하면 처리량이 증가한다. 작업 증명 모듈은 처리량을 향상하는 컴퓨팅 집약적이고 시간 집약적인 작업이며, 암호화폐를 위해 구현한 많은 퍼블릭 블록체인의 경우 검증을 거쳐 기록되는 초당 트랜잭션 수는 한 자릿수에 불과하다.[26] 반면에 하이퍼레저처럼 기업용으로 개발된 허가형 블록체인은 보안성을 떨어뜨리지 않으면서도 초당 트랜잭션 처리량 1,000 TPS 이상을 달성할 수 있다. 또한 동시다발적으로 검증 가능한 병렬 P2P 방식으로 여러 채널을 실행할 수도 있다. 이 모델은 처리량 문제를 해결하고 많은 기업에서 블록체인을 도입할 수 있도록 해 준다.

상호 운용성은 이더리움과 하이퍼레저, R3의 코다(Corda), 리플(Ripple)[27]

---

24 프로그래밍 언어로 작성된 코드를 읽기 어렵게 만들어 공격으로부터 보호하는 기술을 뜻하며, 대표적인 예로는 복잡한 코드를 만들거나, 아무것도 하지 않는 코드를 삽입한다.

25 온체인과 오프체인은 블록체인을 구성하고 있는 주요 기술로, 온체인은 세 가지 문제점(부족한 저장 공간, 개인 정보 침해, 늦은 속도)이 있기 때문에 확장성 차원에서 오프체인이 등장했다.

26 비트코인은 평균 초당 약 7 TPS, 이더리움은 20 TPS, 이오스가 3,000 TPS 수준을 기록하고 있다.

27 국경 간 송금과 지급 결제를 위한 블록체인 플랫폼

처럼 서로 다르게 블록체인 기술을 구현한 프로젝트들의 존재를 고려하면 또 다른 문제가 된다. 비록 비즈니스 애플리케이션과 네트워크는 서로 다른 블록체인을 기반으로 구축되지만 결국 경제 측면에서 폭넓게 보자면 상호 운용이 가능해야 한다. 비유하자면 처음에 프라이빗 형태의 폐쇄형 인트라넷으로 시작했다가 나중에 어떻게 인터넷과 상호 연동했는지 떠올려 보면 된다. 블록체인 세계에서도 표준화 위원회와 기술 그룹들은 이미 이러한 유형의 문제들을 해결하려고 노력하고 있다.

합의 메커니즘과 그에 따른 알고리즘들은 현재 구현해 놓은 기술을 놓고 보면 상당히 발전했다. 예를 들면, 하이퍼레저는 노드를 역할에 따라 별도 그룹으로 분리하고 스마트 계약은 그에 따라 맞춤화되어 구동되는 모듈 형태로 제공함으로써 장애 허용(fault tolerance)과 회복 탄력성(resilience) 문제를 해결한다. 스마트 계약의 확인은 새로이 개발된 스마트 계약 프로그램 언어로 상당히 잘 관리되고 있다. 또한, 많은 벤더와 오픈 소스 커뮤니티에서 개발 도구와 적용, 운영 지원을 해 준다.

양자 컴퓨터는 기존 시스템에 있는 어떠한 암호라도 해킹할 수 있기 때문에 양자 컴퓨팅이 블록체인 보안에 위협 요소로 작용하는 것은 어느 정도 사실이다. 그렇지만 양자 컴퓨터를 이용한 공격에 내성을 갖춘 암호 기술인 격자 기반 암호(lattice cryptography)[28]와 같은 양자 내성 암호화(PQC,

---

28 격자 기반 암호는 양자 컴퓨터가 도입되어도 깨지지 않는 차세대 암호 체계라는 것이 암호학계의 중론으로, '현재로서는 풀 수 있음이 증명되지 않은 문제'인 'NP 완전 문제(NP complete problem)'로 분류되어 있다.

Post-Quantum Cryptography)²⁹로 양자 컴퓨팅 위협에 대응할 수 있다.

많은 기술 문제들을 퍼블릭과 프라이빗, 허가형, 하이브리드 블록체인 모델로 해결할 수 있지만 여러분 각자의 환경에서 다음에 나온 항목들을 명확하게 파악할 수 있어야 한다.

- 퍼블릭과 프라이빗, 허가형, 하이브리드 블록체인 네트워크 중에서 여러분 비즈니스 이용 사례에 맞는 아키텍처 니즈
- 오픈형과 표준 기술의 요구 조건
- 프라이버시 요구 조건
- 확장성과 필요한 처리량
- 기존의 시스템 및 애플리케이션과의 통합 역량
- 기술상의 구현과 적용, 운영 지원을 위한 종단간 지원
- 상호 운용성에 대한 필요성

Chapter 2 요약

이번 장에서는 전통적인 조직 구조와 비즈니스 모델, 생태계 전반에 걸쳐 전환을 주도하는 블록체인 기술의 파괴적인 속성을 다루었다. 이러한

---

29   양자와 관련된 암호 기술은 크게 두 가지로 분류된다. 첫째는 양자를 이용해 키를 공유하는 암호 기술인 'Quantum Key Distribution(QKD)'이고, 둘째는 양자 컴퓨팅 환경에서 안전한 암호 알고리즘인 양자 내성 암호, 즉 'Post Quantum Cryptography(PQC)'로, PQC는 양자 컴퓨팅 출현 전부터 적용되어야 하며 현재 컴퓨팅 환경에도 적용할 수 있다.

특징들은 많은 업계에서 현상 유지(status quo)에 혁신의 바람을 불게 하고 도전하게 해서 완전히 새로운 기회를 무한히 열어 준다. 블록체인 프로젝트가 성공하기 위해 극복해야 하는 주요 도전 과제는 블록체인 기술 자체가 아니라 범위와 동기 부여, 거버넌스에서 찾아볼 수 있다.

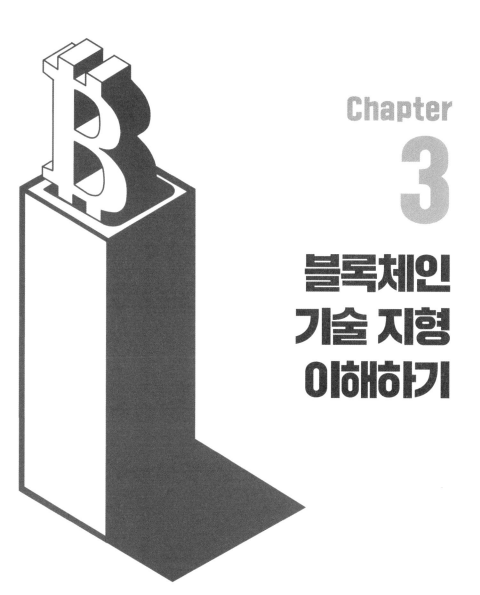

Chapter

3

블록체인
기술 지형
이해하기

블록체인 네트워크의 개방형 기술 아키텍처와 경제적 생존 가능성,
지속성이 핵심적인 설계 기준에 포함되어야 한다.

_ 니틴 거(Nitin Gaur)

블록체인은 엄청난 잠재력을 가졌으며 핵심 구성 요소들을 합한 것보다도 훨씬 막강한 영향력을 발휘한다. 기업용 블록체인의 설계 영역에는 해당 비즈니스 로직(비즈니스의 운영 흐름)에 본질적으로 가까운 트랜잭션 데이터와 가치, 스테이트(state)[01]가 존재하며, 비즈니스 트랜잭션이 안전하게 실행되는지 여부를 안전한 커뮤니티 프로세스를 통해 검증하기 때문에 신뢰의 바탕이 마련되고 트랜잭션을 처리하는 방식이 견고하다. 허가형이면서 오랜 시간 진화를 거듭해 오며 모든 규제 플랫폼에 순응하는 대안 기술로 블록체인을 활용하면 확실히 장점이 있다. 실제로 블록체인은 업계에서 오랫동안 품어 왔던 고민거리, 가령 금융과 무역 시스템의 현대화나 증권 및 무역 정산(무역 상사 간에 이루어지는 매매 대금의 결제)의 처리 속도 향상과 같은 고민을 해소해 줄 것을 약속한다. 블록체인의 목표는 참여자 간에 시스템상에서 투명성과 신뢰, 책임성을 완벽하게 갖추어, 중재자가 전혀 개입하지

---

01 스테이트란 각종 변수와 코드를 저장하는 종합 저장소로 블록체인에서 기억 장치에 해당한다. 실제로 블록체인에서 발생하는 트랜잭션은 기존 스테이트를 최신값으로 변경하는 작업에 해당한다.

않은 상태에서도 재화와 금전을 훨씬 빠르고 저렴한 비용으로 끊김 없이 이동시키도록 기술을 유의미하게 적용하자는 것이다.

기술 관점에서
조망하는 블록체인

2장에서 설명했듯이 사람들은 블록체인 기술을 헬스케어와 공급망 관리, 무역 물류, 금융 시스템, 시장 인프라와 같은 기존 산업을 파괴하는 세력으로 바라보며, 블록체인 기술도 이러한 산업들의 운영 방식을 근본적으로 바꾸어 놓겠다고 미래를 약속한다. 그렇지만 기업의 경우 블록체인 채택을 고려하면서, 그 전에 몇 가지 까다로운 문제를 반드시 검토해야 한다.

■ 블록체인은 현재로서는 일반적으로 통용되는 정의와 표준이 부족한 상태다. 표준화 단체들이나 국제 표준화 기구(ISO, International Organization for Standardization)[02]에서 ISO/TC 307(블록체인 및 분산 원장 기술)[03]을 조직해 블록체인의 분류 체계와 용어 정의, 기타 표준을 표준화하는 작업을 진행 중이다. 이러한 표준화 작업이 블록체인 채택을 확산시키는 촉매제 역할을 한다.

---

02 여러 나라의 표준 제정 단체들의 대표들로 이루어진 국제적인 표준화 기구로 1947년 스위스에서 출범하였으며, 나라마다 다른 산업, 통상 표준의 문제점을 해결하고자 국제적으로 통용되는 표준을 개발하고 보급한다. 현재 164개국이 ISO에 가입해 활동하고 있다.

03 ISO에서 블록체인 분야를 전담하는 'TC307(블록체인 및 분산 원장 기술) 기술 위원회'를 설립하고 이를 통해 개인 인증, 스마트 계약 등 핵심 영역의 표준화 연구를 진행하고 있다.

- 생산 시스템에 블록체인을 활용하려면 산업계에서는 기업의 과제라고 할 수 있는 트랜잭션의 감사 가능성, 가시성, 기존 비즈니스 기능과의 통합 등을 해결해야 한다.

- 블록체인은 암호화폐(예: 비트코인과 알트코인[04])와 관련지어 대중에게 널리 알려진 암호화된 데이터베이스 기술이다. 하지만 블록체인 기술 자체는 세상을 바꿀 정도로 무궁무진한 잠재력이 있다. 블록체인 기술은 시간과 신뢰가 가진 문제를 해결[05]하며 업계를 막론하고 중개자를 없애 버리는 탈중개화 플랫폼을 제공한다.

- 블록체인 기반의 비즈니스 모델은 공동 창조 체계(co-creation scheme)를 사용하고 생태계의 역동성을 변화시켜 산업들의 운영 방식을 바꿀 목적으로 출현하고 있다. 이러한 비즈니스 모델들은 디지털 신용과 디지털 자산, 디지털 지분, 원장 간의 트랜잭션 그리고 네트워크 간의 트랜잭션, 디지털 인증을 기반으로 삼고 있다. 이 비즈니스 모델들은 새로운 비즈니스 모델을 만들어 낼 수 있는 새로운 유형의 상호 작용을 촉진해 신뢰와 안전이 보장되는 블록체인 기반의 비즈니스 네트워크를 구축하는 것을 목표로 삼는다.

블록체인의 네 가지 빌딩 블록

어떠한 유형의 블록체인 솔루션이든 간에 기본적으로 네 개의 빌딩 블록

---

04   Alternative Coin의 줄임말로 비트코인(Bitcoin)을 제외한 가상화폐를 전부 일컫는 편의상의 용어이며 이더리움(Ethereum), 리플(Ripple), 라이트코인(Litecoin) 등이 대표적이다.

05   블록체인은 모든 데이터의 트랜잭션을 실시간으로 기록하고 분산 저장함으로써 기업 간에 실시간 정산이 가능하고, 최대 6일이 소요됐던 농축산물 유통 이력 추적 시간이 10분 이내로 단축되기도 한다.

(구성 조합)이 들어 있다. (1) 분산 원장 또는 공유 원장 (2) 암호 프로토콜 (3) 합의 메커니즘(신용 시스템) (4) 체인 코드, 스마트 계약, 비즈니스 규칙(그림 3.1). 네 개의 빌딩 블록은 전체적으로 블록체인의 기술 구성 요소를 형성하며 수십 년 동안 독립적으로 존재해 왔다. 네 개의 기술 영역에서 각기 점진적으로 일어난 변화를 제외하면 누구나 핵심 원리는 이해하고 받아들일 수 있다.

그림 3-1 블록체인의 빌딩 블록

비즈니스 네트워크에서 기록을 공유하는 추가 전용 분산 시스템 — **공유 원장**

스마트 계약 — 트랜잭션 데이터베이스에 포함된 비즈니스 계약 조건으로, 트랜잭션과 함께 실행

적절한 가시성 보장, 트랜잭션은 안전하고 인증되며 확인할 수 있음 — **프라이버시**

신뢰 — 트랜잭션이 관련된 참여자로부터 승인받음

분산 원장 또는 공유 원장

분산 원장은 자산 소유권 기록을 보존하며 트랜잭션의 완결성(transaction finality)[06]을 이루는 데 필수적이다. 분산 원장들 때문에 분산된 트랜잭션 기록은 변경될 수 없으며, 추가로 덧붙여진 기록만 받아들인다. 퍼블릭이나 비허가형 블록체인을 설계한 의도는 가시성을 확보하기 위해서지만, 기업용 블록체인은 소비자 데이터의 프라이버시, 비즈니스 정보를 경쟁사에 노출하는 행위 등의 규정들에 대해 책임을 져야 한다.

---

06 새로운 블록이 생성되고 체인에 추가됨으로써 그 전의 트랜잭션 장부 내역으로 다시 돌아갈 수 없음을 뜻하는 용어

암호 프로토콜

"암호란 제삼자나 일반 대중이 사적인 메시지를 읽을 수 없도록 하는 프로토콜을 구축하고 분석하는 것이다."[01] 암호는 데이터 송수신의 보안과 해시(hash)[07] 기능, 데이터 및 패킷의 암호화 등 블록체인 보안이 갖는 다양한 시스템적 속성을 가능하게 한다. 더불어 암호는 진위성과 확인 가능한 트랜잭션을 보장한다.

암호는 분산 시스템에서 어떤 적대적 시도가 있더라도 암호를 해독하기 더욱더 어렵게 하도록 계산을 복잡하게 만드는 데 중점을 둔다. 암호 프로토콜은 블록체인 네트워크의 합의나 신용 시스템과 함께 작동한다. 암호학 측면에서 고려 사항들이 허가형 분산 원장 네트워크에서는 달라진다.

합의 메커니즘(신용 시스템)

합의는 근본적으로 트랜잭션의 완결성을 확보하기 위해 지원하는 그룹 의사 결정 프로세스다. 합의는 블록체인 기반의 네트워크에서 핵심적인 요소며, 네트워크가 자산의 이전이나 분산 원장의 변경에 동의하는지 확인하는 과정에 나머지 세 가지 요소들과 함께 작동한다. 일반적으로 모든 검증이 합의 시스템을 통해 이루어지는 것은 아니기 때문에 신용 시스템이라는 용어가 이 요소에는 더 적절하겠다.

이러한 기초 요소가 블록체인 인프라의 전체 설계와 투자에 영향을 준다. 블록체인 영역에서 신용 시스템에 대해 새롭고도 혁신적인 시도들이 많이 제안되어 왔으며, 그러다 보니 특정 이용 사례마다 그에 맞는 특화된

---

07 데이터가 짧든 길든 문장 길이와 관계없이 일정한 길이의 값으로 변경하는 것

신용 시스템을 제공하게 되었다. 블록체인을 효율적으로 구축하고 블록체인 기술의 산출물-신뢰와 보안, 거래 가능성, 거래, 소유권-을 낮게 하는 것이 바로 신뢰 모델이다. 신용 시스템은 블록체인이 대체하는 트랜잭션 시스템에서 핵심 동력이 된다. 단순히 거래와 소유권만 분산 원장 혹은 공유 원장으로 처리하고자 한다면 다수의 원장은 데이터베이스 솔루션을 나열해 처리할 수도 있겠다.

합의 시스템은 블록체인 기반 시스템에 필요한 계산 비용과 투자에 직접 영향을 미치기 때문에 여러분이 시스템을 설계하려고 한다면 이 비용을 고려해야 한다. 합의 모델들이 새로 나오면서 업계에서 수용되고 있으며, 블록체인 기반의 네트워크에서 가치 창출 역량을 제공하는 것들이다.

체인 코드와 스마트 계약, 비즈니스 규칙

체인 코드(chaincode)라고도 알려진 스마트 계약은 블록체인의 필수 요소로, 네트워크 참여자 간에 자산의 이동에 적용되는 성문화된 비즈니스 규칙이다. 체인 코드는 확인과 검증을 지원하며, 블록 생성을 최종적으로 완료하는 트랜잭션 완결성에 사용하는 합의 메커니즘(중재자를 대신해 신뢰를 형성해 주는 기술) 기능을 제공한다.

블록체인은 코드를 실행할 수 있다. 처음에 등장했던 블록체인은 단순 작업(토큰과 같은 디지털 자산의 트랜잭션)만 수행하도록 설계됐지만, 그 후 기술이 발전하면서 블록체인이 정식 프로그램 언어에서 정의하는 훨씬 복잡한 작업들을 수행할 수 있는 수준으로 진화해 왔다. 이러한 프로그램들은 블록체인에서 실행되기 때문에 다른 유형의 프로그램에 비해 고유한 특성들이 있다. 가령 거래 계약 조항이 트랜잭션 데이터베이스에 포함되어 트랜잭션에 의해 자동으로 실행된다. 이러한 유형의 규칙 컴포넌트는 가치의 흐름과 트랜잭션의 스테이트를 정의하기 위해 비즈니스에서는 모두 필요하다.

블록체인이 필요한 이유?

그렇다면 블록체인이 왜 필요하고, 왜 지금일까? 블록체인 기술의 어떤 점이 그렇게 특별하길래 엄청나게 투자가 몰리고 공급망 관리와 무역 물류, 금융업계에서 '파괴적인 혁신'이라는 이름으로 포장해 자신들의 기존 비즈니스를 재검토하게 만들까? 대답은 십중팔구 비트코인 블록체인 시스템에 있을 것이다. 비트코인은 아마도 P2P 기반의 비허가형 네트워크가 어떻게 작동하는지를 처음으로 보여 준 유일한 증거이다. 비트코인 블록체인 시스템을 기업용 모델로 직접 채택할 수는 없지만, 비트코인 네트워크에서 많은 것을 배운다면 성공적으로 기업용 블록체인을 구축하는 데 적용할 수 있을 것이다.

비트코인은 급진적이고 규제를 받지 않는 사이버 '불량 화폐'라는 악평을 얻었다. 그러다 보니 일부 규제 기관이 비트코인의 개념과 거리를 두려는 자세를 취하게 되었다. 한편으로는 많은 비즈니스 분야에서, 허가를 받은 참여자만 참여하고 오랜 시간 진화를 거듭하며 모든 규제 플랫폼에 맞는 기술 대안으로 블록체인을 사용하면서 얻는 이점들이 속속 발견되었다. 그러한 방식이야말로 금융과 무역 시스템의 현대화, 증권과 무역 정산의 소요 시간 단축처럼 오랫동안 업계 고민거리로 남아 있던 문제를 해결할 가능성을 제공해 준다. 블록체인의 목표는 참여자 간에 시스템상에서 투명성과 신뢰, 책임성을 완벽하게 갖추어, 중재자가 전혀 개입하지 않은 상태에서도 재화와 자금을 훨씬 빠르고 저렴하게 끊김 없이 이동시키도록 기술을 유의미하게 적용해 보자는 것이다.

블록체인 관련 업계에서는 기업 영역과 암호화폐 영역을 명확하게 구분한다. 하지만 우리는 그러한 사고는 블록체인을 대단히 매력적인 기술로 만드는 신용 시스템을 이해하기에는 다소 결여된 사고라고 본다. 비트코인의 중심 사상을 이루고 있는 신조로는 경제적 인센티브(유지와 지속성, 높은 가용성, 시스템 유지에 따른 보상 시스템), 암호화(혼란스럽고 누구나 허가 없이 참여할 수 있는 세상에서 질서 유지), 전문적인 연산 능력(비트코인 솔루션을 전담하는 대규모 클러스터 및 하드웨어)을 꼽는다. 비트코인은 신용을 기반으로 하는 화폐를 벌거나 구매할 수 있다는 것을 보여 주며, 기본적으로 투자한 경제적 자원(인력과 전력, 시간)의 가치를 대변한다. 우리가 비트코인의 신조를 허가형 원장 및 네트워크에 적용할 때는, 신용을 기반으로 하는 급진적인 화폐는 존속 가능한 신용 시스템으로 자연히 변경돼야 한다. 그래야 신용 시스템이나 합의 모델을 기반으로 한 인센티브 경제학을 기초로 삼아서 채택이나 기각 둘 중의 하나를 선택할 수 있게 된다.

비잔틴 장애 허용(BFT, Byzantine Fault Tolerant), 프랙티컬 비잔틴 장애 허용(pBFT, Practical Byzantine Fault Tolerant)[08], 래프트(RAFT), 팩소스(Paxos)[09]와

---

08 네트워크에 배신자 노드가 어느 정도 있다고 해도 네트워크 내에서 이루어지는 합의의 신뢰를 보장하는 알고리즘으로, 현재까지 블록체인 합의 알고리즘 중 BFT 방식을 채택했다고 하는 경우 대부분 PBFT 합의 알고리즘을 바탕으로 조금씩 변형을 가했다고 볼 수 있다.

09 가장 유명한 합의 알고리즘으로 팩소스의 특징은 과반수의 동의를 얻었다면 그 동의 내용이 나중에 변경되지 않는다는 점이다. 악의를 가진 참여자가 있는 환경에서 운영하기에는 적절하지 않으며 팩소스는 합의 형성에만 특화됐기 때문에 프로그램으로 구현하려면 시스템적으로 검토해야 할 점이 많다.

같은 합의 알고리즘은 모든 사례에 활용될 수 있다. 기업은 이들 알고리즘을 파악하고서 인력과 에너지, 시간 등 기본 자원에 투자를 집중해야 한다.

블록체인 영역에 발을 디뎌 보겠다고 생각하는 어떤 기업이라도, 자원은 그만큼 중요한 문제이기 때문에 신중하게 접근해야 한다. 이것은 비트코인 블록체인 세계가 보여 준 또 하나의 원칙이다. 지금은 전문적인 하드웨어가 장악하고 있어 결국 자원 요구 사항이 계속해서 늘어나고 있다. 데이터 구조(공유 원장), 암호, 암호화, 고수준 I/O(input/output, 공유 원장 복제, 합의, 기타 네트워크 그룹 서비스에서 비롯됨) 전체가 모이면 기본 자원에 엄청나게 부담을 준다.

소비성 기술로서의 블록체인

그렇다면 기업이 블록체인을 소비성(consumable) 기술로 만들려면 그 밖에 고려해야 할 사항에는 무엇이 있을까? 다음에 몇 가지 고려 사항을 소개하겠다.

1. 기업 통합

    a. 기존 기록 시스템(SoR, system of record)과의 통합: 블록체인 솔루션은 CRM(고객 관계 관리), 비즈니스 인텔리전스(business intelligence)[10], 보고 및 분석과 같은 기존의 시스템을 지원해야 한다. 이 시스템들

---

10   기업에서 데이터를 수집·정리 분석 활용하여 효율적인 의사 결정을 하도록 하는 애플리케이션과 기술의 집합을 말하는 것으로, 의사 결정 지원 시스템, 조회 및 응답, 올랩(OLAP, 온라인 분석 프로세싱), 통계 분석, 예측 및 데이터 마이닝 등이 기본이 되나, 필연적으로 기업의 데이터베이스와 데이터 웨어하우스(DW), 기업 자원 관리(ERP) 등과도 관련이 있다.

을 개발하느라 투자한 금액이 막대할 뿐만 아니라 기업 내 다양한 운영 요소에 반영되어 있기 때문에 통합은 중요한 문제다.

b. 트랜잭션 처리 시스템으로서의 블록체인: 블록체인을 채택하기 위해 기존 기록 시스템을 과도기적 단계에서 유지할 수는 있겠지만, 트랜잭션을 두 번 처리할 수는 없기 때문에 기업은 트랜잭션 처리 시스템으로 두 가지 모두를 운영할 수는 없다.

c. 설계 계획 시 고려 사항: 기존의 시스템에 미치는 변화가 적을수록 기업은 블록체인 채택을 빨리한다. 기존의 운영 시스템 파괴나 비용 때문에 대단히 중요한 문제다.

2. 감사와 로깅[11]: 감사와 로깅에서는 사업 관행이나 보고 요건 외에도, 변경 관리, 지원, 고가용성 재해 복구(HADR, High-Availability Disaster Recovery)[12] 요건처럼 기업용 보안 기술의 모범 사례를 다룬다. 여러분은 기업에서 선호하는 기술인 부인 방지(nonrepudiation)[13]와 RCA(Root-Cause Analysis, 사건이 발생한 후 원인을 분석하는 과정), 사기 분석에 활용하는 통제 시스템 등과 관련한 규제를 준수해야 한다.

3. 모니터링: 블록체인은 네트워크이므로 기술상의 에러이든 비즈니스 예외이든 간에 시스템상에 일어난 변화는 네트워크와 생태계 참여자에게 여파가 미치게 된다. 시스템 모니터링은 그만큼 중요하다. 게다가 고가용성과 용량 계획, 패턴 인식, 고장 파악을 이유로 업계의 IT

---

[11] 모든 트래픽에 대해 의심스러운 활동을 검사하고 로그에 기록해 보안 탐지 및 대응 기능을 개선한다.

[12] A라는 DB서버가 다운될 경우 B서버가 자동으로 업무를 이관받아 장애에 대응할 수 있도록 한 것.

[13] 메시지의 송수신이나 교환 후, 또는 통신이나 처리가 실행된 후에 그 사실을 증명함으로써 사실 부인을 방지하는 보안 기술

구현 사례와 규제를 준수해야 한다.

4. **보고와 규제 요건:** 트랜잭션을 처리하기 위해 과도기적 시스템으로 블록체인을 채택한다고 해도 이 항목을 가장 중요하게 고려해야 한다. 이 규제 요건을 충족하려면 기존의 기록 시스템(SoR)에 접속하는 연결 장치를 두어 블록체인이 기업용 소프트웨어를 인식하게 하거나, 더 정확히는 기업용 소프트웨어가 블록체인을 인식하게 할 때까지 보고와 규제 요건을 전가해야 한다.

5. **인증과 승인, 회계 요건:** 누구나 참여할 수 있는 비허가형 비트코인 블록체인의 세계와 달리 허가형으로 운영되는 기업용 블록체인에서 모든 참여자를 식별하고 추적해야 하며 블록체인 생태계 내에서 각자의 역할을 정의해야 한다. 블록체인 네트워크에 참가하는 다양한 개인과 기업이라는 주체의 디지털 신원 등이 이 영역에 해당한다. 분산되거나 탈중앙화된 신용, 디지털 신원, 개인 정보의 자기 주권 신원(self-sovereign identity)[14], 동의 관리, 분산 접근 통제(DACL, Distributed Access Control) 같은 개념들도 블록체인 네트워크에서 제기되는 다양한 인증과 승인에 대한 필요성을 해결하려고 진화를 거듭하고 있다.

---

14 블록체인을 통해 개인이 자신의 신원을 확인·증명하고 본인 스스로 개인 정보를 관리할 수 있도록 하는 탈중앙 식별자(DID, Decentralized Identifiers) 기술

기술 관점에서 조망하는 블록체인

기업용
블록체인

우리는 블록체인 기술의 다양한 측면과 함께 그 기술들을 기업에 적용할 때 생기는 잠재적 이점까지 검토하면서 기술상의 문제를 해결하는 데 적용하려는 혁신적인 접근 방식들이 우후 죽순처럼 시중에 나와 있다 보니 막상 블록체인을 둘러싼 환경은 파편화 되어 있음을 알게 된다. 이러한 혁신적인 방식으로 인해 블록체인 공급업 체마다 다양한 신용 시스템을 제공하고 제각기 특화된 영역이 생기면서 공유 원장과 합의, 스마트 계약, 암호 방식 같은 블록체인 핵심 요소마다 서로 다른 접근 방식이 나오기도 하고 특정한 비즈니스 사례에 접목되기 도 한다. 이러한 전문 공급업체들은 블록체인이 갖는 강력한 신용 시스템 을 바탕으로 디지털 세계에서 소비자의 기대치를 충족시킬 만큼 빠른 속 도로 비즈니스 사례들을 정의해 왔다. 탈중앙화와 분산화, 글로벌화, 코드 기반의 프로그램 가능 영구 자산[15], 트랜잭션 기록과 같은 블록체인의 신조 는 비즈니스 사례들의 상호 작용들을 관리하는 데 있어 핵심적인 역할을 수행하며 그러한 사례들이 인터넷의 속도를 따라갈 수 있도록 해 준다.

기업이 블록체인 기술의 효용성을 따져 보면서 블록체인을 메인스트림 애플리케이션의 트랜잭션 시스템으로 채택하는 것도 고려해야 한다. 하 지만 기업용 애플리케이션 플랫폼에 블록체인을 도입할 때, 기존 시스템

---

15 암호화폐가 화폐, 자산 등의 성격을 동시에 가질 수 있는 까닭은 암호화폐는 일종의 소프트웨어 코드 로 만들어지기 때문이다. 암호화폐는 프로그램 코드에 조건을 달리 작성할 수 있기 때문에 프로그램 가능 화폐(programmable money) 혹은 프로그램 가능 자산(programmable asset)으로 불린다. 이러한 프로그램 가능한 암호화폐의 등장으로 인하여 오늘날 우리는 프로그램 코드로 설계가 가능한 프로그램 가능 경제 (programmable economy) 시대에서 살 수 있게 되었다.

때문에 버겁거나 아직 모델 주도형 설계가 진화하고 있는 상태라면 주의 하라는 당부의 말을 전하고 싶다.

이 절에서는 블록체인을 이해하기 쉽게 설명하고 더불어 기업이 블록 체인 기술을 채택하면서 일어날 수 있는 문제들을 짚어보고자 한다. 또한 그림 3.2에서 보듯이 기업 관점에서 블록체인을 설명하기 쉽도록 주요 영 역 세 가지에 초점을 맞추려고 한다.

그림 3.2 기업용 블록체인

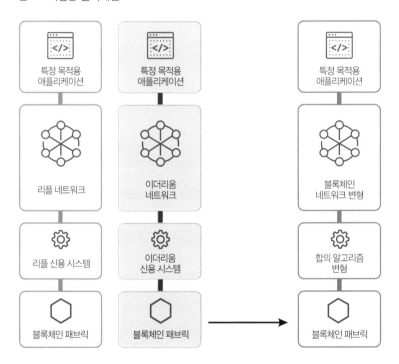

기업에서 바라보는 블록체인: 기술과 사업 영역

우리가 블록체인의 기술 지형과 기업의 블록체인 채택을 이야기할 때는 허가형과 비허가형 블록체인을 엄밀하게 구분해야 한다. 이런 구분이 간단하지는 않지만, 두 유형(변형 모델 포함)에는 몇 가지 공통점이 있다.

- 기술 요소
- 블록체인 기술의 주제와 관련되는 요소(신뢰와 투명성, 탈중개화)

허가형과 비허가형 블록체인 간에 차이는 비즈니스 모델과 함께 결과적으로 기술 인프라를 지배하는 인센티브 경제 모델이다.

- 비허가형 모델은 생태계의 균형과 참가를 지속할 목적으로 시스템 내 암호자산(예: 암호화폐)을 유통하는 인센티브 경제 구조에 의존한다.
- 허가형 모델은 허가를 받고 식별된 개체들이 참여하고 네트워크 경제 구조를 사용하며, 이 모델은 업계의 컨소시엄 비즈니스 모델(4장에서 설명)로 정의하는데 계산된 자산 지분(compute equity)에 의존한다.

비허가형과 허가형 사이에 어떤 차이가 있던 간에 블록체인 기술은 네트워크와 생태계에 관한 것이다. 우리가 P2P 비허가형 네트워크(예: 비트코인)를 말하건 B2B 허가형 네트워크(예: 위트레이드)를 말하건 간에, 공평한 비즈니스 모델을 갖춘 적절한 네트워크를 구축하는 것이 최종 목표이며, 이러한 모델은 신뢰가 내재된 네트워크에서 가치 있는 자산과 사물의 이동을 촉진한다.

  P2P 블록체인은 일반적으로 누구나 허가 없이 네트워크에 참여하는 개방형을 추구하므로 '비허가형'이라는 명칭이 적절하다. 그에 반해 허가형 블록체인은 비슷한 생각을 하는 사업자들과 더불어 블록체인에 참여하려면 허가를 받아야 하는 비즈니스 생태계 관련 플레이어들이 모여 있는 네트워크다. '컨소시엄'이라는 용어는 종종 산업에서 전환을 일으키려고 아니면 비허가형 블록체인의 파괴적인 위력에 맞서려고 블록체인 기술을 활용하는 업계 이니셔티브(initiative)를 설명할 때 사용하곤 한다. 시간이 지나면서 업계에서 두 가지 블록체인 간에 분류와 구분 기준이 확장됐으며, 다양한 퍼블릭 및 컨소시엄 블록체인 기술의 플랫폼과 프레임워크를 채택하는 사업과 업계 트렌드가 생겨나면서 형태가 변형된 블록체인이 추가로 나타났다. 이러한 과정에서 새로운 용어들이 등장했다.

- 허가형 기반의 퍼블릭
- 허가형 기반의 프라이빗
- 연합형[16]
- 하이브리드
- 비허가형 기반의 퍼블릭

  그림 3.3은 다양한 유형의 블록체인을 보여 준다.

---

16 '블록체인 기반 ID인증 네트워크 프로젝트'에 금융권과 증권 유관 기관, 통신 3사, 핀테크 기업이 참가하는데, 블록체인 기반 모바일 신분증 생태계 마련을 위한 연합 전선(얼라이언스)을 형성한 것이다.

기업용 블록체인

그림 3.3 블록체인의 다양한 유형

① 연합형

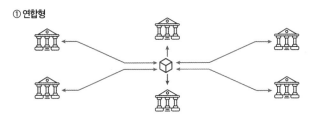

② 허가형/프라이빗

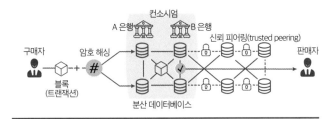

③ 비허가형/퍼블릭

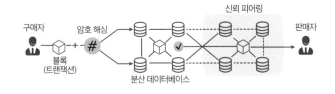

하이브리드

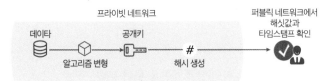

블록체인은 시스템상에서 투명성과 불변성, 네트워크의 집단 검증 절차를 통해 신용을 확보한다. 그래서 급진적 개방성을 표방 혹은 디지털 세상에서 신뢰할 수 있는 웹으로 묘사할 수 있다. 개방성은 암호화폐 기반의 비허가형 블록체인에만 해당하지만 다른 유형의 블록체인을 채택하는 기업도 자사의 사업에 급진적인 개방성이 미칠 여파나 의미를 고민해야 한다.

퍼블릭 블록체인은 탈중앙화와 지극히 단순한 연산 패러다임으로 작동하는데, 익명의 합의로 작동하는 신용 시스템이 검증한 모든 (화폐) 트랜잭션 내역을 사용자가 나눠 갖는 방식으로 구동된다. 그렇다면 블록체인의 근본 신조를 바꾸지 않고서도 이러한 '무신뢰(trustless)' 시스템을 기업에 적용할 수 있을까? 기업이 자체적으로 전환을 추구하는 과정이나 기존 프로세스를 개선하는 수단으로 이 파괴적인 기술을 사용함으로써 신용 시스템이 제공하는 효율성이라는 이점을 누릴 수 있을까? 어떤 경우이든 간에 블록체인 기술을 실험 차원을 넘어 본격적으로 도입하고자 하는 기업이라면 투자비가 기하급수적으로 늘고 기존 운영 시스템의 근간을 뒤흔들 가능성 때문에 현재 시스템에는 손을 대지 않을 것이다. 흥미로운 도전 과제가 생기는 지점이라고 하겠다. 왜냐하면 기업들이 당초에 패러다임 전환을 고민하게 된 계기가 바로 현재 시스템 설계의 비효율성에서 비롯되었기 때문이다.

지금까지 개념을 입증하기 위해 수많은 이용 사례와 정부 차원에서 제안한 아이디어들을 테스트해 봤지만 기업에 적용하기에는 아직 한계가 있었다. 금융 분야에서 처음으로 블록체인을 실험적으로 도입했지만, 이러한 노력이 실리콘 밸리와 실리콘 앨리(Silicon Alley)[17]에서 밀려오는 또 다른 차세대 스타트업의 물결에 떠밀려 나게 될 것을 두려워했다. 빠른 트랜잭션 처리와 저렴한 수수료를 원하는 고객 수요가 늘어나자 금융업계는 블록체인의 실제 사례를 만들 수 있는 영역을 정의했다. 무역 금융과 무역 플랫폼, 지급 및 송금, 스마트 계약, 크라우드 펀딩, 데이터 관리 및 분석, 마켓 플레이스 렌딩(marketplace lending, 대출과 투자를 연결하는 온라인 플랫폼)[18], 블록체인 기술 인프라 등이다. 머지않아 이러한 접근 방식이 리테일, 헬스케어, 정부 등 다른 업계에도 확산해 나가리라 전망한다.

블록체인 기술과 아이디어가 많이 결합하기는 했지만 현재 암호화폐 이외에는 실제로 블록체인이 적용된 사례가 제한적이다. 게다가 다양한 사업 영역에 도입한 체인 간에 상호 운용성을 촉진할 만한 표준 규정도 부족하다. 따라서 기업이 미래의 혁신과 표준화(ISO/TC 307)를 이끌어 갈 수 있으려면 블록체인 기술에 대한 이해를 높여 나가야 한다. 이러한 과정을 통해 기존의 사업 관행(기술의 응용)을 개선하고 블록체인 기반 비즈니스 네트워크를 사용해 새로운 비즈니스 모델을 창출할 독창적인 기회가 생기게 될 것이다.

블록체인 기술의 접목 가능성을 타진해 볼 수 있는 리트머스 테스트

블록체인 기술을 적용하기 위해 선택하는 사례가 타당해야 하고, 블록체

---

17 서부의 실리콘 밸리와 Alley(뒷골목)의 합성어로, 뉴욕 맨해튼 남쪽과 서쪽 구역 일대에 스타트업이 밀집해 있는 창업 단지를 말한다. 미국의 전자 상거래, 콘텐츠 산업과 관련한 많은 업체가 모여 있으며 위치 기반 SNS 포스퀘어(Foursquare)와 블로그 서비스 텀블러(Tumblr) 등이 있다.

18 대출은 개인·소상공인·법인 등이 받을 수 있고, 투자 역시 개인·법인·금융 회사 등이 다양하게 참여한다. 대출자와 투자자의 형태에 따라 P2P(Person-to-Person), I2P(Institutional-to-Person), P2B(Person-to-Business) 등 다양한 모델이 존재하기 때문에 마켓 플레이스라는 개념으로 정의하고 있다.

인을 기술 옵션으로 탐색하는 데 소요되는 투자비가 정당화될 수 있는 사례인지 검토하는 것이 중요하다. 블록체인에서는 트랜잭션을 기반으로 한 경제에서 다섯 가치 측면에 초점을 맞추어야 한다.

- 거래
- 소유권
- 신뢰
- 디지털 자산과 관련된 트랜잭션(또는 토큰화된 자신)
- 다양한 이해관계자로 이루어진 생태계와 이들 간의 상호 작용

이러한 신조가 올바른 이용 사례와 문제 영역을 선택하는 데 있어 리트머스 테스트 역할을 하겠지만 여러분은 이용 사례를 비즈니스 관점에서 바라봐야 한다. 특히 어떤 이용 사례이든지 간에 두 가지 목표는 충족시켜야 한다.

- **기업에 당면한 기존 문제를 해결한다.** 이 문제는 기업이 자원과 시간, 인력을 투입할 만큼 충분한 가치가 있어야 하며 확정된 투자 자본 수익률(ROI)이 나와야 한다. 더불어서 대주(securities lending)[19]와 담보 대출, 환전, 공급망 관리처럼 업계 현안에 초점을 맞추어야 한다. 이러한 결정은 투자를 정당화하면서 선택한 사례가 기업의 비용 절감 목표에 전적으로 맞추어져 있다는 것을 입증하면 된다.

---

19 신용 거래의 일종으로 고객이 증권사로부터 주식을 빌려 매각했다가 일정 기간 후 같은 수량의 주식으로 갚는 제도

- **업계 전체에 만연한 문제를 해결한다.** 이러한 유형의 문제는 해당 영역에 미치는 네트워크 효과와 관련된다. 만일 한 기업이 자체적으로 문제를 해결할 수 있다면 동일한 노하우를 업계 전체의 공통 현안을 해결하는 데 적용할 수 있지 않을까 하는 것이 기본 출발이다. 이러한 목표가 네트워크 효과를 결정하게 된다. 시장에 최초로 진입하면 얻게 되는 이점, 마켓 리더십, 업계 내 전환 추진 등 한 기업이 매출 목표 차원에서 추구하는 일들과 더불어 생태계 네트워크 효과에 필수 사항이 모두 포함된다.

상위 수준의 기술 관점에서 다음 사안들을 검토해야 한다.

- **신용 시스템과 합의 알고리즘 기술:** 합의와 마이닝, 민팅(minting)[20], 컨소시엄에 한정한 합의, 암호 확산 대역(cryptographic spread spectrum)[21] 등
- **개방형 네트워크에서 커뮤니케이션의 프라이버시 유지:** 암호 확산 대역과 암호화, 채널(업무를 비공개적으로 처리하는 별도의 작업 공간), 양자 간 및 다자 간 커뮤니케이션, 규제와 감사 역할 등
- **비즈니스 통합 시스템:** 비즈니스와 기업 시스템을 통합해 모든 프로세스의 진행 과정을 훤히 들여다볼 수 있는 가시성을 확보함
- **기업 시스템 통합:** 기존 시스템에 변화 여파가 가장 적은 쪽을 선택해 기존 시스템 및 레거시 시스템과 유의미하게 통합함

---

20 블록체인 합의 알고리즘 중의 하나인 지분 증명(PoS)방식은 가장 많은 지분을 보유한 이들이 트랜잭션 검증에 투표할 수 있는 것으로, 민팅은 PoS에서 트랜잭션을 검증하고 새로운 코인을 보상으로 받는 것이다.

21 미국 퀄컴이 주파수 대역 확산 기술을 응용해 개발한 코드 분할 다중 접속 방식 기술인 CDMA는 원래 군 사용으로 개발된 비화통신의 일종으로, 통화별로 각기 다른 암호를 부여해 서로 간섭 없이 통신하게 만든다.

그림 3.4 기업용 블록체인 플랫폼

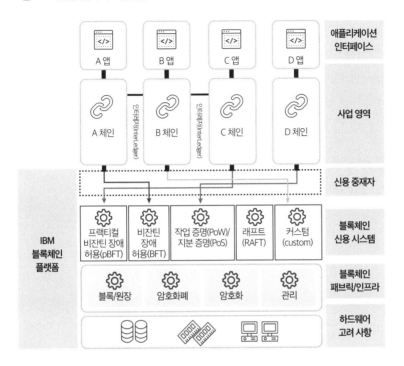

체인 결정 매트릭스

블록체인 기술에 담겨 있는 함축적 의미는 시사하는 바가 클 수 있다. 그래서 기업은 블록체인을 활용하는 기존 및 신규 프로젝트에 적용할 수 있는 기업만의 특별한 기준을 마련하기를 바랄 수 있다. 블록체인 기술을 다방면에 접목할 수 있다는 점, 그리고 현재 기술의 진화 곡선을 고려해 볼 때, 기업이 기반 기술을 사업 영역에 적용하면서 구조적인 방식으로 접근하고자 한다면 체인 결정 매트릭스(chain decision matrix)를 툴로 활용하는 것이 바람직하다. 이러한 방식으로 접근하면 블록체인 인프라와 신용 관리 시스템을 일관되게 운영할 수 있으며, 애플리케이션 중심으로 체인이 진화하고 기업의 가시성에 대한 요구와 관리, 통제 사항이 늘어날수록 필수적이다는 것이 판명되었다. 그림 3.4는 기업용 블록체인 플랫폼의 구성 요소를 보여 준다.

블록체인의 기술과 비즈니스, 규제 고려 사항

기술 관점에서 보자면, 어떤 기업에서든 블록체인을 채택하면서 시스템 설계의 목표는 기존 시스템에 미치는 변화를 최소화하는 데 집중되어 있다. 이 목표를 달성하기 위해서는 기업의 기록 시스템과의 통합 관점에서 생각해 보는 것이 하나의 방법이다. 예를 들어 블록체인 기반의 트랜잭션 처리와 기업의 기록 시스템을 보고·비즈니스 인텔리전스 데이터 분석·규제와의 상호 작용과 같은 다른 기업용 애플리케이션의 인터페이스로서 삼는 것이다.

시스템 설계를 변경하기 위해서는 블록체인 기술을 활용하는 사업 영역에서 블록체인 기술 인프라를 분리해야 한다. 이 방식을 통해 비즈니스가 주도하는 다양한 체인[22] 사이에 기업 간의 시너지를 촉진하는 한편, 블록체인이 다른 기업에는 공개되지 않는 기업용 체인 인프라로서 자리 잡을 수 있다. 더불어 이 방식으로 사업 영역을 기술로부터 분리할 수 있다.

사업 영역별로 블록체인 애플리케이션이 있어야 하며 해당 사업의 생태계에 적용할 수 있는 적합한 신용 시스템을 사용해야 한다. 블록체인에 쏟는

---

22 업계 분야마다 동종 업계 간에 컨소시엄을 맺거나 가치 사슬상의 파트너와 함께 블록체인을 접목한 비즈니스 체인을 개발하고 있다. 대표적으로 모바일 신분 증명 농축산물 이력 관리 중고차 이력 조회·신선 식품 유통망 관리 등이 있다.

노력 중에서 핵심이 되는 것은 신용 시스템의 선택뿐 아니라 보안 설계 및 합의다. 시스템 설계는 블록체인 네트워크의 비즈니스 모델에 부합해야 한다.

어떤 신용 시스템을 선택하느냐가 기본 인프라 및 연산 요건에 소요되는 비용에 영향을 미친다. 블록체인 기술 인프라와 교체 가능한 신용 시스템 구조, 신뢰 중개 기관, 그리고 그에 맞는 설계 차이로 비즈니스 체인이 비즈니스 및 규제 요건을 맞출 수 있는지 가늠하게 된다. 블록체인 네트워크를 설계할 때는 경제적인 존속 가능성(viability)과 지속성(longevity)이 핵심 기준이 되어야 한다. 기술 인프라는 개방형에 모듈 구조이어야 하며 전문 기능을 갖춘 변형된 블록체인도 수용할 수 있어야 한다. 그래야만 관리가 가능하다.

다양한 기업용 블록체인 간에 시너지를 낸다는 것은 기업의 내부 체인과 기업 간 체인에 연결성(cross-ledger, 교차 원장)을 확보한다는 것을 의미한다. 이러한 모델을 도입하면 트랜잭션이 다양한 신용 시스템과 기업 거버넌스의 여러 측면에 걸쳐서 일어난다. 그러한 상호 작용이 일어날 때는 통제 시스템 또한 보이기 마련이다. 기업 내부의 다양한 부서와 외부 기업 간에 일어나는 상호 작용은 프랙탈(fractal)[23] 구조로 보이게 하는 것이 중요하며, 기업 데이터의 보호와 관련된다. 기업의 체인 인프라가 외부에 노출되지 않게 함으로써 기업 간의 블록체인을 연결하는 엔터프라이즈 커넥터가 진화하고, 기업이 표준 API(응용 프로그램 인터페이스)를 외부에 공개해 기존의 시스템이 비즈니스 체인과 연동될 수 있게 하는 튼튼한 토대가 마련된다. 비

---

23 단순한 구조가 끊임없이 반복되면서 복잡하고 묘한 전체 구조를 만드는 것으로, '자기 유사성(self-similarity)'과 '순환성(recursiveness)'이라는 특징을 가지고 있다. 고사리 잎, 산맥의 모습 등이 프랙탈 구조로 되어 있다. IBM의 Thomas J. Watson 연구 센터에 근무했던 프랑스 수학자 만델브로트(Benoit B. Mandelbrot) 박사가 1975년 '쪼개다'라는 뜻을 가진 라틴어 '프랙투스(fràctus)'에서 따와 처음 만들었다.

즈니스 체인 간에 프로그램 가능한 조건부 자동 계약 체결(스마트 계약)이 가능하기 때문에 기업 간의 시너지 효과가 더욱 높아진다.

기업은 블록체인을 활용하기 위해 제대로 된 이용 사례를 선정했는가? 더욱 중요한 점은 블록체인 채택을 고려할 때 기존 트랜잭션 시스템과의 통합에 중점을 두어야 하는가, 아니면 블록체인 기술 인프라를 우선시해야 하는가? 기업 시스템을 블록체인과 통합할 경우 한 가지 이상의 특화된 이용 사례가 필요하며, 기업용 블록체인의 잠재력을 충분히 인식하기 위해서는 기업 차원의 시너지 효과를 이끌어 낼 필요가 있다. 이용 사례는 기술상의 기본 신조에 근거해야 하고, 지속 성장할 수 있는 토대가 마련되도록 올

그림 3.5 기업용 블록체인 인프라의 예시

바른 비즈니스 경제 모델과 짝을 이뤄야 한다. 블록체인 사용에서 기술적으로 성공을 거두려면 초기에는 기술에 중점을 두어야 한다. 기업은 기존 구조에 미치는 여파를 최소화하는 쪽을 택해 블록체인 확산이 빨라지도록 하는 한편, 기존의 기업 시스템과의 통합을 고려하면서 블록체인 기술에 대한 공동의 이해를 이루어 나가도록 해야 한다.

기업용 블록체인이 성숙해지기 위한 필수 요소

초창기 블록체인에 대해서는 온통 파괴와 교육, 이해, 투자, 비즈니스 모델에 관한 내용이 주를 이루었지만, 이제 블록체인 모델은 업계가 얻고자 했던 효용성을 충분히 살려서 거둬들일 시점이다. 업계에서는 신용이 탑재된 효율적인 시스템을 구현하고자 하며, 이를 통해 블록체인 기술을 적용해 얻는 효능을 기반으로 효율적인 마켓 플레이스가 창출된다. 이 절에서는 기본으로 돌아가 시간과 신뢰라는 기본 원칙, 그리고 블록체인의 신조, 즉 거래와 신뢰, 소유권을 중심으로 살펴보기로 하겠다.

우리는 많은 고객사를 상대하면서 디지털 트랜잭션 시스템에 본격적으로 참여하려면 기본 원칙들을 더욱더 충실히 다루어야 한다는 사실을 알게 되었다. 디지털 트랜잭션 시스템에는 확인 가능한 디지털 신원과 자산의 토큰화(또는 디지털 자산으로 토큰화), 디지털 법정 화폐(digital fiat currency,

정산 수단으로 또 다른 형태의 디지털 자산)[24] 등이 포함된다. 확인 가능한 자격 (verifiable claims, 신분증과 같은 자격 증명 데이터)[25]과 부인 방지, 소유권의 규정 및 확인, 토큰화를 통한 물리적 자산과 디지털 자산 간의 연관과 같이 사회적인 요소들의 근간을 다루기로 한다. 더 나아가 거버넌스 시스템은 실수나 사기를 방지하는 견고한 시스템 설계의 산출물이며, 그 결과로 만들어지는 경제 및 금융 시스템이 디지털 시대에 맞춰 제대로 준비되어 있다는 확신을 심어주고자 한다.

기업용 블록체인이 성숙해지려면 다음과 같은 요소들이 필수적이다.

- **디지털 신원:** 블록체인 시스템의 신조인 거래와 소유권을 보장하는 기반 기술로, 디지털 자산에 소유권을 부여하려면 디지털 신원이 필요하다.
- **디지털 법정 화폐:** 디지털 법정 화폐는 금융 트랜잭션과 금융 서비스 사례에서 가장 비효율적 구간으로 남아 있는 정산(settlement)[26]이라는 라스트 마일(last mile)[27] 사안을 해결하는 수단으로 떠오르고 있다. 디지털 법정 화폐를 정산 수단으로 만들려면 디지털 트랜잭션 네트워크와 보조를 맞

---

24 암호화폐 출시로 블록체인 네트워크에서 명목 화폐의 지원을 받는 암호화폐가 사용되는 새로운 금융 시스템이 가능해졌다. 이는 금융 트랜잭션을 처리하기 위한 중앙은행이나 어음 교환소의 필요성을 없애 버렸으며, 중국에서는 인민은행이 중앙은행 디지털 화폐(CBDC, Central Bank Digital Currency)를 발행할 예정이다.

25 부동산 트랜잭션의 경우 종이로 된 증명서가 각종 부동산 범죄(사기, 사문서 위조 등)에 악용된 사례가 적지 않다. 하지만, 신원 확인 기관·국토부·공인중개사협회 등 신분증·소유 증명자격 증명 등을 발행하는 기관으로부터 블록체인 시스템을 통해 확인 가능한 자격(verifiable claims) 증명서를 발급받으면 데이터의 위변조 검증 및 발행 기관을 확인할 수 있어 부동산 트랜잭션 사기를 막을 수 있다.

26 지급 결제는 지급(payment), 청산(clearing), 정산(settlement)의 단계를 거쳐 완결된다.

27 원래는 사형수가 집행장까지 걸어가는 거리를 가리키는 말인데, 유통업에서는 고객과의 마지막 접점을 의미하며, 금융 서비스에서는 지급·청산·정산이 이루어지기까지의 최종 구간, 즉 결제를 뜻한다.

취 디지털화되어야 한다.

- **자산의 토큰화:** 디지털 징표(digital manifestation)가 실물 세계의 자산을 반영하도록 보장해 준다. 기술 플랫폼에서 자산은 디지털화되고 시스템에서 유일무이하며 복제할 수 없어야 한다. 더불어 가치를 보존하기 위해 트랜잭션 기록의 무결성(integrity)[28]을 유지하고, 가치 이전을 관리[29]할 수 있어야 한다.

- **블록체인 시스템의 보안 설계:** 부인 방지, 프라이버시, 기밀성, 합의 기반의 모델로 확인 가능한 자격을 다룬다.

- **블록체인 비즈니스 모델의 역할:** 통제를 받는 기업용 시스템은 올바른 비즈니스 모델을 발굴해 블록체인 기반 비즈니스 네트워크의 의제를 이끌어 갈 수 있게 한다.

- **거버넌스 모델:** 자치 네트워크로부터 컨소시엄 중심의 준자치 구조에 이르기까지 다양할 수 있다. 덧붙이자면, 여러분은 블록체인 기반의 비즈니스 네트워크의 의제를 진척시키는 데 필요한 거버넌스 모델을 적절하게 찾아야만 한다.

그림 3.6은 기업용 블록체인의 필수 요소를 상세히 설명해 준다.

---

28 데이터가 우연히 또는 의도적으로 변경되거나 파괴되는 상황에 노출되지 않고 보존되는 특성

29 블록체인을 통해 게임 아이템, 태양열 에너지, SNS에서 '좋아요'를 받은 횟수 등을 각각 브릴라이트(bryllite), 파워렛저(Power Ledger), 스팀잇(steemit) 등의 암호화폐로 가치 이전할 수 있으며, 원래의 가치에 상응하는 가치를 인정받을 수 있어야 한다.

기업용 블록체인이 성숙해지기 위한 필수 요소

그림 3.6 기업용 블록체인의 필수 요소

디지털 신원
거래와 소유권을 보장하는
기반 기술

디지털 법정 화폐
금융 트랜잭션에 있어 라스트
마일 사안인 정산을 해결해 준다

자산의 토큰화
디지털 징표가 실물 세계의
자산을 반영하도록 보장한다

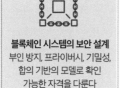

블록체인 시스템의 보안 설계
부인 방지, 프라이버시, 기밀성,
합의 기반의 모델로 확인
가능한 자격을 다룬다

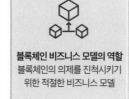

블록체인 비즈니스 모델의 역할
블록체인의 의제를 진척시키기
위한 적절한 비즈니스 모델

거버넌스 모델
자치 네트워크로부터 컨소시엄
중심의 준자치 구조에
이르기까지 다양

토큰
혁명

자산의 토큰화: 차세대 디지털 '인스턴스' 경제를 강화하는 필수 요소

블록체인 기반 네트워크의 핵심 가치 제안 중 하나는 디지털 트랜잭션 시스템과 함께 가치 주도형 생태계 및 마켓 플레이스처럼 그 결과로 나타나는 공동 창조 요소다. 자산의 토큰화는 차세대 디지털 경제에 힘을 불어

넣고 새로운 비즈니스 모델이 '인스턴스 경제(instance economy)[30]' 기반 위에 구축되도록 기반을 닦는 데 필수적이다. 이 주제를 다루기 전에 우선 배경부터 설명하도록 하겠다.

앞에서 우리는 비허가형 세계가 던지는 도전 과제에 대해 이야기했다. 어떤 관례에도 얽매이지 않으면서, 여러 업계를 충분히 파괴하고도 남을 만한 수많은 혁신으로 중무장한 채 빠르게 실체를 드러내고 있는 세계이다. 이러한 변화는 암호화폐 공개(ICO)처럼 새로운 비즈니스 설계들에서나, 업계를 전환하거나 혹은 파괴의 물결에 올라타기 위해 블록체인 기술을 채택하려는 전통 업계들에서 주도할 수 있을 것이다.

기술이 주도하는 플랫폼과 그 플랫폼에서 탄생하는 이용 사례들의 결합은 가치의 징표(manifestation of value)에 달려 있다. 디지털화라고 하는 것은 트랜잭션 유틸리티 토큰(utility token, 기능성 토큰)[31] 형태로 시스템상에서 발행되건, 아니면 다른 코인을 바탕으로 가치를 평가받는 레이어 2 토큰[32]이건 간에 실제 가치나 인지된 가치를 갖는 증서 표기에 불과하다.

비허가형 시스템으로서 블록체인의 기원을 거슬러 올라가면 인센티브와 조정 기구로 구성된 기술 기반의 시스템적 거버넌스에 의존했다. 이러한

---

30   트랜잭션이라는 용어가 포괄적인 개념이라고 한다면, 인스턴스는 실제로 존재하는 특정한 데이터 내역(예: A가 B에게 100만원 송금 등)을 지칭하며 실제 세계에서는 항상 트랜잭션 인스턴스의 예를 찾아볼 수 있다. 개별적인 인스턴스가 모여 인스턴스 경제권이 만들어지고 거래가 형성되기 때문에 저자는 '인스턴스 경제'라는 개념을 사용했다.

31   코인에는 비트코인과 알트코인(비트코인을 제외한 다른 모든 암호화폐)이 있으며 알트코인을 유틸리티 토큰이라고도 부른다. 통상 ICO를 통해 발행되는 토큰은 유틸리티 토큰으로 투자자는 토큰 발행사의 상품이나 서비스(예: 게임 아이템이나 콘텐츠 등)를 구매할 수 있는 권한만 있고 지분이나 배당의 기능은 전혀 없다.

32   코인은 비트코인 이더리움 퀀텀처럼 독립된 블록체인 네트워크(메인넷)를 소유한 경우를 말하며, 토큰은 독립된 블록체인 네트워크를 소유하지 않은 암호화폐 이전의 단계(예: 트론)로, 블록체인이 기존의 다른 블록체인 위에 구축되고 자체 토큰을 가진 경우를 말한다.

그림 3.7 블록체인의 유형과 산업별 이용 사례

시스템적 거버넌스는 블록체인 기술의 신조를 따르려고 하는 기업용 비즈니스 네트워크에서 사용될 때 자체가 갖는 문제들이 있다. 통제받고 허가형 블록체인 모델에 의존하는 기업 세계에서 견제와 균형 시스템은 통제된 데이터를 사용해야 하고 수탁 책임(fiduciary responsibility)[33]을 갖는 경쟁 주체 간의 트랜잭션으로 인해 복잡해진다. 그러한 허가형 모델은 유형의 인센티브나 시스템적으로 발생하는 인센티브(암호화폐 자산)를 처리할 수 없거

---

[33] 회사의 주인인 주주(주식을 보유하는 자)가 경영자 등에게 기업의 운영을 맡기고 그에 따른 책임을 묻는 것

나, 프라이버시와 기밀성 문제 때문에 네트워크 전체를 아우르는 조정 기구를 갖기 어렵다. 그림 3.7은 다양한 유형의 블록체인과 산업별 이용 사례를 보여 준다.

토큰화 입문: 토큰 혁명에 대한 이해

블록체인 기술은 신뢰할 수 있는 디지털 트랜잭션 네트워크의 토대가 되어 준다. 즉 중개 기관이 필요 없는 탈중개화된 플랫폼에서 새로운 디지털 상호 작용과 가치 교환 메커니즘을 통해 새로운 형태의 시너지와 공동 창조가 일어나기 때문에 마켓 플레이스(발행 시장)와 유통 시장(거래소)의 성장에 기폭제가 된다. 블록체인 자체 네트워크에서 교환과 소유권, 신용이 구현되는 기술 구조를 제공하지만, 자산의 토큰화[34]가 반드시 필요한 부분은 바로 가치를 구성하는 요소를 디지털화하는 데 있다. 다음에서 자세히 살펴보기로 하겠다.

디지털화는 수많은 기업과 비허가형 블록체인 프로젝트에서 가장 먼저 거쳐야 하는 과정이다. 토큰화란, 자산과 권리, 자산에 대한 청구권을 블록체인 네트워크에서 디지털 재현(digital representation)이나 토큰으로 변환하는 프로세스다. 단, 암호자산이나 암호화폐와 토큰화된 자산 간에는 차이가 있음을 유념해야 한다.

암호자산 또는 암호화폐는 실물 세계의 화폐와 동일한 특성을 가진 교환 매개체나 프로토콜 기반의 교환 메커니즘을 말한다. 실물 화폐는 내구성,

---

34 디지털 또는 현물 자산과 법정 화폐를 네트워크 상에서 트랜잭션이 가능한 토큰으로 바꾸는 것을 의미한다.

한정 공급, 공동체 간의 인식을 특징으로 삼으며, 법정 화폐처럼 보증성에 대한 보편적인 신용 시스템으로 지탱된다. 암호자산 혹은 암호화폐는 인센티브 경제 모델을 지탱하는 하나의 수단으로써 사용하는 신용 시스템(합의)의 부산물을 상징하기도 한다. 인센티브 경제 모델의 경우 네트워크의 신용 시스템에서 보상을 지급하고 신용 시스템을 촉진하기 위해 네트워크에서 유통되는 신뢰할 수 있는 화폐를 만들게 된다.

그와 반대로, 토큰은 다양한 형태로 존재할 수 있다. 가령 물리적인 재화를 디지털로 표시해 주는 디지털 트윈(digital twin, 실제 세계가 디지털 가상 세계로 복제된 상황)[35]을 만들어 준다든지, 암호자산이나 암호화폐를 바탕으로 하여 가치의 단위를 표시하는 레이어2 프로토콜(layer 2 protocol)[36]일 수도 있다. 다양한 가치 네트워크에 걸쳐 교환 수단과 가치 평가 모델, 대체 가능성(fungibility)이 어떻게 작동하는지 이해하려면 암호자산나 암호화폐와 토큰화된 자산 간에 개념을 구분하는 것이 중요하다. 다양한 가치 네트워크가 새롭게 부상하고 있지만, 결과적으로는 기술적 상호 운용성과 공평한 교환 측면에서 문제가 되고 있다.

자산의 토큰화는 다음과 같은 흥미진진한 기술상의 문제들을 제기한다.

- 컨테이너와 골드바, 자동차와 같은 물리적 자산의 무결성 보장
- 만일 토큰이 물리적 자산의 디지털 트윈에 해당한다면, 물리적 자산의

---

35 실제 세계의 제도 체계 사물·장비 등이 디지털 가상 세계에서 동일하게 구현되는 상황을 의미한다.

36 이더리움이 비트코인 등 1세대 코인이 가진 문제를 해결하고자 내놓은 기술로, 토큰 트랜잭션, 다양한 앱 개발 및 활용에 쓸 수 있다. 대부분의 트랜잭션 내용을 체인 바깥(레이어2)으로 전송하고, 요약 압축된 파일만 레이어1에 전송해 속도와 확장성을 대폭 개선할 수 있다.

이동은 디지털 네트워크에서 토큰의 이동과 완벽하게 연결되어야 함

- 네트워크 내부와 외부에 걸쳐 토큰의 고유성과 무결성 보장
- 토큰으로 표시되는 기초 자산의 가치를 유지하고 이전, 보호할 수 있는 토큰의 역량 보유
- 비즈니스 네트워크에서 토큰의 수명 주기를 효율적으로 관리하는 기능
- 토큰을 자산 클래스(자산군)[37]와 자산 클래스를 지배하는 경제/비즈니스 모델과 함께 효율적으로 활용
- 토큰과 그 토큰으로 표시되는 자산의 프라이버시를 보호하는 특성을 보장
- 교차 원장(cross ledger, 원장을 교체해 접근할 수 있는 기능 제공)의 토큰 해결과 토큰의 수명 주기, 거버넌스 시스템을 확립
- 다른 가치 네트워크와 유통 시장(거래소)으로 가치를 이전하면서도 가치를 보존할 수 있어야 함

앞에 나온 문제들은 블록체인 구조를 활용해서 신뢰와 다른 인접 기술들을 내재화하는, 제대로 설계된 솔루션을 적용하면 해결할 수 있다. 인접 기술에는 자산 토큰화 플랫폼[38]과 등기(registries), 토큰 볼트(token valut, 토큰 발

---

37 향후 암호화폐 시장이 성숙하여 암호화폐가 부동산, 원자재와 같은 자산 클래스로 확립되면, 점점 더 많은 투자자가 암호화폐를 합법적인 가치 저장 수단으로 여길 것이라고 일각에서는 전망한다.

38 예를 들면, 미술품 경매회사에서 고가의 미술 작품을 자산 토큰화 플랫폼을 통해 토큰화해 분할발행하면 개개인은 자산 토큰에 소액 투자할 수 있으며, 향후 미술품 시세 변동에 따른 수익을 배당 형태로 나눠 가질 수 있다.

행 서버)[39], 토큰화 복원(detokenization)[40] 시스템 등이 있다. 네트워크에서 토큰의 무결성과 고유성, 가치 보존을 확실하게 하려면 검증된 블록체인 솔루션 설계 관행을 따라야 한다.

우리는 토큰들이 한 네트워크에서 다른 가치의 토큰들과 통합되는 '가치'의 교환을 말할 때면 새로운 중재자들이 부상하고 있다는 것을 목격하게 된다. 토큰 교환소로부터 탈중앙화된 교환소, 네트워크 '자산' 연계, 토큰 등기소, 저장소에 이르기까지 새로운 중재자들은 다양한 형태로 존재한다. 이 중재자들은 토큰의 대체 가능성 문제는 해결하지만 현재의 가치 교환 시스템에도 똑같이 있는 비용과 정산 문제를 제기한다.

오늘날 토큰 유형과 분류 방식이 상당히 많이 존재한다. 표준화된 명명법이 없지만 모든 토큰은 한 가지 공통점을 갖고 있다. 바로 가치를 나타내고 디지털화한다는 점이다. 토큰 유형 중에서 몇 가지만 살펴보면 다음과 같다.

- 고정형 토큰(pegged tokens)[41]
- 스테이블 코인(stable coin)[42]
- 토큰화 증권(tokenized securities)

---

39 이용자가 디지털 기기에서 결제할 때 생성하는 카드 고유 번호(PAN, Primary Account Number)와 토큰의 디지털 가상 번호가 매핑되는 정보를 보관하는 안전한 저장소

40 암호화된 토큰으로부터 원래 데이터를 복원하는 프로세스

41 토큰을 달러 위안화 엔화금 등에 '고정'하는 것

42 가상화폐의 가격 변동 리스크를 완화하는 얼터너티브 코인

- 증권형 토큰(security tokens)[43]
- 유틸리티 토큰(utility tokens)[44]
- 담보형 탈중앙화 토큰(collateralized and decentralized tokens)[45]
- 무담보형 탈중앙화 토큰(non-collateralized and decentralized tokens)[46]
- 담보형 중앙화 토큰(collateralized and centralized tokens)
- 암호화폐 공개(ICO, Initial Coin Offering)[47]
- 증권형 토큰 공개(STO, Security Token Offering)[48]

업계에 따른 다양한 정의

업계에서 말하는 토큰화에 대한 정의를 몇 가지 소개하면 다음과 같다.

이래서 스테이블 코인이 등장하게 된다. 스테이블 코인은 가격이 안정적인 암호화폐로, 스테이블 코인의 시장 가격은 미국 달러와 같은 또 다른 안정 자산에 고정되어 있다.[02]

---

43 기업(스타트업 포함)이 주식, 채권 대신 암호화폐 형태로 발행하는 유가 증권으로 2018년 3월에 등장했다. 증권형 토큰은 블록체인 플랫폼이 제공하는 서비스를 활용할 권리 대신 기업의 법적 소유권을 가졌음을 의미하며, 기업 또는 기업의 블록체인 플랫폼이 낸 수익이나 자산의 일부를 배당받을 수 있다.

44 '블록체인 기술의 가치를 증명하기 위해 특정 블록체인 플랫폼에서 발행한 암호화폐'

45 이더리움과 같은 암호화폐를 '담보화폐'로 취급하여 수요자에게 안정적 가치를 지닌 토큰을 '대출'해 주는 형태

46 아무 담보도 갖고 있지 않으며 대신 고정 자산과의 교환 비율이 변동됨에 따라 알고리즘이나 시스템에 의해 오로지 토큰의 유통량이 조절됨으로써 가격이 유지된다.

47 기존 가상화폐(암호화폐)의 ICO는 백서라는 사업 청사진을 대중에게 먼저 공개한 후 신규 가상화폐를 발행해 투자자로부터 사업 자금을 모집하는 방식

48 회사 자산을 기반으로 주식처럼 가상화폐를 발행하는 것을 의미

토큰 혁명

프레스톤 번(Preston Byrne): 스테이블 코인은 수요와 공급으로 가격이 결정되는 자산이라기보다는, 자체적으로 가격을 매기는 자산임을 표방한다.[02]

가장 단순히 표현하자면, 스테이블 코인은 단순히 안정적인 가격을 갖는 암호화폐로, 법정 화폐로 가치가 매겨진다.[03]

스테이블 코인의 종류에는 법정 화폐 담보형(fiat collateralized), 암호자산 담보형(crypto collateralized), 무담보형(non collateralized), 담보형 탈중앙형(collateralized decentralized), 담보형 중앙형(collateralized centralized), 고정형(pegged) 등이 있다.[03]

토큰화란, 자산에 대한 권리를 디지털 토큰으로 전환하는 수단이다.[04]

토큰화란, 자산에 대한 권리를 블록체인에서 디지털 토큰으로 전환하는 과정이다. 전 세계 금융권 중개 기관과 최신 과학기술 분야 전문가 사이에서 엄청난 관심을 받고 있는데, 그들은 자산이 가진 특징을 유지하면서도 실제 세계의 자산을 어떻게 블록체인으로 옮겨 비트코인이 가진 장점을 획득할 수 있을까 하는 방법을 찾아내려고 한다.[05]

다양한 업계(암호화폐, 금융 서비스, 애널리스트 커뮤니티)만큼 다양한 관점과 정의가 존재한다. 이러한 다양성으로 인해 기술이나 디지털 자산, 전통적이고 관례적인 리스크 모델과 같은 개념을 정의하기란 대단히 어렵다.

지금까지는 토큰 혁명과 더불어 암호자산 및 암호화폐 간의 차이점을 설명했는데 이제부터는 토큰의 가치 평가 모델과 왜 중요한지 알아보기로 하겠다.

토큰의 가치 평가 모델과 인스턴스 경제

암호자산이나 암호화폐는 네트워크(흔히 특정 네트워크로 한정)상에서 통용되는 신뢰 체계 안에서 교환 매개체를 통해 그 가치를 이끌어 내지만, 토큰은 복잡하고 파편화된 가치 평가 모델을 갖고 있을 수 있다. ICO(암호화폐 공개)와 STO(증권형 토큰 공개)로 처음 등장한 수많은 코인은 유틸리티 토큰이 되었든 증권형 토큰이 되었든지 간에 독자적인 암호자산으로 시장에 자리를 잡고 싶어하며, 코인의 가치를 창출하고 발굴하는 작업을 커뮤니티에 의존한다. 이와 반해 대다수 토큰은 특정 자산을 디지털로 나타내 주는 디지털 재현에 불과하다.[49]

오늘날 주식과 채권, 증권, 담보, 주택 저당 증권(mortgage backed securities)[50]과 같은 자산들은 가치를 이전한다거나 물리적으로 세분하는 일이 어렵다. 구매자와 수요자는 대신에 이 자산들을 나타내는 문서 또는 디지털 기록을 거래한다. 문서 또는 디지털 기록과 그것들에 수반되는 복잡한 법률상의 계약 조항들은 일일이 확인하기도 번거로울뿐더러, 자산의 이전과 이력을 추적하는 일이 문제가 되기 때문에 불투명성과 사기, 기회, 거래 비용이 발생한다. 한 가지 해결책은 블록체인 네트워크에서 토큰화된 자산처럼 디지털 자산을 사용하되, 실물 자산에 연계하는 디지털 시스템으로 전환하는 일이다.

이러한 토큰의 가치 평가는 산업 유형(비금융권, 공급망 관리, 금융 서비스)이

---

49 암호화폐가 가진 자체적인 네트워크를 메인 넷(Main Net)이라고 부르며, 독립적인 암호화폐로 인정하는 프로그램을 출시·운용하는 네트워크다.

50 저당 대출 업무를 취급하는 금융 기관이 토지 건물 등의 부동산을 담보로 자금 수요자에게 자금을 대출한 후 갖게 되는 담보물을 근거로 하여 발행하는 일종의 파생 상품

나 자산 유형(탈물질화(dematerialized)[51], 가상(virtual), 실물 자산 등)에 따라 분류하는 것이 현명한 일일지도 모른다. 그러한 분류 방식은 견제와 균형을 갖춘, 장기적인 거버넌스 시스템을 수립하고 일부 업계에서 인정하는 가치 평가 시스템을 반영하기 위해서 필요하다. 이러한 방식을 통해 마치 우리가 블록체인 네트워크에서 자산을 토큰화해서 얻고 있는 모든 것이 현실 세계의 자산을 디지털 공간에 동일하게 만드는 디지털 트윈을 모방하거나 만드는 일이며, 비록 법정 화폐가 거래의 이중성(duality of a transaction)[52]을 다루지만 법정 화폐도 암호화폐(디지털 법정 화폐 포함)로 대체될 수 있는 것처럼 보일 수도 있다. 실제로 블록체인 기반 비즈니스 네트워크의 잠재력은 단순히 디지털화와 시간과 신용의 비효율성을 해결하는 데 그치는 것이 아니다. 네트워크 참여자 간에 생기는 시너지를 활용해 새로운 비즈니스 모델과 공동의 창조를 일궈 나가는 데 있다.

따라서 우리는 자산의 인스턴스로 촉발[53]되는 인스턴스 경제와 자산이 유통되는 거래소가 등장하는 것을 보게 된다. 자산의 토큰화로 지분 소유나 거액 자산의 인스턴스를 소유할 수 있는 능력에 활력을 불어넣는 비즈니스 모델이 출현할 수 있다. 지분 소유(공동 소유)는 높은 자본 요건이나 가치 이전 시스템의 불투명성으로 인해 참가가 막혔던 주체에게 시장에 참가

---

51 자산은 크게 유형 자산(자동차 화폐 등)과 무형 자산(지적 재산권⊙보험 증권 등)으로 나뉜다. 디지털화가 가속화되면서 더 많은 종류의 무형 자산이 등장하고 있으며 이러한 사물의 탈물질화는 무형 자산의 개념을 담론화한다.

52 거래는 항상 '자산 = 부채 + 자본'의 등식이 성립하도록 이중으로 일어나야 한다는 의미로, 차변(왼쪽)에 발생한 거래는 반드시 대변(오른쪽)에도 같은 금액의 거래가 발생하여 이중으로 기입해야 한다.

53 비즈니스 네트워크에는 소유권의 변경 등 자산의 변화, 참여자의 변화를 정의 기록하며 변화가 생길 때마다 이에 해당하는 트랜잭션 인스턴스가 발생한다.

할 수 있는 기회를 열어 준다. 나아가 이전에는 투자 기회 측면에서 접근하기 어려웠던 자본의 경제적 가치가 풀려 새로운 자산 클래스와 자산 유형이 시장에 등장할 기회가 생긴다.[54]

우리는 이러한 유형의 경제가 자산의 토큰화를 활성화해 자산 클래스에 대한 인스턴스 소유로 이어지기 때문에 인스턴스 경제(instance economy)라는 용어를 쓴다. 이러한 방식으로 가치의 발행 시장과 유통 시장이 만들어진다.

블록체인은 네트워크에서 교환과 소유, 신뢰를 촉진하는 기술상의 구조를 제공하지만, 자산의 토큰화가 정말로 필요한 부분은 바로 가치를 구성하는 요소의 디지털화에 있다. 토큰화는 자산과 권리, 자산에 대한 청구권을 블록체인 네트워크에서 디지털 표시 또는 토큰으로 변환하는 프로세스다. 암호화폐와 토큰화된 자산을 구분하는 것은 새로이 나타나고 있는 다양한 가치 네트워크에 걸쳐 교환 수단과 가치 평가 모델, 대체 가능성이 어떻게 작동하는지 이해하는 데 중요한 밑거름이 된다. 이 네트워크들은 기술적 상호 운용성과 공평한 교환이라는 문제를 제기한다. 자산의 토큰화로 지분 소유나 거액 자산의 인스턴스를 소유할 수 있는 능력을 촉진하는 비즈니스 모델이 출현할 수 있다. 블록체인 기반의 비즈니스 네트워크에서 자산 토큰화가 갖는 잠재력은 디지털화와 시간과 신용의 비효율성을 해결하는 데 달려 있으며, 네트워크에 참여하는 이들 간에 생기는 시너지를 활용해 새로운 비즈니스 모델과 공동의 창조를 일궈 나가는 데 있다.

54　미국 공화당 하원의원 워렌 데이비슨(Warren Davidson)은 최근 ICO 및 암호화폐 산업을 증권이 아닌 새로운 자산 유형으로 제도화하기 위한 법안 제정을 추진 중이다.

　　　　　　　　　　　　　　　　　　　　　　토큰 혁명

디지털 자산(토큰)의 대체 가능성에 대한 이해: 토큰의 가치 평가와 블록체인 생태계를 둘러싼 기회와 도전 과제

암호자산과 블록체인에 관해 초창기에 많은 논의가 오고 간 이래, 암호자산을 대하는 사람들의 태도가 상당히 변했으며 업계에서는 거래, 지급, 디지털 재화와 자금의 이동을 둘러싼 현안을 해결하려고 블록체인을 적극적으로 수용하려는 자세를 보여왔다. 업계는 주로 솔루션의 경제적인 존속 가능성과 비즈니스 모델, 거버넌스, 블록체인의 근본 신조, 적절한 이용 사례에 관심을 두었는데, 다음이 그런 것들이다.

- 지급 환경: 리테일, 도매, 은행 간, 국가 간 문제
- 스위프트(SWIFT, Society for Worldwide Interbank Financial Telecommunication, 국제 은행 간 금융 통신 협회)의 GPI(Global Payment Innovation, 글로벌 결제 혁신)[55] 3단계 추진 전략과의 연관성, 노스트로 계좌(Nostro account, 외화의 타점 예치 계좌) 및 보스트로 계좌(Vostro account, 타점의 현지화 예치 계좌)와 관련된 블록체인의 역할
- 스테이블 코인과 디지털 법정 화폐: 지급 혁신, 지급 속도, 새로이 출현하는 비즈니스 모델

---

[55] 스위프트 GPI는 전 세계 자금 이체 서비스 플랫폼 혁신을 위해 스위프트가 추진하고 있는 시스템 및 서비스 플랫폼으로, 은행의 해외 송금 수수료 구조는 스위프트라는 일종의 국제 은행 공동망을 이용하는 탓에 고비용 구조를 벗어나기 힘들었다. 하지만 핀테크 업체나 블록체인의 부상으로 스위프트를 없애려는 움직임이 나타나면서 스위프트 차원의 혁신이 본격화되어 GPI로 송금 소요 시간을 대폭 단축하고 고비용 구조를 해결하는 등 자구책을 마련해 왔다. 2019년 1월에는 R3의 분산 플랫폼 코다(Corda)에 GPI를 연결해 시험한다고 발표하기도 했다.

- 매입 채무(account payable)[56], 매출 채권(account receivable)[57], B2B(기업 간) 자금 이체와 같은 B2B 분야의 상품 혁신

우리는 신용과 투명성이 내재된, 가치를 이전할 수 있는 가치 네트워크를 구축하고 있지만 많은 경우에 있어 그 가치는, 암호화 경제 모델(마이닝, 민팅, 단순한 가치 유발)의 원리를 이용하거나 또는 허가형 네트워크의 경우에는 자산의 토큰화를 도입해서 만들어진다. 여러분은 블록체인 네트워크에서 가치를 끌어내는 주요 동인을 이해해야 하는데 블록체인 주체의 경제적 가치 평가에 사용하는 핵심 신조를 이해하는 데 도움이 된다. 가치 평가를 좌우하는 동인에는 다음과 같은 것이 있을 수 있다.

- 암호화 경제 모델에 좌우되는 토큰들로, 수요와 공급, 네트워크의 기능성에 좌우된다.
- 신원과 학위 증명, 건강 기록처럼 내재 가치를 가진 NFT(Non-Fungible Token, 대체 불가능한 토큰)[58]. 그러한 토큰들은 존재와 진위성, 디지털 자산의 소유권을 검증해 주는 단순 증명이다.
- 암호화폐 네트워크에서 총경제 활동과 기능성(스마트 계약과 트랜잭션 네트워크 처리), 스테이블 코인과 증권 토큰처럼 배정된 가치 등에 의해 가치가 매겨지는 대체 가능한 토큰들

---

56 제품이나 원재료를 구입한 후. 현물을 받고서도 아직 그 대금을 치르지 않은 단기의 미지급금

57 회사가 제공한 재화 또는 용역에 대한 대가를 지급하겠다는 고객의 약속

58 NFT는 소위 '디지털 희소성'을 창출하는 데 사용되며, 유명한 작가의 작품이나 작가의 서명이 들어간 책. 고대 금속·공예품·골동품·보석·미술품 같은 대체제를 가지지 않는 유형 자산을 디지털화한다.

디지털 자산(토큰)의 대체 가능성에 대한 이해

이쯤에서 우리는 토큰화된 가치를 정의하고 이해해야 한다. 매우 다양한 유형의 토큰과 분류 방식이 존재하지만, 한 가지 공통점이 있다. 바로 가치를 표시하고 디지털화한다는 점이다.

대체 가능성의 정의

경제학에서 '대체 가능성'이라는 용어는 '개별 단위로 교환할 수 있는 상품이나 재화'06라고 정의한다. 그 정의는 블록체인 세계가 토큰과 토큰 경제 모델을 바탕으로 삼기 때문에 함축적 의미가 있다. 이 절에서는 토큰을 기반으로 삼는 시스템의 두 가지 기본 원칙들을 살펴본다.

토큰 가치 평가 모델

토큰 가치 평가 모델이 시스템 자산의 가치를 결정한다. 간단히 말해, 우리가 트랜잭션 처리와 같은 경제 활동에 참여해 그 자산을 화폐로 사용하겠다고 결정하거나, 토큰을 유틸리티나 증권으로 사용하겠다고 한다면 그 자산이나 토큰의 가치를 알아야 한다.

블록체인 회사들의 경제적 가치를 평가할 때는 다음과 같은 사항들을 고려한다.

비즈니스 솔루션

- **문제 영역:** 어떠한 비즈니스 문제를 해결하고자 하는가? 업계의 지형은 어떠한가? 혁신들 통해 어떠한 진화를 거둘 것인가?
- **시장 규모:** 해당 문제로 인한 전체 비용은 얼마나 되나? 가령 문제 자체로

인한 비용은 얼마이며, 업계의 하위 세그먼트에서 발생하는 비용은 얼마인가?

- **규제 및 컴플라이언스 환경:** 규제 환경은 새로운 기술이 주도하는 비즈니스 모델의 채택을 지원하거나 방해할 수 있다.
- **경쟁 프레임워크와 대안:** 분산 원장 기술이나 블록체인을 사용해 혹은 사용하지 않고 해당 문제를 해결하려고 하는 다른 프레임워크 주체들이 있는가?

기술 설계와 아키텍처

- **합의 설계:** 이 방식이 블록체인 네트워크의 신용 시스템과 경제적인 존속 가능성으로 이어진다.
- **블록체인의 신조:** 공유 원장과 암호화 요소, 스마트 계약, 보안 요소들이 밑바탕을 이루는 개념이다
- **블록체인 구현 인프라:** 클라우드와 지역에 한정된 적용, 기술 인력(또는 가용 기술 인력), 서비스 수준 협약(SLA, Service Level Agreement)[59], 그 외 구성 요소도 네트워크에 정의되어야 한다.

수익화 전략

- **토큰 기반형 모델:** 운영 비용은 블록체인 기반 비즈니스 네트워크의 분산 데이터베이스를 작성하는 데 사용한다.

---

59 서비스 제공 사업자와 이용자 간의 특정 서비스 기준에 관한 계약으로, 클라우드 등 정보 기술 서비스에서 품질 지수로 활용되는 대표적인 지표다. SLA가 높아질수록 장애 시간이 짧아도 고객에게 보상이 되기 때문에 서비스 품질·안정성·장애 보상 수준이 높아짐을 의미한다.

- **교환 매개체로서의 토큰:** 참가 개체는 토큰을 스텝스루(step-through)[60] 통화로 대출해 주거나 판매한다.
- **자산 페어 트레이딩(asset-pair trading)[61]:** 양 자산 간의 교환 가치 비율 변동을 이용한 거래를 통해 마진을 내서 수익을 올린다.
- **프로토콜의 상용화:** 기술 서비스에는 클라우드와 소프트웨어, 랩(연구소), 컨설팅 서비스가 포함된다.

네트워크의 영향력

우리는 네트워크의 영향력과 기하급수적으로 커지는 공동 창조 모델의 영향력으로 인해 새로운 비즈니스 모델이 창출되고 경제 가치가 늘어나리라 추측할 수 있다.

토큰의 대체 가능성과 자산 교환 메커니즘

토큰의 대체 가능성과 자산 교환 메커니즘을 알아야 거래의 이중성 과정을 이해할 수 있다. 다시 말해, 거래할 만한 가치가 있는 대상들의 (디지털) 가치를 교환하는 것이다. 대체 가능성과 자산 거래 때문에 모든 암호자산은 그것이 탄생한 네트워크에 종속되게 마련이다. 암호자산이나 토큰에 대해 측정 가능하고 명확한 가치 평가 모델이 없으면 그 분류에 상관없이 이들의 실제 가치를 결정하기 어렵다. 그렇게 되면 추정에 근거해 교환 가치

---

60 교환 기능을 하는 B2B판매형 코인으로, 스텝스루는 특정한 이름이 아니라 '개방형'이나 '오픈형'을 의미한다. 스텝스루 통화는 토큰을 만들어서 다른 기업에게 'white label'로 판매할 수 있다.

61 외환 시장에서 달러 대비 원화, 유로, 파운드, 엔화 등 양 통화의 교환 가치 비율 변동에 따른 차익을 얻듯이 양 자산을 사고 팔아 교환 가치 비율 변동을 통한 거래 차익을 얻는 것을 말한다.

를 매길 수밖에 없다는 것을 의미한다. 추정에 기대 지속 가능한 경제 생태계나 마켓 플레이스를 창출한다는 것은 어렵다.

자산 교환을 다루는 다양한 방식들이 제안되어 왔는데, 이들은 대체 가능성과 자산 교환 모델을 갖춘 비즈니스를 제공한다.

- **중앙화 거래소:** 블록체인 기술의 탈중앙화된 속성을 사용하거나 따르지 않는 중앙화된 개체들이다. 비즈니스 모델은 암호자산에 특화된 거래 서비스를 제공하는 중개 기관을 주축으로 삼는다.
- **탈중앙화 거래소:** 탈중앙화 거래소(DEX, Decentralized Exchanges)는 중앙화 거래소를 탈중개화시켜, 암호자산 교환 서비스에 특화되면서 비용과 참여자 간의 마찰을 없앤다. 탈중앙화 거래소는 탈중앙화된 모델을 고수하면서 P2P 교환을 가능하게 한다. 예를 들면, 아토믹 스왑(atomic swap)과 아토믹 크로스 체인 트레이딩(atomic cross-chain trading)[62]은 신뢰할 수 있는 제삼의 기관의 개입 없이 하나의 암호화폐를 다른 암호화폐와 교환할 수 있음을 의미한다.
- **크로스 체인 트랜잭션:** 토큰이나 토큰의 정의가 네트워크에 따라 변할 때에도 자산과 트랜잭션의 무결성이 보장되도록 하는 다양한 토큰 유형 간의 트랜잭션이다.
- **자산 연계(bridging)[63]:** 크로스 체인 트랜잭션과 마찬가지로 자산 연계는

---

62 아토믹 스왑은 암호화폐 거래소를 거치지 않고도 암호화폐끼리 교환하는 기술로, 코인 스왑(coin swap)이라고도 한다.

63 비트코인이나 이더리움 등 서로 다른 블록체인을 연결하기 위한 접근법은 여러 가지가 있는데 중간에 브릿지를 만드는 방식을 주로 사용한다.

디지털 자산(토큰)의 대체 가능성에 대한 이해

생성과 유효성, 수명 주기 등을 이유로 원래 네트워크에 종속되어 남아 있는 토큰의 문제를 해결해 준다. 자산 잠금 기능과 같은 기술로 자산을 잠그게 되면 해당 자산은 거래되지 않으며 소유권이 바뀌지도 않는다.

여러분이 시스템 자산의 가치를 결정해야 하는 이유는 간단하다. 우리가 자산을 화폐로 사용하거나 토큰을 유틸리티나 증권으로 사용해 트랜잭션 처리와 같은 경제 활동에 참여하기로 한다면 자산이나 토큰의 가치를 알아야 하기 때문이다. 모든 암호자산은 그것이 탄생한 네트워크에 종속되기 마련이기 때문에 대체 가능성과 그 이후에 일어나는 자산 거래는 암호자산 세계에 흥미로운 역동성을 가져다준다. 암호자산이나 토큰이 측정 가능하고 명확한 가치 평가 모델이 없으면 그 분류에 상관없이 이들의 실제 가치를 결정하기 어렵다. 그렇게 되면 추정에 근거해 교환 가치를 매길 수밖에 없다는 것을 의미한다. 앞에서도 말했듯이 추정에 기대 지속 가능한 경제 생태계나 마켓 플레이스를 창출한다는 것은 어렵다. 업계는 자산 교환을 가능하게 하는 다양한 방식을 채택해 왔으며 그러기 때문에 추정에만 의존하는 것이 아니라 훨씬 탄탄한 시장 구조를 지원하는 대체 가능성과 자산 교환 모델을 제공한다. 문제는 가치 평가 모델을 올바르게 정의하고 토큰의 대체 가능성을 지원하며 교환을 촉진하는 선택지를 올바르게 고르느냐에 달려 있다. 기술 진보와 그 결과로 생기는 비즈니스 기회, 예를 들면, 시장에 최초로 진입할 때의 이점과 새로운 산업과 비즈니스 모델의 기틀 마련과 같은 데서 막대한 기회를 찾을 수 있다.

유의미하고 지속성 있는 블록체인 기반의
비즈니스 네트워크 구축을 위한 고려 사항

블록체인이 비즈니스 네트워크로서 장기적으로 장래성을 가진다는 것은 시장 및 비용 효율성을 높여주는 탈중개화된 신용 플랫폼이라는 의미가 함축되어 있다. 블록체인의 시장 점유율은 비즈니스 네트워크의 가치 평가 모델이 진화하는 것으로 정의하며, 그 안에는 기술뿐 아니라 네트워크에서 해당 기술을 사용하는 업계, 그리고 업계 주변으로 형성되는 생태계가 모두 포함된다.

이 절에서는 유의미하고 지속 가능한 블록체인 기반 비즈니스 네트워크의 진화를 알아보기로 한다. 업계(기술 회사와 핀테크 스타트업 생태계, 업계 컨소시엄)에서 지난 몇 년간 노력을 기울여 온 부분은 주로 블록체인 기술의 성숙도를 높이고, 기업과 업계가 현안을 해결함과 동시에 새로운 비즈니스 모델(기업 및 그에 뒤이은 업계에 초점)에 대비하는 수단으로 블록체인 기술을 채택하도록 촉진하는 데 있었다. 기업과 업계는 블록체인 기술의 잠재력을 깨닫고 오늘날의 비즈니스 네트워크를 새로운 관점에서 해석하고 있다. 구시대적이며 종이와 문서 위주로 이루어진 프로세스라 시스템 비용을 감당하기 버겁기 때문이다. 한편으로 기업과 업계는 블록체인 기반의 비즈니스 네트워크를 채택할 때 어떤 사항을 장기적으로 고려해야 하는지 또한 고민해야 한다.

블록체인을 효율적으로 사용하려면 비즈니스 네트워크의 다른 구조들까지도 고려해야 한다.

- **합의 모델을 선택하는 매트릭스:** 업계는 합의 모델을 정하는 선택 매트릭스 (choice matrix)[64]를 개발해 신용 시스템과 내부 결탁의 움직임과 방향성 (collusion vector)[65], 관련된 연산 처리 비용, 그리고 비즈니스 네트워크를 규정하는 신용 시스템을 뒷받침하는 데 필요한 인프라 투자를 정해야 한다.

- **체계화된 업계 거버넌스:** 기술과 업계별로 특화된 거버넌스가 필요하다. 시스템 디지털 자산과 업계에 특화된 요건, 특정 생태계 내에서 디지털 자산이나 토큰화된 자산의 이동이 영구적이건 임시이건 간에 관련 이동을 통치하는 비즈니스 시스템을 위해서다. 특화된 거버넌스는 기본적으로 어떤 개체가 무엇을 할 수 있고 책임자는 누구이며, 시스템에 이상이 발생할 경우 누가 문제 해결에 나설 것인지 등을 규정한다. 이 규정들은 업계별로 검토해야 하는 사항으로 시스템 설계와 네트워크 구동 초기 단계에서 문서로 남겨야 한다.

- **자산의 토큰화와 통제, 거버넌스:** 자산의 발행과 담보화, 소유권과 존재 증명, 감사 요건을 통치하려면 업계별로 특화된 요소가 필요하다. 그래야 시스템에서 실물 자산의 무결성이 보장된다. 아이디어를 밝히자면 수요와 공급을 조절하는 시스템 속에 견제와 균형 기능을 구현하고 비즈니스 네트워크에서 시스템상의 신뢰를 유지하기 위해 감사 추적 기능을 마련하는 것이다.

---

64 잠재적으로 제안된 해결 대안 중에서 각각의 안을 하나씩 비교해 나가면서 선택안을 좁혀나갈 때 활용할 수 있는 효과적인 의사 결정 기법

65 블록체인 채굴에 사용되는 컴퓨팅 노드의 절반 이상을 점유하는 경우. 그 체인에 부정한 사기성 거래를 쓰는 데 필요한 합의 '작업 증명'을 달성할 수 있고, 이를 통해 다른 참여자에게 피해를 입히면서 이익을 취할 수 있다.

- **탈중앙화된 권한 프레임워크:** 탈중앙화된 통제와 권한이라는 개념은 신용 시스템과 밀접하게 관련돼 있다. 물론, 탈중앙화된 시스템에서 권한이라는 개념이 잘 맞지는 않는다. 따라서, 탈중앙화 시스템의 설계 원리는 거버넌스와 유책성, 규제에 초점을 맞추게 된다.

- **탈중앙화와 보안 관련한 고려 사항:** 탈중앙화와 분산 원장은 투명성과 불변성, 네트워크 전체에 걸친 트랜잭션 처리와 같이 신뢰 측면에서 다양한 장점이 있다. 하지만 이러한 장점이 전체적인 신뢰 프레임워크를 형성하는 데 기여하기는 하지만 기업에 부작용 또한 유발시킬 수 있다. 분산 데이터와 비즈니스 통찰력이 어떤 참여자한테는 경쟁우위로 작용하지만 어떤 참여자한테는 불리하게 작용하기 때문이다. 보안 설계를 할 때는 비즈니스 네트워크를 공유함으로써 일어나는 보안상의 새로운 문제를 제기하면서 기업의 보안을 고려하는 것이 필요하다. 사이버 보안의 위험과 취약점은 상당한 관심을 두고 지켜봐야 하는 분야다.

비즈니스 네트워크는 업계와 업계 세그먼트, 자산에 특화된 네트워크다. 이것은 하나의 지배적인 블록체인이 나머지 블록체인을 모두 통제하는 구조는 아니라는 점, 그리고 수많은 블록체인 비즈니스 네트워크가 존재한다는 점을 의미한다. 융자, 지급, 교환, 청산 및 결제에 특화된 자산 유형처럼 블록체인 네트워크는 여러 사업 영역에 초점을 맞출 수 있다. 기업용 블록체인에서 이러한 프로젝트들은 탈중앙화된 환경과 애플리케이션 설계 패턴을 갖춘 중앙 네트워크 안에서 진행되는데, 비슷한 생각을 하는 비즈니스 주체가 모인 합의 컨소시엄이다. 이러한 전제는 많은 실용적인 요소를 바탕으로 한다.

- **업계와 업계 세그먼트, 자산에 특화된 비즈니스 언어:** 이 언어는 비즈니스상의 표현을 대신해 스마트 계약과 자산 정의, 스마트 계약의 통제 및 거버넌스를 정의한다.
- **업계에 특화된 자산 통제:** 이 요소는 거버넌스와 관리, 디지털 토큰화된 자산(자산의 표시나 토큰화)의 가치 평가(자산 교환, 자산의 대체 가능성 등을 목적으로)를 정의한다.
- **업계와 지역에 특화된 규제:** 대부분의 비즈니스 네트워크는 업계별, 지역별로 범위가 정해져 있다. 규제 업계에서 비즈니스 네트워크는 규제 고수 및 컴플라이언스에 따른 부담, 비즈니스 네트워크에서 분담하는 관련 비용 측면에서 별도로 규제를 받는다.
- **업계에 특화된 비즈니스 기능:** 대부분의 업계에서는 분석 정보와 시장 데이터처럼 성과 지표를 나타내는 자체적인 측정과 표준, 통계가 존재한다.

오늘날 기업에서 현재의 비즈니스 네트워크 때문에 블록체인 기반 비즈니스 네트워크가 제약을 받는다. 비즈니스 설계가 기술 설계에 영향을 미치고, 기술 설계가 비즈니스 네트워크의 지속 가능성에 영향을 미치게 될 것이다. 만일 블록체인의 신조(예: 거래와 신뢰, 소유권, 다수가 참여하는 시나리오에서 거래 가능성)에 맞게 비즈니스 네트워크의 시스템을 설계하지 않으면 블록체인의 가장 큰 장점이 가장 큰 약점으로 작용할 수도 있으며, 비즈니스 네트워크는 블록체인 네트워크가 가진 잠재력을 최대한 실현하지 못하게 될 수도 있다.

기업 통합: 기존 기록 시스템과의 공존

블록체인과 기업 시스템 간의 통합은 핵심 비즈니스와 운영 시스템에 반영되고 종속되는 다운스트림(상위에서 하위로 전해지는 데이터) 트랜잭션 시스템 때문에 비즈니스 및 기술상 고려해야 하는 사항이다. 블록체인 프로젝트들을 다양하게 평가해 본 결과에 따르면 인접 시스템과의 통합은 블록체인 프로젝트에게 비용면에서 상당한 부담인 것으로 나타났다. 만일 여러분이 초기 기획 단계부터 비용 문제를 제기하지 않으면 기업이 블록체인을 채택하는 데 부정적인 영향을 미칠 수 있으며, 그러한 부정적인 요소들은 기업의 운영에 장애물이 될 수 있다. 더욱이 비즈니스 모델의 변화와 비즈니스 프로세스 혁신, 기술 발전에 힘입어 파편화된 다양한 시스템이 레거시 시스템의 확장(혁신)을 통해 발전해 왔을 수도 있기 때문에 블록체인 통합에 어려움을 준다.

블록체인 애플리케이션과의 통합에 필요하고 운영 과정에서 영향을 미치는 인접한 기업 시스템도 고려 대상이 돼야 한다. 가장 바람직한 시나리오라면 거래와 신뢰, 소유권을 구성하는 요소들과, 불변성이나 출처 증명, 합의와 같은 블록체인 고유의 속성들로 인해 신용 시스템이 촉진될 것이다. 신용 시스템은 불필요하고 중복되는 시스템과 프로세스의 제거에 도움이 되는데, 그러한 중복 시스템에서는 막대한 자원의 분배라는 관점에서 기업에 비용을 전가하게 되어 거래 처리가 느려지고 관련된 기회 비용

(opportunity cost)[66]이 발생하게 된다. 우리의 목표는 기존 프로세스가 갖는 근본 문제를 해결하는 것으로, 결국 신뢰와 시간 요소, 막대한 비용 절감, 고객 서비스 향상을 목적으로 삼는 평면적(flat)[67]이고 투명한 원장에서 답을 찾게 된다.

블록체인 네트워크의 확장 가능성

확장 가능성이란, '도입 단계부터 미래의 성장 가능성을 염두에 두는 시스템 설계 원칙'07이라고 정의할 수 있다. 확장 구현에 필요한 시스템의 확장 범위뿐만 아니라 노력을 어느 수준까지 확대할 수 있는지 관련 역량을 체계적으로 측정하는 것이다.

블록체인 비즈니스 네트워크는 비즈니스의 동적 속성(규제와 경쟁 압박, 시장 동태성 등)과 기존의 플레이어(규제 기관과 시장 조성자[68], 유동성 공급자[69], 동일한 가치[70] 제공자, 서비스 제공자 등)는 물론, 새로 생태계에 참여자가 참가함으로써 네트워크가 성장하기 때문에 네트워크를 설계할 때 확장 가능성을 목표로 삼아야 한다. 블록체인 시스템 설계에서 네트워크 확장 가능성과 관련해 다음과 같은 요소를 고려해야 한다.

---

66 어떤 선택으로 인해 포기된 기회 가운데 가장 큰 가치를 갖는 기회 자체 또는 그러한 기회가 갖는 가치를 말한다.

67 블록체인의 전제 중 하나는 평면화로. 파이프라인이나 층층시하의 의사 결정 구조에서 정보란 비대칭적일 수밖에 없는 속성을 지녔지만. 블록체인은 위계질서 없는 평면상에서 정보의 교류가 활발하게 이뤄진다.

68 특정의 주식을 소유하고 항상 매매에 응할 용의가 있는 업자. 투자 전문가

69 유동성이 일정 수준에 미달하는 종목에 대해 증권사(발행사)가 지속적으로 매도·매수 호가를 제시하며 트랜잭션에 참여해 가격 형성을 유도하는 제도

70 대체 가능성(fungibility)이란 상품이나 물건이 기본 단위에서 상호 교환 가능한 성질로. 1kg의 순수 금을 다른 형태의 1kg금과 동일하게 교환할 수 있는 것을 의미하며, 원유가 가치 동일성이 높은 대표적 예이다.

- **확장 가능한 멤버십 모델:** 설계는 참여자의 다양성과 참여자 수, 원하는 트랜잭션 처리 능력을 반영해야 한다. 산업이 변해감에 따라 비즈니스도 변하고 따라서 네트워크에 참여하는 회원에게도 변화가 일어나기 마련이다. 해당 네트워크는 멤버십 변경을 반영하고 대응할 수 있도록 설계해야 한다. 다양한 네트워크 참여자는 네트워크의 가입이나 이탈을 희망할 수 있다. 멤버십에 변화가 생기면 (공유) 데이터 접근 권한이 바뀌며 설계에서 이 점을 고려해야 한다. 멤버의 유형 또한 중요하게 고려해야 한다. 블록체인이 특정한 멤버십 유형을 없애거나 탈중개화함에 따라 멤버의 유형과 역할에 변화가 일어날 수도 있기 때문이다.

- **신용 시스템의 존속 가능성–컴퓨터 연산 공정성 대비 네트워크의 경제적 인센티브:** 허가형 (퍼블릭 또는 프라이빗) 네트워크에 맞는 신용 시스템의 선택과 해당 시스템이 인프라 투자에 미치는 여파, 그리고 경제적인 존속 가능성은 중요하다. 왜냐하면, 암호자산(암호화폐 경제 모델)을 바탕으로 하는 신용 시스템과 컴퓨터 연산 공정성(또는 비암호화폐)을 바탕으로 하는 신용 시스템 사이에는 차이가 존재하기 때문이다. 우리는 장기적으로 지속 가능한 인프라 비용과 유지를 고려해야 하는데, 이는 참여자의 유형과 비즈니스 네트워크에서 그들의 비즈니스 관심사에 직접 관련된다. 예를 들어 규제 기관에 대한 비용 모델은 블록체인 기반의 비즈니스 네트워크에서 제1순위 수혜자에 대한 비용 모델과는 다르다.

- **공유 비즈니스 모델–비용과 이익의 공유:** 블록체인 기반의 비즈니스 네트워크는 네트워크이자 생태계이기 때문에 평등한 비즈니스 프로세스가 아닌, 공유 비즈니스 프로세스를 특징으로 삼는다. 이러한 네트워크는 위험

부담 축소와 안정적이고 예측 가능한 트랜잭션 네트워크, 컴플라이언스 비용 절감 등의 비즈니스 장점이 있기 때문에 전체적으로 투자 자본 수익률(ROI) 비율이 높아진다.

그러나 이익을 공유하는 형태의 비즈니스는 개체들이 네트워크를 가입, 탈퇴할 때 데이터 공유와 데이터 소유처럼 또 다른 운영상의 고려 사항을 낳는다. 데이터 소유를 둘러싼 규정은 업계 차원의 데이터의 내구성[71]에 대한 요건과 더불어 때때로 변경될 수도 있다. 블록체인 네트워크에서는 비즈니스 프로세스가 평등해지기 때문에 인프라와 컴플라이언스, 효율화에 들어가는 비용을 공유한다는 것이 분명 장점이기는 하지만, 지속 가능한 비즈니스 네트워크 구조와 올바른 경제 모델을 갖추었을 때만 이러한 효율성을 얻을 수 있다.

블록체인 프로젝트의 지속 가능성

비즈니스 모델과 기술 설계, 신용 시스템의 선택 매트릭스, 거버넌스 구조의 고안과 도입, 지속적인 시스템 분석 등 설계 영역에서 많은 부분이 블록체인 프로젝트를 적용해 초기에 성공을 거두고 장기적으로 지속 가능성을 확보하기 위한 성공의 열쇠를 쥐고 있다. 기본 발상은 변화하는 비즈니스 생태계의 요구에 맞춰 성장해 갈 수 있는 탄탄하고 확장 가능하며 유기적인 시스템을 설계하는 것이며, 유연성이 제한된 기술에 고착되지 않는 것이다.

---

71 데이터를 오랫동안 안전하게 보존하고 데이터 손실 방지를 막는 것

규모와 보안, 데이터 가시성, 네트워크의 확장 가능성과 같은 요소는 지속 가능한 비즈니스 네트워크를 구축함에 있어 충분히 활용되어야 한다. 일단 네트워크가 진화하고 규모가 커진 후에는, 비즈니스 비용을 분담해 네트워크를 사용하면서 신뢰 모델과 데이터 가시성, 경쟁 우위와 같은 시스템상의 현안을 원래대로 돌릴 방법이 없다. 지속 가능성에 비중을 두는 일은 복잡할뿐더러 역설적인 목표이기도 하다. 즉, 개방형 협업 혁신을 장려하는 한편, 다자간의 트랜잭션 네트워크에서 자산과 스마트 계약, 전반적인 상호 작용을 통치하는 합의나 신용 시스템, 거버넌스 시스템과 같은 구조 중에서 일부는 통제하게 된다.

우리는 비트코인과 같은 퍼블릭 블록체인에서 사용하는 보상 개념이 들어간 채굴 방식과 비즈니스 목적을 가진 참여자만 들어오는 프라이빗 블록체인에서 사용하는 트랜잭션 승인 방식 중에서 어떤 것이 네트워크에 대한 신뢰를 보장하는 방식으로 좋은지 토론하곤 한다. 하지만 기억해야 할 점은 블록체인 기반의 비즈니스 네트워크는 그것이 진화를 거듭해 감에 따라 현재의 비즈니스 네트워크가 가진 한계성 때문에 제약을 받는다. 바꿔 말하면 기술 문제가 아니라 비즈니스에 얼마나 열정을 쏟을 것인가 하는 포부의 문제다. 만일 비즈니스 네트워크의 시스템 설계가 블록체인의 신조(거래, 신뢰, 소유권, 다자가 참여하는 시나리오에서 거래 가능성)를 뒷받침하도록 제대로 정렬되어 있지 않으면, 블록체인의 가장 큰 장점들이 오히려 가장 큰 약점으로 작용해서 해당 비즈니스 네트워크는 블록체인 네트워크가 가진 잠재력을 온전히 실현하지 못하게 될 것이다. 하지만, 규모와 보안, 데이터 가시성, 네트워크 확장 가능성과 같은 요소들을 신중하게 선택한다면 지속 가능한 비즈니스 네트워크를 구현할 수 있겠다.

Chapter 3 요약 ....

이 장에서는 전반적인 블록체인의 기술 지형을 논하고 기업형(허가형) 블록체인과 퍼블릭(비허가형) 블록체인 간에 신용을 쌓는 방식이 어떻게 다른지도 이야기했다. 블록체인 신용 시스템의 근간을 이루는 기술을 이해하는 일은 대단히 중요하다. 신용 시스템은 네트워크 내에 다양한 참여자 간에 신용 확인이 필요 없는 상호 작용이 가능하도록 기반을 쌓아 준다. 기업용 블록체인의 설계와 기업 통합은 해당 솔루션의 적용 비용과 애플리케이션 지속성에 필연적으로 영향을 미치게 될 것이다. 따라서 어떤 블록체인 네트워크에서든 경제적인 인센티브가 가장 중요한 요소가 된다. 이러한 특징은 암호자산의 가치 평가나, 블록체인 기반의 비즈니스 네트워크가 계속해서 지속적인 성장을 이루어 나가도록 하는 데 있어서 대단히 중요하다.

Chapter

4

비즈니스
모델을
결정할 때
고려할 사안

블록체인은 분산된 조직 구조와 탈중앙화된 생태계라는
파괴적 요소를 결합해 신뢰 기반의
새로운 비즈니스 모델에 영감을 불어넣는다.

_ 니틴 거(Nitin Gaur)

블록체인을 이해하고 채택하는 일은 기업에게 어려운 과제이다. 그 일이 쉽지 않은 이유는 이용 사례의 파악부터 시작해 개발 완료에 이르는 여정을 정하고, 그 중간에 필요한 조정 작업을 모두 수행하는 동시에 의사 결정에 따른 간극도 좁혀야 하기 때문이다. 이렇게 막중한 임무를 맡게 되면 블록체인 여정에 동참하는 사업 부문(LOB, Line of Business)을 깊이 이해하기 위해 방법론을 만들고, 명확하면서도 이해하기 쉬운 투자 자본 수익률(ROI)로 경제적 존속 가능성 있는 방안을 마련하는 것이 중요하다.

기업이 블록체인을 채택하기까지의 여정: 관행적 접근 방식

블록체인 기술로 인해 기업의 업무 소통 프로세스와 금융 기관의 거래 처리 방식이 급변할 경우가 허다할 수도 있다는 것이 중론이다. 구체적으로 말하자면, 블록체인 기술을 적용하면 프로세스에서 발생하는 비용과 갈등 요소를 없애고 트랜잭션 기록을 불변으로 남기며 실시간에 가깝게 확정되는 투명 원장을 한순간에 업데이트할 수 있다. 더불어 기업 내부의 기존 프로세스 설계를 극적으로 바꿀 수도 있다.

트랜잭션 처리를 해내는, 목표 이용 사례에 따라 블록체인을 구현하는 이유는 운영 비용을 낮추고 블록체인이라는 한 지붕 아래 여러 참여자를 모아 '네트워크 효과'[01]에 기대 새로운 비즈니스 기회를 열어 보려는 의도다. 그러한 협력을 통해 얻어지는 잠재적 이점에는 리스크 프로파일링(위험 요인을 수집·유형화해서 관리 통제에 활용)과 분석 및 승인 프로세스에 들어가는 비용 분담과 시스템 리스크 완화, 참가 기업에 돌아가는 보상 등이 있다. 많은 블록체인 사례를 보건대, 비용 최적화라는 개념은 여러모로 비용을 분담하기 때문에 나오는 이야기로, 네트워크 차원에서 기존 비즈니스 프로세스를 근본적으로 단조롭게 만들기 때문에 가능하다. 이렇게 해서 참여자는 업무 영역이 넓어지고 개별 기업의 비즈니스 프로세스는 개방되고, 전체 네트워크에 걸쳐 한결 간결해진 비즈니스 프로세스가 탄생한다. 하지만 이러한 사고방식에는 비즈니스 모델의 기획과 고안을 급진적으로 전환할 필요가 있다.

이러한 기획 패러다임에 구조의 틀을 마련하려면 방법론이 필요하다. 소정의 방법론에 따르면 네 단계 프로세스를 제안하는데, 기업이 자원을 신중하게 분배하도록 하고, 모든 차원에서 리스크를 완화하도록 하며, 작업 산출물이 단계마다 공동의 의사 결정 프로세스에 직무상 적용될 수 있도록

---

01 특정 상품의 수요가 타인에게 영향을 주는 효과를 말한다. 전화를 가진 사람이 많을수록 개별 전화 사용자가 느끼는 가치가 올라가는 것이 여기에 해당한다.

한다. 네 단계는 다음과 같다.

1. 적절한 이용 사례를 발굴한다.
2. 기존 비즈니스 프로세스에서 핵심만을 빼내 비즈니스 청사진을 그려본다.
3. 해당 비즈니스 청사진을 기술 신조에 연관시켜 본다. 즉 기술 청사진을 그려보는 것이다.
4. 기업의 레거시 시스템과 통합을 구현한다.

앞에 말한 방식의 이면에 자리한 핵심적이고 근본적인 의도는, 비즈니스가 주도하는 방식에 초점을 맞춰 핵심 성과 지표(KPI, Key Performance Indicators)를 제대로 된 안목으로 적절하게 선정함으로써 프로젝트의 성공을 측정하고 계획한 결과를 달성하겠다는 것이다. 우리는 기업과 업계에 영향을 미치는 한 가지 이용 사례만을 골라서 문제가 되는 영역에 비즈니스와 기술에 대한 안목을 적용하려고 한다. 이용 사례를 선정하는 과정은 사업 부문(LOB) 관리자의 결의와 헌신을 테스트하는 일이기도 하다. 그 결과로 컴플라이언스·감사 기업 통합에 필요한 요건을 갖추고 세심하게 기획된 비즈니스 아키텍처와 기술 청사진이 완성된다.

지금부터 네 가지 단계를 자세하게 살펴보기로 하겠다. 그림 4.1에서 한눈에 확인할 수 있다.

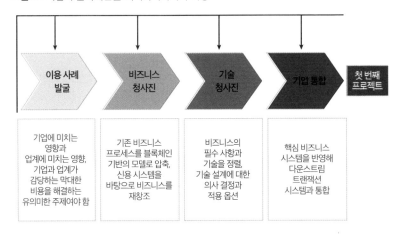

그림 4.1 기업이 블록체인을 채택하기까지의 여정

| 이용 사례 발굴 | 비즈니스 청사진 | 기술 청사진 | 기업 통합 | 첫 번째 프로젝트 |

| 기업에 미치는 영향과 업계에 미치는 영향, 기업과 업계가 감당하는 막대한 비용을 해결하는 유의미한 주제여야 함 | 기존 비즈니스 프로세스를 블록체인 기반의 모델로 압축, 신용 시스템을 바탕으로 비즈니스를 재창조 | 비즈니스의 필수 사항과 기술을 정렬, 기술 설계에 대한 의사 결정과 적용 옵션 | 핵심 비즈니스 시스템을 반영해 다운스트림 트랜잭션 시스템과 통합 |

1. 적절한 이용 사례의 발굴

여러분이 선택하는 이용 사례에 다음 두 가지 특징이 있는지 확인하려면 이 단계에 상당히 많은 시간과 노력을 투자해야 한다.

- **기업에 미치는 영향:** 블록체인의 신조(거래와 신뢰, 소유권, 거래 가능성) 테스트를 통과한 후 블록체인의 채택 단계로 넘어가는 이용 사례는 기업의 시간과 신뢰가 가진 문제를 해결해, 결국 엄청난 비용 절감 효과를 보여준다. 또한, 불필요한 시스템 및 프로세스가 원인임이 드러난 시간과 신뢰와 관련된 불가피한 문제를 해결하게 된다. 이 단계는 블록체인 프로젝트에서 비용과 투자, 전체 투자 자본 수익률(ROI) 관점에서 타당성을 검토하는 데 도움이 된다.
- **업계에 미치는 영향:** 블록체인은 가치 있는 네트워크를 창조해 줄 것을 약

속한다. 그 말인즉슨, 블록체인은 시스템 자체의 신뢰성이 검증되었다는 사실이 함축되어 있기 때문에 신용 중재자가 개입할 필요가 없어져 가치 있는 대상을 비교적 쉽게 그리고 훨씬 저렴한 비용으로 이전할 수 있도록 지원하는 상호 연결 네트워크임을 시사한다. 따라서 선정한 이용 사례는 업계 전반에 걸친 문제를 해결해야 한다. 즉, 기업군들은 유사한 문제를 안고 있다. 예를 들어 대출기관과 차용자 간의 자본 시장에서의 상호 작용, 기업 이벤트[02] 등이다.

아이디어

기업과 업계가 감당하는 막대한 비용을 해결하는 데 있어 유의미한 문제를 선정하려는 노력이 집중되어야 한다. 업계에서 블록체인을 신용 플랫폼으로 채택함에 따라 기업 차원에서 그 투자를 오로지 '네트워크 효과'를 내는 데에만 사용한다면 이러한 근거가 비용을 정당화하는 데 도움이 된다.

2. 비즈니스 청사진 그리기: 기존의 비즈니스 프로세스를 압축

다음 단계에서는 디자인 씽킹(design thinking) 방식을 적용하는데 기존의 비즈니스 프로세스를 블록체인 기반의 트랜잭션 모델로 압축하려는 것이 기본 발상이다. 이 단계에서는 컴플라이언스 요건과 외부 시스템에 대한 종속성 등 기존 비즈니스 프로세스의 모든 측면을 자세히 밝히게 된다. 나아가 여러분이 이 단계를 진행하면서 기존의 비즈니스 프로세스를 블록체인 기반의 모델로 압축하게 된다. 이 모델은 출처 증명과 불변성, 위계 구조

02　주주의 이해관계에 영향을 미치는 기업의 행위

가 아닌 평평한 구조의 원장, 원장의 검증과 분산을 통치하는 스마트 계약 등 블록체인의 특징을 채택하고 있다.

이 단계에서 나온 작업 산출물이 기술 설계와 청사진에 반영되기 때문에 특히나 중요한 단계다. 이 과정에서 신뢰와 거너번스 모델뿐만 아니라 기술 요소도 정의한다. 예를 들면, 블록의 데이터 포맷과 합의, 구조, 스마트 계약(또는 체인 코드)의 거버넌스 등이다. 특히, 업계에서는 네트워크 효과를 누리려고 하므로 앞으로 다양한 기업 개체와 외부 개체 간의 상호 작용을 고려하여 설계하는 것이 필요하다.

아이디어

블록체인은 비즈니스 네트워크라는 가치 있는 네트워크를 이끌어 낼 것을 약속한다. 따라서 비즈니스 이해관계자 간의 상호 작용 패턴과 비효율성, 취약점을 파악하고 그에 따른 문제를 해결하는 블록체인 모델을 개발하는 것이 중요하다. 궁극적으로 여러분은 신용 시스템을 바탕으로 비즈니스를 재창조하는 것이다.

3. 비즈니스 청사진을 기술 신조에 연관시키기: 기술 청사진 그리기

비즈니스 청사진을 그려서 나오는 작업 산출물을 기술 청사진을 개발하는 과정에 반영한다. 이러한 계획은 기술 측면에서 자주 하게 되는 의사 결정을 내리는 데 도움이 된다. 예를 들면, 그중에서도 블록체인 데이터 모델의 선정과 합의, 감사, 로깅 요건, 적용 모델, 트랜잭션 요건, 데이터 가시성, 인증 및 승인 등 시스템상 전반적인 보안이 있다.

이 단계는 점진적으로 진행된다. 그래서 기업이 초기 단계에 블록체인 기술의 청사진을 그리는 작업에 더 많은 시간과 통찰력을 쏟을수록 훨씬 정확하고 치밀한 적용 모델이 나올 가능성이 크다. 이 단계에서 중요하고 오래가는 기술을 결정하게 된다. 예를 들면, 블록의 데이터 포맷(다운스트림 시스템[03]과 호환되거나 통합을 위해서는 변환이 필요할 수도 있음), 합의(내부와 외부 시스템과의 상호 작용을 바탕으로 삼음), 데이터가 프랙탈한 구조로 보이는 가시성(다양한 비즈니스 상호 작용과 규칙에 기반을 둬 작은 구조가 전체 구조와 비슷한 형태로 끝없이 되풀이되는 현상), 기존 보안 시스템과의 통합이 있으며, 운영상의 고민거리이자 비용면에서 초미의 관심사인 기술 스택과 적용(클라우드, 온프레미스, 하이브리드)도 있다.

아이디어

비즈니스상의 필수 사항과 기술 간에 정렬을 맞추기 위해서 여러분은 기업에서 블록체인이 작동하는 데 필요한 비즈니스 요건을 반영하는 기술과 아키텍처를 적절하게 선택하고 있는지 확인해야 한다. 비즈니스 요건에는 초당 트랜잭션 처리량(TPS), 기술상의 서비스 수준 협약(SLA, Service Level Agreement), 기업 통합, 외부 시스템과의 통합, 규제 및 컴플라이언스 요건이 있다. 고려 사항 안에는 블록체인 프로젝트의 예산을 명확하게 산정하고 리스크를 완화하기 위해 기술상의 기업 실사(DD, Due Diligence)를 시행하는 일 또한 포함된다.

---

03 분산 컴퓨팅(distributed computing) 또는 협업 서버 시스템(collaboration server system)으로부터 데이터를 받는 시스템

4. 기업의 레거시 시스템과 통합을 구현

운영상의 고려 사항 차원에서 기업은 블록체인 애플리케이션 통합에 필요한 기업의 인접 시스템 또한 고려해야 한다. 기본 발상은 거래와 신뢰, 소유권 같은 블록체인의 핵심 요소가 실제로 존재한다는 사실과, 불변성과 출처 증명, 합의와 같은 블록체인의 고유 속성을 확인하려는 것이다. 그 결과 완성되는 신용 시스템에서 불필요하고 중복되는 시스템 및 프로세스를 없애는 데 원칙적으로 도움이 되어야 한다. 이들 중복 시스템은 상당한 자원이 필요해서 거래 처리가 지연되게 하고 관련된 기회 비용이 발생해서다.

우리의 목표는 기존 프로세스에서 발생하는 근본적인 페인 포인트(pain point, 고충)를 해결하는 일이다. 결과로 시간과 신뢰가 가진 문제를 해결해주는, 평평하고 투명한 원장이 만들어진다. 막대한 비용을 절감하고 고객 서비스를 개선하는 데 일조하는 일도 목표이다.

아이디어

기업 통합, 특히 인접 시스템과의 통합은 중요한 고려 사항이자 비용과 직결되는 지점이기도 하다. 기업 통합은 핵심 비즈니스 시스템에 의존하는 다운스트림 트랜잭션 시스템이 존재하기 때문에 비즈니스 고려 사항임과 동시에 기술 고려 사항이기도 하다. 많은 경우에 있어 인접 시스템과의 통합은 블록체인 프로젝트에 막대한 비용 부담을 준다. 따라서 초기 기획 단계부터 통합을 고려하지 않으면 기업이 블록체인을 채택할 때 때로는 상당한 걸림돌로 작용할 수 있다.

비즈니스 모델링과
설계

블록체인 네트워크를 설계할 때 다양한 관심사를 가진 다양한 참여자가 망라되어야 한다. 그들은 블록체인이 주도하는 비즈니스 네트워크와 생태계에서 핵심을 이루는 자산 및 가치가 있는 대상의 특이점에 집중하며, 결과로 새로운 파트너십과 공동으로 창조하는 시너지가 생긴다. 블록체인 비즈니스 모델을 제대로 고안하는 데 충분하게 시간을 투자하는 것은 블록체인 비즈니스 네트워크의 성공과 성장을 위해 필수적이다. 사실, 블록체인 프로젝트를 개념 증명 단계 이상으로 발전시키기 위해서는 비즈니스 설계를 적절하게 하는 것이 중요한 고려 사항이다. 이 설계를 바탕으로 블록체인 비즈니스 모델 중에서 다양한 후보군을 고려하게 된다. 잠정적인 이용 사례 목록을 추려서 마침내 최종 사례를 선택하고 나면, 다음 단계에서는 비즈니스 전환과 파괴를 일으킬 만한 설득력이 있는 비즈니스 구조를 정의하게 된다.

앞 절에서는 관행적인 접근 방식에 관해 설명했다. 먼저 적절한 이용 사례를 발굴하고 비즈니스 청사진을 정의한 후에는 적절한 기술에 연관시키고 설계에 관한 의사 결정을 내려 경제적 존속 가능성을 갖춘 솔루션이 탄생하기까지 개념 증명(PoC)을 테스트하고 기술 중심의 활동에 깊게 개입하는 순서로 진행하게 된다. 오늘날까지 블록체인의 파괴적인 영향력을 상대로 전환을 추진하고 방어하느라 힘을 쏟는 블록체인 기술 커뮤니티와 스타트업 커뮤니티, 업계는 기술 설계와 적절한 기술 접근 방식에 대한 논의, 적합한 데이터 구조, 합의 모델, 전반적인 적용 옵션을 놓고 자신들의 에너지

177

를 무척 썼다. 그에 비해 블록체인 네트워크와 생태계의 기초가 될 전반적인 비즈니스 설계에는 상대적으로 관심이 덜했다.

기본적으로 대부분의 업계에서는 블록체인을 비용 효율성과 컴플라이언스 비용(compliance cost)[04], 투명성 등을 높여 업계를 전환하게 하거나, 탈중개화와 새로운 중재자의 등장, 공동 창조 모델 등을 통해 업계를 파괴하거나 하는 기술 플랫폼으로 여기고 있는 듯하다. 어떤 경우이건 간에 블록체인은 참여자 간의 네트워크로, 생태계와 통합 의사 결정 프로세스를 구성하게 되면 트랜잭션 완결성을 확보하고 공동 창조를 육성하는 플랫폼을 촉진하게 된다. 블록체인 네트워크가 진화하고 성장해 감에 따라, 참여자가 새롭게 편입하거나 탈퇴함에 따라 네트워크의 역동성은 틀림없이 변화한다. 그에 따라 쌍방간 그리고 다자간의 관계가 나타날 수도 있다. 체인 코드나 스마트 계약에 의해 시행되는 쌍방간 혹은 다자간의 고정적인 참여가 이러한 변화를 주로 일으킨다.

네트워크를 설계할 때는 블록체인 기술 구성, 즉 불변성과 암호 방식, 분산 데이터베이스, 스마트 계약을 갖춘 신뢰라는 개념을 제시하는 일뿐만 아니라 업계에 특화된 상호 작용 모델을 고려 사항에 압축해서 넣어야 한다. 그 말인즉슨, 모든 상호 작용이 쌍방간이나 다자간에 일어나는 것이 아니라, 일부는 시장 상황에 따라 저절로 변형되어 생겨나기도 한다. 네트워크 거버넌스 개념과 온보딩(onboarding, 컨소시엄에서 신규 노드를 추가)[05], 오프

---

04 법질서를 유지하고 이행하는 데 필요한 각종 비용과 시간을 총칭하는 말

05 신입 사원이 새로운 직장에 적응하도록 돕는 것을 의미하는 HR 분야에서 비롯된 용어로, 소프트웨어 개발에서는 사용자가 제품을 성공적으로 채택하고 완전히 사용하도록 돕는 것이다.

보딩(offboarding, 컨소시엄에서 기존 노드를 제거)[06], 무결성과 트랜잭션의 서비스 수준 협약을 보장하는 비용, 기술 비용 관리, 네트워크의 유지 및 운영 비용을 블록체인의 성장과 진화 모델에 반영해야 한다.

블록체인 네트워크의 거버넌스는 다양한 인센티브 경제 모델을 포함하는데, 다자가 참여하는 네트워크에서 컴플라이언스 비용과 수탁 책임의 위임에 초점을 맞추어야 한다. 블록체인 솔루션의 지속성을 보장하는 비즈니스 모델을 개발하는 것은 기술적 통찰력과 비즈니스 설계에 대한 고려 사항만큼이나 중요하다. 따라서 기업은 경쟁에 뛰어들기 전에 블록체인 비즈니스 모델들이 가진 사안 자체를 검토해야 한다.

비즈니스 모델의 고려 사항

블록체인 비즈니스 모델에서는 다음과 같은 사항을 고려해야 한다.

- 비용과 리스크
- 기업의 핵심 역량과 생태계에서의 역할
- 공동 창조 요소로 새로운 비즈니스에 이르는 방안
- 기업의 전환과 업계의 파괴
- 경쟁 대 협력

블록체인 업계(비즈니스와 기술 주도 세력들)는 비허가형(또는 퍼블릭 원장) 세

---

06 직원이 퇴사하면 일반적으로 HR 부서에서 해당 직원의 활성화 디렉터리(active directory) 기록을 비활성화해서 기업 데이터에 계속 접근하지 못하게 하듯이, 소프트웨어 접속에 불필요한 권한이 남아있지 않도록 삭제 등 조처를 하는 것이다.

계와 종래의 업계로 분리되는 양상을 보여왔다. 비허가형 세계는 관례에 매달리기를 거부하고 암호화폐 공개와 증권형 토큰 공개, 스테이블 코인과 같은 새로운 비즈니스를 설계하면서 업계를 파괴하는 수많은 혁신을 계속해서 일으켰다. 종래의 업계는 업계를 전환하거나 파괴를 완화하려고 탐색 차원에서 기술을 채택했을 수도 있다. 어떤 경우이건 간에 블록체인 네트워크 비즈니스가 번성하려면 경제 모델이 필요하다.

비허가형이라는 파괴적 세계에 기술 투자와 인재가 몰리고 있으며 인센티브 경제학이 주는 매력으로 인해 시장 시너지가 일어나고 있다. 예를 들면, 대부분의 암호화폐 공개(주식형과 유틸리티 토큰 간에 구분 없이)는 토크노믹스(Tokenomics)[07]에 의존하는데, 이는 네트워크에서 가치가 생성되는 경제 시스템을 말한다. 기본적으로 시스템이나 네트워크는 제공자와 소비자를 위한 플랫폼을 만들거나 혹은 비즈니스 모델 내에서 자치하는 가치 네트워크를 공동 창출하거나 해서 가치의 척도(unit of value)를 만들어 낸다. 또한, 모든 이해관계자에게 혜택이 돌아가는 보상에 대해 생성·분배·공유를 촉진함으로써 다양한 개체가 네트워크를 자신에게 유리하게 활용하도록 권한을 위임한다.

허가형 네트워크는 모든 이해관계자에 대해 유익한 보상이 생성·분배·공유되는 개념을 도입한 플랫폼에 기업과 단체가 참여하도록 올바른 인센티브와 경제 모델을 찾아야 한다. 제품 카탈로그[08]와 레거시 시스템, 규제, 잠

---

07 토큰(Token)과 경제(Economy)의 합성어로, 사람들로부터 가치를 부여받은 암호화폐가 발행되어 시장에 풀리고, 이를 이용해 서비스나 재화를 거래할 수 있는 경제 활동 생태계가 형성되는 것

08 모든 제품에 대한 공통적이고 표준화된 제품 카탈로그가 블록체인 상에 존재해야 소비자는 구매 활동을 통해, 제조·도매·소매업자는 제품의 공급과 공급망 관리를 통해 토크노믹스를 실현할 수 있다.

재 참여자들 중 의지 부족 때문에 모든 종래의 비즈니스와 업계가 토크노믹스라는 경제적 인센티브를 채택할 수 있는 것은 아니다. 하지만 업계는 가치 창출을 뒷받침하는 적절한 비즈니스 모델의 탐색 여정을 시작하고, 많은 업계에서 파괴적인 세력에 맞서기 위해 절실하게 필요로 하는 현대화해 나가는 것이 반드시 필요하다.

블록체인 비즈니스 모델에 대한 몇 가지 생각을 정리하면 다음과 같다.

- 어떠한 비즈니스 모델을 선택하느냐에 따라 네트워크의 근간이 되는 기술 설계와 플랫폼 선택, 성장 과정에 필요한 탄탄한 설계가 좌우되기 때문에 비즈니스 모델은 중요한 고려 사항이다.
- 비즈니스 모델 설계는 비즈니스 협상과 계약 수단, 비즈니스 활동 즉, 구매와 공유 서비스(shared service)[09], 법률 서비스, 총무에 필요한 플랫폼 또한 제공해야 한다. 마찬가지로, 비즈니스 모델 설계는 블록체인 네트워크 비즈니스를 비즈니스와 기술 운영으로부터 확실하게 분리해야 한다.
- 치밀하게 수립한 블록체인 비즈니스 모델이 비즈니스의 연속성이나 모델 구축을 위한 자금 조달, 전반적 성장으로 이어지는 중요한 길(방안)을 제공해야 한다. 그리고 비즈니스 네트워크의 경제 및 재무 구조가 블록체인 기술의 신조에서 힘을 얻어 전반적 성장을 견인해야 한다.
- 잘 구성한 비즈니스 설계는 일부 네트워크 참여자와 경쟁 관계에 있는

---

09 외부 고객을 만족시키면서 회사의 가치를 높인다는 공통의 목표 아래 다양한 내부 파트너에게 더욱 높은 수준의 서비스를 제공하기 위해 회사 전체에 산재하여 있는 반복적인 활동을 수행하는 자원을 한 곳으로 집결하는 것으로 재무와 정보 시스템 관리, 인사 관리 외에 법무, 홍보 업무가 주로 이관되어 독립적 조직으로 운영된다.

다양한 개체 간에 균형을 되찾아 주고 매끄러운 상호 작용을 촉진하며, 다른 네트워크 참여자와 협력하고 공동 창조에 나서는 필요성을 정당화 해야 한다. 블록체인 네트워크에서 공동 창조라는 요소는 블록체인 네트 워크의 비즈니스를 성장시키고 지속성을 유지하는 데 필수적이다.

■ 블록체인 비즈니스 네트워크는 그 자체로도 비즈니스가 될 수 있다. 공 동 창조와 새로운 시너지를 촉진하는 플랫폼은 정해진 서비스 수준 협약서 (SLA, Service Level Agreement)에 따라 관리 및 운영되어야 하며, 새로운 참 여자를 끌어들이고 네트워크의 창립자와 기존 참여자가 누리는 믿음이나 비즈니스상 편익을 유지해 주는 견실한 거버넌스 구조를 갖추어야 한다.

허가형 또는 특정 업계의 블록체인 네트워크에서 고려하고 있는 것 중에 는 다음과 같은 다양한 비즈니스 모델이 있다.

■ 조인트 벤처
■ 컨소시엄
■ 신규 법인(NewCo)[10]
■ 비즈니스 생태계
■ BOO(Build-own-operate, 민간 투자 사업)[11] 방식 또는 창립자가 주도하는 네

---

10 신규 법인은 자회사에서 분사(Spin-Off)한 기업이나 스타트업, 자회사가 사명을 최종으로 결정하기 전에 부르는 보통 명칭, 혹은 합병 예정인 회사가 기존의 회사와 이름이 똑같을 수도 있기 때문에 양쪽을 구별하기 위해 쓰는 일반적인 명칭이다.

11 프로젝트 시행자가 필요한 자금을 조달하고 완공 후 일정 기간 운영권을 갖는 방식으로, 투자금을 마련해 야 하는 어려움이 있지만, 운영을 통해 기존보다 높은 수익을 기대할 수 있다는 장점이 있다.

그림 4.2 블록체인 네트워크 비즈니스 모델의 네 가지 유형

창립자 주도형 네트워크
한 회사가 초기 프로젝트를
이끌어 나가기 시작하면서
다른 회사들도 네트워크에
참여한다.

조인트 벤처 네트워크
둘 이상의 회사가
조인트 벤처를 설립해
초기 네트워크를 통치한다.

컨소시엄 네트워크
특정 업계 또는 분야에서
초기의 네트워크와 거버넌스를
통치하는 컨소시엄이다.

비즈니스 생태계
다양한 업계 또는
분야를 망라하는
컨소시엄 네트워크이다.

트워크

- BOOT(Build-own-operate-transfer)[12] 방식 또는 컨소시엄 구성원이 주도하는 네트워크

조인트 벤처

조인트 벤처(JV, Joint Venture, 합작 회사)는 둘 이상의 당사자가 경제 활동을 함께 맡아 수행하려고 만든 계약 구성체를 의미한다. 조인트 벤처 구조에서 둘 이상의 당사자는 법인 설립에 동의하고 지분 출자 및 다른 형태의 투자로 자금을 지원할 수 있으며 기업의 매출과 운영 비용, 운영 관리(특정 임무나 과업을 수행하기 위해 위임된 권한)를 공유한다.

- **장점:** 회사들이 새로운 전문성을 쌓고 시장을 개척할 수 있으며 비슷한 사업체와 리스크 모델을 각자 발전시키면서 공유하는 역량이 생긴다.
- **단점:** 회사 간에 기술과 투자 등 역량에 편차가 존재해 운영에 불균형이 일어나고 의사 결정이 어려울 가능성이 있다.
- **블록체인 기술의 선택과 도입 여파:** 일부 기능은 중앙화되고 트랜잭션 처리는 탈중앙화된 준탈중앙화(semi decentralized) 네트워크가 적절하다. 비즈니스의 거버넌스는 조인트 벤처에 있기 때문에 일부 시장 참여자에게는 조인트 벤처와 경쟁한다는 인식이 생겨 방해될 수 있다.

---

12 사업자가 시설을 완공하고 일정 기간 시설을 소유·운영해 투자비를 회수한 뒤 시설을 국가 등에 이전하는 방식

컨소시엄

컨소시엄은 일반적으로 특정 업계의 비즈니스에 참여해 공동으로 활동하는 둘 이상의 조직들이 결성하는 협회나 조합이다. 그럼으로써 업계 플레이어 간에 공통 목표를 달성하고 시너지를 창출하게 된다. 컨소시엄에서는 참여자마다 별도의 법적 지위를 보유한다. 회원끼리 연대해서 컨소시엄의 활동과 내규, 계약을 관리하는 컨소시엄 통치 기구를 만들 수도 있으며, 다양한 계약상의 장치들이 회원 간에 개입하곤 한다.

- **장점:** 업계가 진화하면서 명시된 계약 조건을 유연하게 변경할 수 있다. 비즈니스상의 장점으로는 과세와 규제 준수 이행, 자치 확보를 위한 업계의 공감대 형성 등이 있다.
- **단점:** 책임 소관과 불이행 문제가 있다.
- **블록체인 기술의 선택과 도입 여파:** 준탈중앙화 혹은 완전탈중앙화 네트워크가 적절하다. 일부 기능은 중앙화되고 트랜잭션 처리는 탈중앙화될 수 있다. 자치 규칙을 부과하거나 거버넌스를 위한 합의 메커니즘을 채택해 거버넌스가 탈중앙화될 수 있다. 기술 설계가 유연하기 때문에 거버넌스 구조는 진화할 수 있다. 제품 및 서비스, 업계 표준, 규제 요건에 관한 특이점에 따라 업계에 특화된 모델들은 진화할 수도 있다.

신규 법인

신규 법인(NewCo)은 기업과 컨소시엄, 계열사로부터 분사한 회사가 정식 사명을 갖기 전에 부르는 일반 명칭이다. 신규 법인은 완전히 새로운 법인

비즈니스 모델링과 설계

일 수도 있고 아니면 기존의 법인들로 구성된 합병 법인일 수도 있다.

- **장점:** 회사들이 새로운 전문성을 쌓고 시장을 개척할 수 있으며 각자 발전시켜 나갈 수 있는 재량이 있다. 또한, 모기업이 외부 위험에 노출될 여지가 제한된다.
- **단점:** 역량과 투자가 부족하고 신규 법인을 지탱하는 기반이 약할 수 있다.
- **블록체인 기술의 선택과 도입 여파:** 준탈중앙화된 네트워크 혹은 일부 경우에는 블록체인의 핵심 신조는 무시하고 블록체인 기술의 장점 중 일부만을 차용하는 중앙 네트워크가 적절하다. 이 모델에서 일부 측면은 중앙화되고 트랜잭션 처리는 탈중앙화될 수 있다. 비즈니스의 거버넌스는 신규 법인에 있기 때문에 일부 시장 플레이어한테는 신규 법인과 경쟁한다는 인식이 생겨 방해될 수 있다.

비즈니스 생태계

일반적으로 비즈니스 생태계는 플랫폼적인 사고방식을 기존 조직들의 네트워크가 포함된 모델과 결합함으로써 한층 번창하게 된다. 기존 조직들은 고객에게 독특한 가치 제안을 제공하기 위해 공동 창조를 촉진하고 비즈니스 모델들을 결합하는 환경을 만들어 그 속에서 새로운 비즈니스 기회를 포착하려고 한다. 그중 한 가지 사례가 공급자와 유통업자, 고객, 경쟁자, 정부 기관, 인접 산업을 포함하는 마켓 플레이스로, 협력과 경쟁을 동시에 벌이면서 독특한 가치 제안을 제공한다.

- **장점:** 업계가 진화하면서 명시된 계약 조건을 유연하게 변경할 수 있다. 비즈니스상의 장점으로는 과세와 규제 준수 이행, 자치 확보를 위한 업계의 공감대 형성 등이 있다.
- **단점:** 책임 소관과 업무상 책임, 호감, 불이행 문제가 있다.
- **블록체인 기술의 선택과 도입 여파:** 완전히 탈중앙화된 네트워크로 설계할 수 있다. 자치 규칙을 부과하거나 거버넌스를 위한 합의 메커니즘을 채택해 비즈니스 생태계의 거버넌스가 탈중앙화될 수 있다. 기술 설계가 유연하기 때문에 거버넌스 구조는 진화할 수 있다. 운영과 서비스 수준 협약, 전반적인 플랫폼 관리는 중앙시스템을 통해 이루어져야 한다.

BOO 또는 창립자가 주도하는 네트워크

BOO(민간 투자 사업) 방식은 주로 공공과 민간의 파트너십(PPP, Public-Private Partnership)[13]으로 채택한다. PPP에서 민간은 건물이나 시설을 구축·소유·운영하며 공공은 세금 감면과 사업권 부여, 거버넌스, 기타 지원의 형태로 기여할 수 있다. 이 모델들은 허가형 세계에서는 다를 수 있다. 허가형 세계에서는 창립자와 업계 리더가 네트워크를 구축·소유·운영하고 업계의 지형을 자신에게 유리한 방향으로 만들어 갈 수 있다.

- **장점:** 창립자는 업계에서 확고한 리더십 기반을 다지고 수입원과 인접 영역의 비즈니스 모델 확보 같은 네트워크의 잔존 가치(residual value)[14]를 누

---

13 민간에서 투자·구축하고 공공에서 이용에 따른 대가를 보장하는 방식의 민관 협력 모델로, 도로·철도·발전소·공원·병원·공항 등 민간 투자를 유도할 수 있는 인프라 및 공공 서비스 분야를 대상으로 한다.

14 어떤 자산이 다른 목적에 전혀 사용될 수 없을 때 자산을 처분함으로써 취득할 수 있는 가치

비즈니스 모델링과 설계

리게 된다.

- **단점:** 사내 임원들과 내부 비즈니스 생태계로부터 지원을 구하기 위해 최우수 인재 채용과 자본 지출, 기업의 지원 자원에 있어 막대한 투자가 필요할 수도 있다.

- **블록체인 기술의 선택과 도입 여파:** 준탈중앙화된 네트워크 혹은 일부 경우에는 블록체인의 핵심 신조는 무시하고 블록체인 기술의 장점 중 일부만을 차용하는 중앙 네트워크가 적절하다. 이 모델에서 일부 측면은 중앙화되고 트랜잭션 처리는 탈중앙화될 수 있다. 비즈니스의 거버넌스는 창립자가 관리하는 네트워크의 운영에 있기 때문에 일부 시장 플레이어한테는 창립자와 경쟁한다는 인식이 생겨 방해될 수 있다.

BOOT 방식 또는 컨소시엄 구성원이 주도하는 네트워크

BOOT(Build-Own-Operate-Transfer)는 프로젝트 파이낸싱의 형태라기보다는 일종의 비즈니스 구조다. 이 모델에서 사업 주체는 대개 특혜나 자금 지원(프라이빗이든 퍼블릭이든)을 받아 일련의 비즈니스와 허가 계약에 명시된 목적에 따라 프로젝트(시설이나 비즈니스 네트워크)를 설계·구성·소유·운영한다. 그 후 시설이나 비즈니스 네트워크는 다른 주체에 넘어가고 창립 주체는 시설이나 비즈니스 네트워크를 운영하는 비즈니스의 가치를 활용하기 위해 경매 절차를 진행할 수 있다.

- **장점:** 비즈니스 가치의 이전에 따른 잠재력 때문에 투자 방안의 개발이 가능하다. 업계의 진화에 따라 모델도 유연하게 변화한다.

- **단점:** 블록체인 네트워크와 인접 서비스가 비즈니스 모델 그 자체다. 이러한 방식은 기술 및 비즈니스 설계에 대한 성숙도 문제와 채택으로 인해 위험 부담이 높아질 수 있다.
- **블록체인 기술의 선택과 도입 여파:** 준탈중앙화된 네트워크 혹은 일부 경우에는 블록체인의 핵심 신조는 무시하고 블록체인 기술의 장점 중 일부만을 차용하는 중앙 네트워크가 적절하다. 이 모델에서 일부 측면은 중앙화되고 트랜잭션 처리는 탈중앙화될 수 있다. 비즈니스의 거버넌스는 창립자가 관리하는 네트워크의 운영에 있기 때문에 일부 시장 플레이어한테는 창립자와 경쟁한다는 인식이 생겨 방해될 수 있다.

Chapter 4 요약

기업에서 블록체인을 채택하게 되는 경위를 정의할 때 주요한 고려 사항은 한 가지 이용 사례로 초점을 좁힌 다음, 기존의 비즈니스에서 불필요한 부분을 없애고 블록체인 패러다임에 압축해 넣는 것이다. 즉, 비즈니스와 기술 모델을 동시에 개발한다는 의미가 담겨 있다. 특히, 업계와 기업 양쪽에 영향을 미치는 한 가지 이용 사례를 발굴해 비즈니스와 기술상의 통찰력을 해당 문제 영역에 적용해야 한다. 그 결과로 컴플라이언스·감사 기업 통합에 필요한 요건을 갖춘 세심하게 기획된 비즈니스 아키텍처와 기술 청사진이 완성된다. 이러한 활동에서 가장 중요한 점은 블록체인 솔루션의 비용과 경제적 존속 가능성에 영향을 미치는 장애물과 도전 과제, 문젯

거리를 발견해서 이들을 해결할 수 있는 채택 모델을 발굴하는 데 여러분의 시간과 에너지를 쏟는 것이다. 따라서 사업 영역에 관한 적절한 전문성과 블록체인 기술 전문성도 함께 갖추어야 한다. 그 결과로 얻게 되는 산출물과 블록체인 개러지(garage)[15] 참여로 얻는 부산물은 블록체인의 사회화나 최초의 블록체인 프로젝트를 위해 경영진의 스폰서와 자금이 필요한 비즈니스에 청사진을 제공하는 데도 대단히 중요하다.

하지만 항상 이러한 활동만으로는 충분하지 않다. 허가형 네트워크는 모든 이해관계자에게 유익한 보상이 생성·분배·공유되는 개념을 바탕으로 삼는 플랫폼에 기업의 참여를 유도하기 위해 적절한 인센티브와 경제 모델을 발굴하는 여정을 떠나야 할 수도 있다

모든 종래의 비즈니스와 업계가 토크노믹스의 경제적 인센티브를 맹목적으로 채택할 수는 없다. 하지만 오늘날 대부분 업계에서 파괴적인 세력을 물리치기 위해 절실하게 필요로 하는 가치 창출을 뒷받침하고, 현대화 노력을 확대해 나가는 적절한 비즈니스 모델의 탐색 여정을 떠나는 일이 반드시 필요하다. 블록체인 네트워크의 거버넌스에는 다자가 참여하는 네트워크에서 컴플라이언스 비용과 수탁 책임에 따르는 위임을 바탕으로 하는 다양한 인센티브 경제 모델이 포함된다. 블록체인 솔루션의 지속성을 보장하는 비즈니스 모델을 개발하는 것은 기술적 통찰력과 비즈니스 설계에 대한 고려 사항만큼이나 중요하며, 블록체인 비즈니스 모델들 자체가 가진 사안에 대해 신중하게 분석하려는 시도이기도 하다.

---

15 IBM은 블록체인을 활용해 신규 비즈니스를 개발하는 공간인 IBM 클라우드 개러지(garage) 네트워크를 전 세계 중 9곳에 두고 있다. 기업 고객이 참여해 IBM의 기술 솔루션디자인 등을 융합하고 컨설팅 교육 지원을 받으며 새로운 비즈니스를 창출할 수 있는 실험 공간이다.

블록체인
네트워크의
거버넌스 구조
개발하기

구조가 잘 갖추어진 거버넌스는 비즈니스를 성공시키는 데
핵심적인 요소로 업무 실행과 문화에 있어 우수성을 이끌어 낸다.

_ 자이 싱 아룬(Jai Singh Arun)

거버넌스는 어떤 시스템에서는 공공의 이익과 공정성을 담보하는 참여 규칙(rules of engagement)[01]과 관계가 있다. 또 다른 시스템에서는 규칙과 의사결정에 관한 내용이기도 하다. 아마도 당연한 소리로 들리겠지만 규칙이 있으면 규칙에 대한 예외 또한 있게 마련이다. 따라서 거버넌스는 의사 결정을 조율하는 일로 인해 다양한 방식으로 나타난다. 예를 들면, 합의는 신용 시스템에 경제적 인센티브를 도입해 거버넌스가 이루어지도록 하며, 일부 경우에는 평판 시스템을 합의와 혼용해서 참여자 사이에 데이터의 무결성을 보장하기도 한다.

자치 구조이든 준자치 구조이든 간에, 블록체인 비즈니스 네트워크의 거버넌스는 참여자가 동의한 종합적인 규정을 정의하는 것으로, 규정에는 네트워크가 끊김 없이 설계·개발·테스트 적용 운영될 수 있도록 신뢰와 투명성, 통제, 조정을 보장하는 내용을 담고 있다. 그림 5.1은 거버넌스에 영향

---

01 군대에서는 교전 규칙이라고도 한다. 도발적으로 여겨질 수 있는 무력이나 행동을 적용할 수 있는 환경·조건·정도·방식 등을 정의하는 규칙 또는 지시를 말한다.

그림 5.1 블록체인 기반의 비즈니스 네트워크 전반에 걸쳐 있는 거버넌스

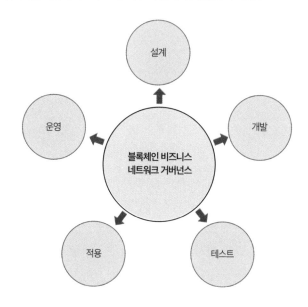

을 미치는 상호 작용을 보여 준다.

   허가형 네트워크에서 거버넌스는 네트워크 설계에서 한 부분으로 포함되어야 하는 설계의 필수 요건이다. 거버넌스는 생태계와 멤버십이 변경됨에 따라 함께 바뀌고 비즈니스 모델의 변화에도 대응할 수 있을 정도로 유연하게 생성, 발전하는 체계를 갖춰야 한다. 기술 구성은 거버넌스 구조의 동적인 성향을 뒷받침하며, 네트워크 참여자가 전체 의사 결정에 이르는 과정에서 변화를 가장 적게 미치는 쪽을 택해야 한다. 거버넌스는 블록체인의 하나부터 열까지 모두 관련되어 있기 때문에 지속적인 네트워크가 되기 위해 필요한 핵심 요소라고 할 수 있다.

거버넌스라는 주제는 프로세스와 정치 전선 양쪽에 걸쳐 공통된 도전장을 던진다. 우리는 블록체인 네트워크에서 이들 도전 요소와 거버넌스 구조의 내막까지 쉽게 파악해 볼 수 있다. 거버넌스 모델에는 자치 네트워크부터 컨소시엄 형태의 준자치 거버넌스 구조까지 있다. 블록체인 기반 비즈니스 네트워크의 의제를 뒷받침하는 적절한 거버넌스 모델을 찾는 일은 기회이자 동시에 도전이다. 실제로 블록체인 맥락에서 보면 거버넌스는 흥미로운 역설을 보여 준다.

한 가지 예시로 자치적 성격을 띠며 검열에 저항적인 블록체인 기반의 가치 네트워크를 살펴보겠다. 통제 포인트와 경제적 인센티브로 네트워크의 거버넌스 구조가 정해지고 트랜잭션의 완결성을 기준으로 네트워크 기반의 조정과 의사 결정 사이에 균형을 맞추게 된다. 이러한 탈중앙화된 네트워크의 합의 알고리즘은 분산된 거버넌스 구조를 나타내, 입력값(트랜잭션을 위한 초깃값 설정)이 다양한 이해관계자(자산 소유자와 배정 혹은 위임된 소유권, 단순 권한 위임)로부터 전달된다. 이 값은 네트워크 기반의 탈중앙화된 일련의 처리 과정을 거친 트랜잭션으로 이루어져 있으며, 결괏값은 의사 결정에 관한 것으로 트랜잭션의 완결성이라는 형태를 취한다.

거너번스 구조는 고안된 경제적 인센티브를 바탕으로 삼는데, 합의 알고리즘이 주도하고 네트워크를 통치하는 시스템이다. 따라서 거버넌스 구조는 법률이나 규정을 만들어 시스템에서 구속력 있는 결정을 내릴 책임이 전적으로 있는 중앙 주체 또는 탈중앙화된 주체로 정의된다.

비트코인과 라이트코인 등으로 운영되는 암호자산 기반의 비허가형 네트워크에서 볼 수 있듯이, 블록체인이 처음 만들어졌을 때는 인센티브와 조정 기구로 이루어진 기술 기반의 시스템적 거버넌스에 의존했다. 하지만 이러한 종류의 거버넌스는 블록체인 기술의 신조를 이용하려는 기업용 비즈니스 네트워크에는 새로운 도전을 제기한다. 대체로 통제를 받고 허가형 블록체인 모델에 의존하는 기업 세계에서 견제와 균형 시스템은 경쟁 관계에 있는 개체 간의 트랜잭션 때문에 복잡해지는데, 그들은 흔히 통제되는 데이터를 활용하고 수탁 책임(fiduciary responsibility)[02]을 진다. 그러한 모델은 유형의 인센티브나 시스템상에서 발생한 인센티브(암호화 자산)를 처리할 수 없거나, 프라이버시와 기밀성 문제 때문에 네트워크 전체에 걸쳐 일어나는 조정 기구를 가질 수 없다.

시장을 구분해서 보자면 기업의 관심사는 기술 파악과 생태계의 재해석, 비즈니스 네트워크, 규제 준수, 기밀성과 프라이버시, 업계 네트워크에 영향을 미치는 비즈니스 모델에 있어야 한다. 이러한 환경에서 거버넌스 구조는 흥미진진한 도전이자 훈련이 필요한 새로운 분야(discipline, 규율)이기도 하다. 실제로 기업 블록체인에서 완전탈중앙화와 준탈중앙화, 완전중앙화 네트워크 등 다양한 선택지가 있지만, 구체적인 선택은 언제나 거버넌스 구조에 달려 있다. 거버넌스 구조와 지형이 기업 블록체인 네트워크의 상호 작용 모델과 네트워크의 성장 방식(중앙 또는 탈중앙형), 기술 설계, 전반적인 비즈니스 운영을 결정한다. 그림 5.2는 비허가형 네트워크와 허가형 기업용 네트워크 간의 차이점을 설명한다.

---

02 일을 맡긴 사람의 이익을 위해 성실하고 공정하게 직무를 수행하는 것

그림 5.2 비허가형과 허가형 기업용 네트워크 간의 차이점

비허가형 네트워크		허가형 기업용 네트워크
탈중앙화와 개방형 혹은 자치, 투명성 원리에 기반한 경제 시스템의 설계 및 구현		기술 주도형으로 생태계와 비즈니스 네트워크, 규제 준수, 기밀성과 프라이버시, 비즈니스 모델을 재해석
실제 가치를 갖는 암호자산 구현		기존의 비즈니스 프로세스에 블록체인을 이식
혁신적인 기술 솔루션 구축	VS.	빠르게 결과가 나오는 개념 증명(PoC) 구현
탈중앙화와 탈중개화가 핵심		공통된 경제적 인센티브를 개발함에 있어 기존의 중재자와 중앙기관을 포함시킴
경제에 기반한 인센티브		컨소시엄에서 정의한 인센티브와 벌칙
네트워크의 자가 관리 및 조정		컨소시엄에서 정의한 준자치 거버넌스 구조

디지털 트랜잭션 플랫폼으로서 블록체인 기반 비즈니스 네트워크는 새로운 가치 및 시너지의 공동 창출을 촉진하는 잠재력이 있다. 정해진 서비스 수준 협약으로 운영되는 관리형 플랫폼으로서, 새로운 참여자를 끌어들이고 창립자와 기존 참여자에게 확신을 심어주며 그들이 비즈니스상의 이점을 계속 누릴 수 있는 탄탄한 거버넌스 구조를 갖는다. 또한 블록체인 네트워크 운영에서 다양한 측면을 감독하는 비즈니스 모델 및 거버넌스 구조와 긴밀한 의존 관계가 형성돼 있다. 치밀하게 수립한 블록체인 네트워크의 거버넌스 구조는 비즈니스의 연속성이나 모델 구축을 위한 자금 조달, 전반적 성장으로 이어지는 중요한 길(방안)을 제공한다. 그리고 비즈니스 네트워크의 경제 및 재무 구조와 블록체인 기술의 신조가 이러한 성장을

견인하고 힘을 실어준다.

거버넌스 구조와
지형

           오로지 인센티브와 네트워크의 조정에 의존하는 시스템적 거버넌스는 상당히 구조화되고 규제를 받는 업계나 이용 사례에 도입하기가 적절하지 않다. 이런 이유로, 잘 알려지고 검증된 기존 사례를 따르는 거버넌스 구조와 지형을 우리 마음대로 정의했다. 그 결과로 나온 모델은 모듈 방식[03]으로 되어 있으며 계속 업그레이드할 수 있지만, 다양한 참여자의 역량의 편차로 인한 우려를 분산시켜 주는 계층 또한 마련했다.

   여기서 목표는 블록체인 설계의 핵심 신조에서 영감을 얻은 단순한 거버넌스 프레임워크를 정의하는 것이고, 게임 이론과 인센티브, 벌칙, 유연성, 위임, 네트워크의 조정 기구 원리를 아우르는 거버넌스 모델을 구체화하는 것이다. 이 프레임워크는 신뢰 네트워크에 블록체인 기술을 활용하며, 블록을 생성하고 코인으로 보상받는 채굴자와 일반 사용자 사이에 구분을 없앤다. 동시에 기술 업그레이드와 보안 업데이트를 장려하고 정해진 규칙을 따르지 않는 시스템과 노드에 불이익을 주는 참여 규칙을 강제 시행하며, 비슷한 비즈니스 네트워크의 참여 규칙도 포함한다. 인센티브 메커니즘은 블록체인 기반의 비즈니스 네트워크의 회원사들이 지속적으로 참여해 비

---

03 하나의 시스템을 구축할 때 독자 기능을 가지는 여러 개의 모듈로 나뉘도록 설계하는 방식

그림 5.3 블록체인 비즈니스 네트워크의 거버넌스 분야

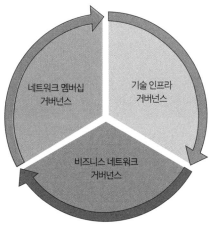

효율적인 네트워크 운영을 보장하는 분야로, 참여자의 가입(참가 권한 부여)과 탈퇴(참가 권한 삭제), 허가, 지원 서비스, 리스크, 참여자의 활동에 기반해 공정하게 분배하는 비용 구조가 포함된다.

네트워크 멤버십 거버넌스

기술 인프라 거버넌스

IT 인프라와 자원, 성능, 보안, 비용 구조, 관련 리스크에 중점을 두는 분야

비즈니스 네트워크 거버넌스

업계별 그리고/또는 이용 사례별 다중 조직의 운영 구조를 주도하는 분야로, 비즈니스 모델과 공유 서비스, 비용, 인센티브, 컴플라이언스, 규제 등이 포함된다.

즈니스 성과를 올리고 성장을 거둘 수 있게 해 주는 것을 목표로 삼는다. 이러한 거버넌스 모델은 비즈니스 네트워크에서 참여를 통치하고 참여 활동에 따라 네트워크 회원사들에 비용을 공정하게 분담시키는 구조를 갖는다.

블록체인 비즈니스 네트워크를 이루는 세 가지 주요 빌딩 블록은 그림 5.3에 나와 있듯이 기술 인프라 거버넌스와 네트워크 멤버십 거버넌스, 비즈니스 네트워크 거버넌스다.

네트워크 멤버십 거버넌스

효율적인 네트워크 운영을 보장하는 분야로, 참여자의 가입(참가 권한 부여)과 탈퇴(참가 권한 삭제), 허가, 지원 서비스, 리스크, 참여자의 활동에 기반

거버넌스 구조와 지형

해 공정하게 분배하는 비용 구조가 포함된다.

기술 인프라 거버넌스

기술 인프라 거버넌스는 IT 인프라와 성능, 비용 구조, 기술, 비즈니스 관련 리스크에 중점을 두는 분야다. 비즈니스 전략과 기술 인프라 및 서비스가 조직 차원에서 정렬되도록 하기 위해 협업 툴과 프로세스, 방법론이 여기에 포함된다.

기술 인프라 거버넌스의 목표는 블록체인 비즈니스 네트워크의 목표를 뒷받침하고 맞추며 보완하는 것이다. 중앙형 개체와는 달리 블록체인 네트워크에서는 이러한 임무가 어려울 수 있다. 왜냐하면 거버넌스 프레임워크는 참여자 사이에 필요한 행동을 장려하기 위해 책임 프레임워크를 구체화하는 작업에 중점을 두어야 하기 때문이다. 이러한 환경에서 인프라의 적용과 운영을 가능하게 하는 IT 인프라의 기능은 블록체인 네트워크의 기본 계층으로 정의된다. IT 서비스 관리 국제 표준인 IT 인프라 라이브러리(ITIL, Information Technology Infrastructure Library)[04]와 거버넌스·리스크·컴플라이언스(GRC, Governance, Risk and Compliance)와 같은 많은 모범 사례의 프레임워크는 블록체인 네트워크를 구축해서 블록체인에 특화된 기술 거버넌스 구조를 갖추는 데 필요한 토대를 이미 갖추고 있다.

어떠한 기술 설계든 기술과 인프라와 관련한 선택에서는 다양한 참여자를 수용할 수 있도록 유연성을 발휘해야 한다. 블록체인 네트워크는 일반

---

04 IT 서비스가 비즈니스 핵심 프로세스를 지원하도록 만드는 데 목적이 있으며, 서비스 전략 디자인 트랜지션(변화 관리) 운영 및 지속적인 서비스 향상에 목적을 둔 다섯 가지 관리 베스트 구현 사례로 구성되어 있다.

적으로 특정 수준의 탈중앙화나 준탈중앙화를 목표로 할 것이다. 결국 IT 거버넌스는 유연성과 통제가 모두 분산되어 있는 모델을 수용해야 한다.

기술 거버넌스와 관련된 임무에는 다음과 같은 내용이 포함된다.

1. 탈중앙화된 IT 관리 구조를 고안한다.
2. 소프트웨어와 하드웨어 업데이트, 업그레이드, 경로 관리 등 분산된 (그리고 탈중앙화된) 유지보수를 위한 모델을 고안한다.
3. 컨소시엄과 조인트 벤처, 기타 비즈니스 모델이 주도하는 업계 표준을 사용하는 프레임워크를 고안한다. 업계 표준에는 IT 거버넌스 기반 프레임워크 코빗(COBIT, Control Objectives for Information and related Technology)[05], IT 인프라 라이브러리(ITIL), 국제 표준화 기구(ISO), 소프트웨어 품질 보증 기준(CMMI, Capability Maturity Model Integration)[06], 초도품 검열 보고서(FAIR, First Article Inspection Report)[07] 등이 있다.
4. 업계에 특화한 거버넌스·리스크·컴플라이언스(GRC) 툴을 수립한다.
5. 컨소시엄 자원의 최적화를 실현한다. 기술 제품 구매와 관련된 선택 사항과 공급자·벤더 관계, 서비스 수준 협약 관리, 기술, 인재 관리

---

05 1996년 4월에 ISACA(Information Systems Audit and Control Association)가 발표한 프레임워크로, 기업이 IT 인프라를 보다 효과적으로 관리 감독할 수 있도록 하는 포괄적이고도 실용적인 지침을 제공

06 기존의 소프트웨어 품질 보증 기준으로 널리 사용되고 있는 업무 능력 및 성숙도 평가 기준(CMM)의 후속 모델로, SW 제품 또는 서비스의 개발 획득·유지 보수를 위한 조직의 공정 및 관리 능력을 향상하기 위한 가이드를 제공하려는 데 목적이 있다.

07 생산을 목적으로 하는 부품에 관한 종합적인 검열 보고서로, 부품을 모든 측면에서 측정, 검증한 내용과 엔지니어링 상세 명세, 품질 표준이 포함된다.

가 포함된다.

6. 기술 채택과 리스크 평가를 수행한다. 적용 및 운영상의 리스크를 포함해 기술 진화와 경제적 적용 모델에 뒤처지지 않도록 한다.

7. 네트워크 적용 전략을 고안한다. 이 임무는 애플리케이션의 업그레이드만큼 단순하지는 않다. 기술 및 보안의 계속적인 업데이트와 업그레이드를 장려하고 실행에 옮길 수 있는 모델이 포함된다.

8. 비즈니스 네트워크에 대한 지원 서비스 체계를 마련한다. 거버넌스 모델에는 네트워크 지원 서비스와 IT 서비스 수준 협약 집행, 멤버십 서비스가 포함돼야 한다.

9. 컨소시엄 리스크의 최적화를 실현한다. 여러 요소 중에서도 운용 지원 서비스(OSS, Operational Support Service)와 업무 지원 서비스(BSS, Business Support Service), IT 인프라 연속성 서비스 및 기획, 법률 및 규제 요건에 따른 기술 조정이 포함된다.

IT 거버넌스 모델은 기술 업그레이드와 보안 업데이트를 장려하고 정해진 규칙을 준수하지 않는 시스템과 노드를 대상으로 불이익을 주어 지속해서 참여를 담보하는 인센티브 메커니즘을 만들어야 한다. 그림 5.4는 기술 인프라 거버넌스에서 고려해야 하는 핵심 요소들에 관한 간단한 체크리스트를 보여 준다.

그림 5.4 기술 거버넌스 요소

◆ **기술 인프라 거버넌스 체크리스트**

- ◆ 분산된 IT 관리 구조
- ◆ 분산된 유지보수 모델
- ◆ 업계 표준을 사용하는 프레임워크
- ◆ 자원 최적화
- ◆ 기술 평가와 채택
- ◆ 네트워크 적용
- ◆ 네트워크 지원 서비스
- ◆ 리스크 최적화

네트워크 멤버십 거버넌스

블록체인 네트워크에서 네트워크 거버넌스 모델은 네트워크가 유기적인 성향을 띠며 다양한 비즈니스 관심사를 갖는 생태계 플레이어들로 구성되어 있다는 사실을 반영한다. 본질적으로 네트워크 거버넌스 모델은 중앙화된 비즈니스 개체가 있는 관료적인 구조와는 반대 성격을 지니며, 공통된 비즈니스 목표를 갖는 유연한 생태계다.

이 모델은 네트워크 회원사 대상으로 운영 프레임워크 내에서 비즈니스를 순조롭게 운영하도록 균형을 맞추면서 참여 규칙도 일관되게 시행해야 하는 엄청난 도전이 따른다. 상당수의 컨소시엄 주도형 비즈니스 구조의 경우 네트워크 거버넌스에는 가치와 서비스, 디지털 재화를 창출하는 데 관계하는 자율 개체를 선정하는 작업이 포함될 수도 있으며, 가치의 교환을 조정하고 보호하는 마켓플레이스 메커니즘으로 스마트 계약과 블록체인을 활용할 수도 있다. 따라서 해당 비즈니스 모델은 보상 및 벌칙과 관련하여 정한 참여 규칙 덕분에, 운영 모델의 효율성은 높아지고 참여자 간에 문제 발생은 줄어드는 중요한 역할을 한다.

이들 비즈니스 거버넌스 모델은 비즈니스 네트워크에서의 참가를 통치하고 회원사 간에 참가 활동을 기반으로 비용을 공정하게 분담시키는 비용 구조를 갖는다. 이러한 구조가 자율적이고 비슷한 생각을 하는 비즈니스 개체가 비즈니스 거래와 계약, 가치 창출에 참여하도록 해 준다. 블록체인 네트워크가 순조롭게 운영될 수 있게 하려면 거버넌스 구조에 공정한 행위와 평판 시스템을 조성하는 참여 규칙과 사회 계약이 포함되어 시행될 수 있도록 해야 한다.

네트워크 멤버십 거버넌스에는 다음과 같은 활동이 포함된다.

1. **멤버십 가입과 탈퇴:** 허가형 구조와 핵심 관리 사항에는 다음과 같은 특성이 있는 모델이 포함될 수 있다.

   a. 투표 중심으로 운영하지만, 중앙에서 관리한다.

   b. 회원사가 다른 비즈니스 개체를 네트워크에 가입하도록 초대하는 연합형 구조를 갖는다.

   c. 다른 회원사에 위임할 수 있는 서비스 제공업자가 있는 위임형 구조를 갖는다.

2. 공평하고 공정한 비용 구조

3. 비즈니스 개체가 네트워크에 합류하고 떠날 때를 대비해 컨소시엄 전체에 걸쳐 있는 데이터 소유권 구조를 마련

4. 업계별로 규제 감독 기능을 위해 컴플라이언스 보증 서비스를 제공하는데, 규제 준수와 엄수, 보고를 대표로 수행하는 모델이 포함

5. 네트워크를 위해 분쟁 해결 헌장(charter)을 작성

6. 기술 인프라와 관리의 조정과 방향성 제시

7. 블록체인 비즈니스 네트워크 관리를 위해 비즈니스 네트워크와 서비스 수준 협약 관리

8. **네트워크 지원 서비스:** 비즈니스 네트워크. 거버넌스 모델에는 네트워크 지원 서비스와 비즈니스 네트워크 서비스 수준 협약 집행, 멤버십 서비스가 포함돼야 한다.

9. **네트워크별 리스크 최적화:** 비즈니스 네트워크 지원 서비스 구조에는 비즈니스의 연속성 서비스 및 기획, 법률 및 규제 요건에 따른 네트워크의 정렬 등이 포함된다.

그림 5.5는 네트워크 멤버십 거버넌스에서 고려해야 하는 핵심 요소들에 관한 간단한 체크리스트를 보여 준다.

그림 5.5 네트워크 멤버십 거버넌스 요소

◆ **네트워크 멤버십 거버넌스 체크리스트**

- ◆ 회원사의 가입/탈퇴
- ◆ 공평하고 공정한 비용 구조
- ◆ 데이터 소유권 구조
- ◆ 규제 준수 서비스 제공
- ◆ 허가형 구조
- ◆ 서비스 수준 협약 관리
- ◆ 네트워크 지원 서비스
- ◆ 리스크 최적화
- ◆ 네트워크 운영

거버넌스 구조와 지형

비즈니스 네트워크 거버넌스

블록체인에 기반한 비즈니스 네트워크는 업계별, 이용 사례별로 거버넌스 모델이 필요하다. 이 네트워크들은 또한 전반적인 거버넌스 구조에서 일어나는 변화를 포함해 진화뿐 아니라 업계 자체를 둘러싸고 있는 다양한 측면도 고려해야 한다. 블록체인은 여러 조직을 아우르는 거버넌스를 갖춘 중요한 형태다. 블록체인의 핵심 목표는 운영상의 효율성을 높이고 대행사(중앙형 비즈니스 개체) 때문에 생기는 걸림돌을 줄이는 데 있다. 효율성이 높아지는 원인은 분산된 데이터와 자산 및 가치와 관련된 의사 결정, 신용 시스템과 합의를 통한 탈중앙화된 문제 해결 방식에 있다.

공유 거버넌스(shared governance)라는 용어는 한 업계를 다양한 외부 생태계, 가령 인접한 비즈니스 네트워크와 정부 및 규제 기관 등에 총체적으로 보여 주는 비즈니스 활동을 묘사할 때 흔히 사용한다. 이 집합 표상(collective representation)[08]이라고 하는 것은 비즈니스 프로세스 비용과 차익거래 중개업으로 인한 시장 혜택을 공유하거나 새로운 생태계 플레이어를 유치하는 데 유리하다는 장점이 있다.

비즈니스 네트워크 거버넌스의 한가지 핵심 목표는 서비스 수준 협약과 비즈니스의 핵심 목표를 유지하는 한편 네트워크의 성장을 관리하는 데 있다. 거버넌스 구조에는 네트워크 기능들에 대한 포괄적인 이해가 담겨 있으며 다양한 참여자가 저마다 수행하는 기능들이 합쳐져서 네트워크에 결과로 나타난다. 블록체인 네트워크가 진화하고 성장하며 참여자가 새롭게

---

08 특정 집단 구성원들이 상징과 개념으로 공동의 의미를 나타내는 현상으로, 개인 표상(individual representation)과는 반대되며 집단 구성원의 합의(consensus)라는 개념과 비슷하다.

가입하거나 탈퇴함에 따라 네트워크의 역동성도 바뀌고, 양자간 및 다자간의 관계가 생겨날 수도 있다.

공통 창조(co-creation)라는 개념은 서로 다른 주체(예: 기업과 고객군)가 하나로 모여 서로에게 가치 있는 결과를 함께 창출하는 것이다. 공동 창조에는 직접 고객이나 관찰자(해당 제품의 직접 사용자가 아닌 이들)로부터 나온 아이디어가 독특하게 뒤섞여 있기 때문에 컨소시엄을 구성하는 조직들에 적합한 독창적인 아이디어가 무수히 쏟아져 나오게 마련이다. 이상적으로 말하자면 비즈니스 네트워크의 거버넌스는 새로운 비즈니스 모델을 채택함으로써 비즈니스 네트워크의 전환을 도모하려고 생태계 간에 성장의 균형을 맞추고 시너지를 개발하도록 요구할 것이다.

비즈니스 네트워크 거버넌스와 관련된 신조에는 다음과 같은 사항이 포함된다.

- **커뮤니케이션과 통보:** 네트워크와 관련된 헌장과 커뮤니케이션
- **트랜잭션 비용의 통합과 규모의 경제:** 고객 확인 제도(KYC)와 감사, 보고, 네트워크 운영, IT 인프라, 간소화된 비즈니스 프로세스처럼 공통으로 공유하는 서비스의 관리
- **비즈니스의 서비스 수준 협약:** 품질 보증과 성능, 네트워크 보안
- **유리한 교환 조건:** 디지털 자산의 무결성과 자산의 특유성(specificity)[09], 수요와 공급의 불확실성, 제품과 비즈니스 네트워크의 진화

---

09 자산이 다른 조직에서는 효용이 없다는 이전 불가능성을 뜻하며, 자산의 특유성이 높을수록 굳이 다른 조직과의 거래가 불필요하고 따라서 더욱더 내부 조직화가 이루어지게 된다.

거버넌스 구조와 지형

- **집합 표상:** 업계별 컴플라이언스에 대한 법적 및 규제 프레임워크 시행
- **구조적인 배태성(structural embeddedness)[10]:** 네트워크에서 자산과 가치를 신뢰 기반으로 이동하는 데 필요한 업계별 요건 준수
- **연합형 거버넌스 프레임워크:** 프레임워크와 헌장, 기술과 네트워크 멤버십 거버넌스 프레임워크의 집사 역할
- **비즈니스 구조:** 네트워크 비즈니스를 운영하기 위해 적절한 비즈니스 모델과 법률 헌장, 참여 규칙을 수립

그림 5.6는 비즈니스 네트워크 거버넌스에서 고려해야 하는 핵심 요소에 관한 간단한 체크리스트를 보여 준다.

그림 5.6 비즈니스 네트워크 거버넌스 요소

◆ **비즈니스 네트워크 거버넌스 체크리스트**
- ◆ 네트워크 헌장과 관리
- ◆ 공통/공유하는 서비스 관리
- ◆ 비즈니스 서비스 수준 협약: 품질 보증, 성능, 네트워크 보안 관리
- ◆ 비즈니스 교환 조건 관리
- ◆ 업계별 요건, 법률 및 규제 준수
- ◆ 비즈니스 운영 구조

기업용 블록체인 세계에서 거버넌스 구조를 개발한다는 것은 도전에 가까운 일이자 새로운 훈련이 필요한 분야이기도 하다. 완전히 탈중앙화되고

---

10   배태성(embeddedness)은 개인들이 서로 긴밀하게 연결되어 있다는 것을 의미한다. 개인은 자신의 이익보다는 다른 사람에게 비난받지 않고 동의와 지지를 얻는 쪽을 중요하게 생각하기 때문에 제도에 맞게 행동하고, 제도를 선택할 때에도 자기 이익보다는 사회적 정당성에 따라 선택하게 된다.

준탈중앙화된 네트워크로부터 완전한 중앙 네트워크에 이르기까지 선택지의 스펙트럼을 놓고 벌이는 논의는 어떤 거버넌스 구조를 선택하느냐에 달려 있다. 거버넌스 구조와 지형이 기업용 블록체인 네트워크의 상호 작용 모델과 네트워크 성장(중앙 또는 탈중앙형) 방식, 기술 설계, 전반적인 비즈니스 운영을 결정한다. 공동 창조와 새로운 시너지를 촉진하는 플랫폼은 서비스 수준 협약에 명시된 내용을 바탕으로 효율적으로 관리, 운영해야 한다. 또한 새로운 참여자를 끌어들이고 창립자와 기존 참여자에게 확신을 심어주며 그들이 비즈니스상의 이점을 계속 누릴 수 있도록 탄탄한 거버넌스 구조를 갖추어야 한다.

블록체인 네트워크를 운영함에 있어 다양한 측면을 통치하는 거버넌스 구조와 비즈니스 모델 사이에는 긴밀한 의존 관계가 형성되어 있다. 제대로 구성한 거버넌스 모델은 다양한 개체들 사이에 균형과 매끄러운 상호 작용이 이루어지도록 할 것이다. 개체들은 네트워크의 어떤 참여자와는 경쟁 관계에 있고 어떤 참여자와는 협력하고 공동 창조하는 입장에 있게 된다.

본래 블록체인 네트워크는 탈중앙화된 형태를 갖추고 있지만, 거버넌스 구조는 근본적으로 여러분이 블록체인 네트워크에 대해 고려하고 있는 비즈니스 모델(비즈니스 참여자, 성과, 인센티브 등)의 유형에 따라 좌우된다. 4장에서 설명한 대로 조인트 벤처와 컨소시엄, 신규 법인, 비즈니스 생태계, 창립자가 주도하는 네트워크 또는 컨소시엄 구성원들이 주도하는 네트워크가 비즈니스 모델로서 가능한 범위이다.

덧붙여, 거버넌스 모델은 자치나 준자치 형태, 혹은 관리형[11] 오프체인 혹은 온체인 형태일 수도 있다. 오프체인은 거버넌스의 규정과 정책이 블록체인 외부에서 관리되는 것이며, 개발자들이 블록체인 바깥에서 포럼을 운영하면서 수정 제안 사항들과 여론을 수렴해 승인한 후에 이를 블록체인 내에 반영하게 된다. 반면에 온체인은 거버넌스의 규정과 정책이 블록체인 내에서 스마트 계약과 합의 알고리즘으로 관리되는 것이며, 개발자와 사용자, 채굴자가 의사 결정에 공평하게 참여해 주로 투표에 의해서 정책 수립과 수정이 이루어진다.

다음 절에서는 블록체인에서 거버넌스 구조의 사례를 살펴보도록 하겠다. 여기 사례는 글로벌 디지털 공급망 관리 네트워크인 SCTrustNet의 구조를 바탕으로 한다.

SCTrustNet

SCTrustNet 네트워크는 컨소시엄 주도의 기업용 공급망 관리 네트워크 비즈니스 모델에 종단간 가시성과 신뢰, 투명성, 전환을 제공할 목적으로 구축한 것이며, 공급자와 구매자, 은행, 선박 운송 회사, 운송 주선업자[12], 규제 기관(세관, 항만 공사) 등 다양한 참여자로

---

11 기업이 블록체인 운영에 필요한 인프라를 신경 쓸 필요 없이 분산 원장 기술을 사용하는 서비스. 이른바 BaaS(Blockchain as a Service)를 매니지드 블록체인이라 부른다. 대부분 오픈 소스인 이더리움과 하이퍼레저 패브릭을 지원하며, IBM·아마존·마이크로소프트·구글·오라클 등은 BaaS 서비스를 준비 중이거나 이미 시작했다.

12 회사 간 무역 트랜잭션에서 운송료를 받고 물류 운송 서비스를 대행해 주는 회사로 포워더라고도 한다.

구성된다. 그림 5.7에서 볼 수 있듯이 이러한 비즈니스 전환을 통해 공급망 관리 트랜잭션과 네트워크에서 비용과 복잡성, 지연을 줄이는 성과가 나올 것으로 기대한다.

SCTrustNet 네트워크의 거버넌스 구조는 비즈니스 네트워크와 네트워크 멤버십, 기술 인프라 세 가지 주요 영역으로 구성된다. 이들 영역을 하나씩 자세히 살펴보기로 하겠다.

비즈니스 네트워크 거버넌스

공급망 관리 비즈니스에 특화된 법률과 금융 정책, 규정은 비즈니스 네트워크 거버넌스 구조로 통치되고 관리된다. 다음과 같은 사항들이 여기에 포함된다.

그림 5.7 SCTrustNet의 거버넌스 구조

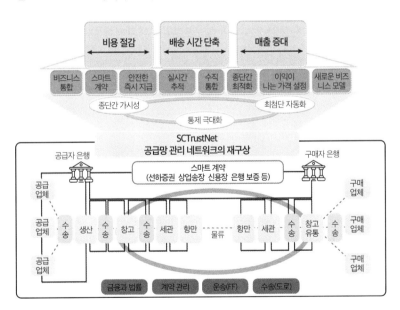

- 통합된 헌장에는 SCTrustNet에서 전체 네트워크의 비즈니스 성과와 참여자의 기여(비용, 자원, 생태계) 및 인센티브(가시성, 통제, 효율성, 금전상의 보상)가 포함된다.

- 합의가 이루어진 비즈니스 모델은 창립 멤버들(공급업체 세 곳, 구매업체 세 곳, 은행 두 곳, 해운업체 한 곳)과 비창립 멤버들(운송 주선업자, 세관 항만 공사)로 이루어진 컨소시엄 주도 생태계다.

- 창립 멤버는 트랜잭션을 최종으로 검증해서 제출 단계로 넘어가기 전에 승인과 정렬할 수 있지만[13] 비창립 멤버는 트랜잭션을 승인만 할 수 있다.

- 구매업체와 공급업체, 은행, 해운업체 간의 비즈니스 계약(구매 주문, 선하증권, 신용장, 은행 보증, 상업송장 등)은 스마트 계약으로 관리된다.

- 서비스 품질에 따른 벌칙을 포함해 보고와 감사, 배송 조회, 자산의 이동경로 추적과 같은 공유 서비스의 서비스 수준 협약은 온체인에 기록된다.

- 국가 간의 무역과 지급 규제, 컴플라이언스 정책은 구매업체와 공급업체 간에 합의한 내용이며 트랜잭션과 신속한 물류처리를 위해 스마트 계약에 추가된다.

- 비즈니스 운영과 보안 원칙은 참여자와 그들 데이터의 프라이버시와 무결성, 성과를 보장하는 것으로, 디지털 공급망 관리 네트워크의 일부를 차지한다.

- 리스크 식별과 완화 정책은 SCTrustNet에 포함된다.

---

13 하이퍼레저 패브릭의 트랜잭션 흐름은 '승인(endorse)-정렬(order)-검증(validate)' 세 단계로 나뉜다. 승인은 해당 트랜잭션이 스마트 계약을 준수한다고 확인하였음을 의미하며 승인자는 이 검증을 완료하기 위해 스마트 계약에 서명한다. 정렬은 원장에 포함될 트랜잭션을 확인하는 절차로 원장의 내용을 제어하고 일관성을 유지한다. 검증은 최종 유효성 검사를 거쳐 유효한 트랜잭션만을 스테이트 데이터베이스에 제출한다.

네트워크 멤버십 거버넌스

네트워크 멤버십 거버넌스는 전반적인 멤버십 관리와 함께 네트워크 참여자와 네트워크 서비스, 관련 활동의 거버넌스를 이끈다. 여기에는 다음과 같은 내용이 포함된다.

- 참여자 유형별 정해진 규정, 기업체가 네트워크에 참여하도록 초대하는 권한, 새로운 공급업체 구매업체 운송 주선업자·은행 해운업체·세관 및 항만 공사의 가입이나 탈퇴
- 블록체인에서 데이터와 트랜잭션(구매 주문과 송장, 선하증권, 신용장)에 대한 접근과 운영 권한
- 참여자의 유형과 역할에 따른 멤버십과 네트워크 참여의 요금 구조
- 추적 및 조회와 구매 주문 처리, 운송 등 탈중앙화된 공유 네트워크 서비스의 관리
- 서비스와 품질 수준을 맞추지 못하거나 SCTrustNet의 헌장을 무시한 데 따르는 벌칙
- 공급망 관리의 신뢰와 투명성을 위해 정확한 시간에 올바른 참여자와 정확한 정보를 공유하는 커뮤니케이션 정책

기술 인프라 거버넌스

기술 인프라 거버넌스에는 다음에 나오는 규정과 규제 사항이 포함된다.

- 블록체인 기술(예: 코다, 이더리움, 하이퍼레저 패브릭) 평가, 선택, 적용(퍼블릭

과 프라이빗 클라우드)

- 블록체인 노드의 설정(분산 장부의 복사본을 갖춘 시스템이 네트워크에 연결)
- 네트워크 서비스를 위한 프로젝트 관리와 테스트, 체인 코드(스마트 계약) 적용(탈중앙화된 애플리케이션)
- 보안과 노드 접속, 공유 서비스의 체인 코드
- 인프라 서비스와 품질 보증, 리스크 관리를 위해 인센티브와 벌칙의 자동 실행
- SCTrustNet 인프라의 운영(서버, 스토리지, 네트워크)
- 기술 변경과 업그레이드, 릴리스 관리
- 높은 가용성과 재난 복구, 비즈니스 연속성 관리
- 용량과 확장성, 성능 관리 정책
- 돌발 상황 관리와 로깅, 모니터링

Chapter 5 요약

블록체인 기반의 애플리케이션 네트워크는 기술 프로젝트를 구현하는 것 이상의 의미가 있다. 우리가 블록체인을 도입한 사례를 지켜본 바에 따르면, 정확한 기술로 제대로만 설계한다면 블록체인의 기술 측면은 성공에 대한 확신을 높여준다. 이러한 성공은 초점의 명확성과 기업의 자원, 통찰력, 조직의 에너지 등이 경영진의 신념과 반드시 정렬되도록 비즈니스 중심의 활동들을 벌여야 가능하다.

제대로 된 이용 사례를 선택하는 일은 비즈니스 모델을 적절하게 파악하고 거버넌스 구조를 정확하게 정의하기 위해 필요하다. 이러한 선택으로 인해 기업이 적극적으로 주도하는 블록체인 프로젝트가 발전할 수 있는 좋은 토대가 만들어지고, 다른 생태계 플레이어들까지 끌어들이는 수단으로 작용하는 등 업계 전체에 영향력을 발휘하게 된다. 그러고 나면 블록체인 네트워크의 공통된 비전과 목표를 향해 매진하게 된다. 이용 사례와 그 결과로 나오는 비즈니스 경제학[14]이 투자 의제를 끌어낸다. 그래서 해당 기업이나 컨소시엄이 공평하고 지속적으로 구현되는 비즈니스 모델, 업계에 특화된 요건을 충족하는 거버넌스 구조를 갖춘 비즈니스 모델에 집중할 수 있게 된다.

블록체인 프로젝트는 창의적이고 전략적인 사고를 아우르며 복잡한 기술 문제를 해결하게 된다. 즉, 블록체인을 적절하게 접목한 이용 사례가 되려면 비즈니스 모델과 기술 청사진을 연결하는 탄탄한 고리가 있어야 한다. 거버넌스 모델은 조정의 규모를 적절히 선택해 비즈니스 모델과 통합해야 한다. 그렇게 함으로써 모든 참여자는 공통된 목표와 네트워크 자원의 공정하고 공평한 사용, 그리고 참여 규칙에 충실할 수 있게 된다.

---

14 일반적으로 기업을 이윤 극대화를 지향하는 경제단위로 보며, 이윤을 극대화하는 판매량, 생산량, 가격을 산출하기 위해 수요, 가격, 생산과정, 원가, 경쟁, 판매 촉진 등을 검토한다.

블록체인
프로젝트를
이끄는 팀
구성하기

생태계에서 공통의 비즈니스 목표를 이루려고
분산된 형태로 혼신을 다하는 팀은 번창하고 성공을 거두게 마련이다.

_ 자이 싱 아룬(Jai Singh Arun)

간단히 말하자면, 블록체인은 탈중앙화된 경제 구조를 통해 의사 결정을 민주화한다. 생태계에 분산된 형태로 존재하는 팀들 사이에 자율성과 동기, 창의력이 발휘되어서 혁신과 민첩함으로 무궁무궁진한 기회를 잡도록 해 준다. 블록체인은 새로운 비즈니스 모델과 생태계, 거버넌스, 조직 구조를 불어넣어 업계를 전환할 것을 기약한다. 이들 비즈니스 요소는 서로의 강점에 크게 의존하지만, 블록체인 네트워크의 성공은 전적으로 이들 각각의 성과에 달려 있다. 따라서 이용 사례를 제대로 선택하고 비즈니스 모델과 거버넌스를 적절하게 정의하며 팀을 적합하게 구성하는 일이야말로 블록체인 네트워크를 성공으로 이끄는 공식이라 하겠다.

　비즈니스 리더는 탈중앙화된 조직 구조를 구성하기 위한 일환으로 최소 기능 생태계(MVE)와 최소 기능 제품(MVP)의 개념을 정의해야 한다. 그러고 나서 여러 기업에 분산되어 공통의 비즈니스 목표를 향해 매진하는 팀의 핵심 역할과 책임을 찾아야 한다. 이러한 접근 방식을 인트라프라이즈 시너지(intraprise synergy, 기업 간 시너지)라고 부른다.

탈중앙화된 경제에서
기업의 구조

대다수의 현대 조직은 현재 경제 구조 하에서 독점 이윤을 차지하려고 안간힘을 쓴다. 그러다 보면 고객에게 제공하는 제품과 서비스의 원가는 높이고 품질은 낮추는 중재자들이 어느덧 우후죽순 생겨나 경쟁 환경이 조성될 수도 있다. 그와 반대로 탈중앙화된 경제는 P2P 거래와 이윤의 공유라는 새로운 패러다임으로 현재 상황에 도전한다. 비즈니스 이용 사례와 업계 프로세스에 블록체인 기술을 채택하는 기업에 모두 이러한 새로운 변화가 적용될 수는 없을 것이다. 따라서 여러분은 중앙화와 탈중앙화, 하이브리드 경제라는 선택지 중에서 조직 구조를 올바르게 선택해야 한다.

중앙화된 구조

중앙화된 구조에서 기업은 비즈니스 네트워크가 가진 파급력과 권한과 함께 법률 정책, 절차, 운영 역량을 결집하는 데 집중한다. 커뮤니케이션과 의사 결정권은 하향식으로 내려온다. 하향식은 의사 결정을 빨리 내리고 원장에서 비즈니스 트랜잭션[01]의 검증과 제출[02]을 실행하는 데 있어 훌륭한 선택이지만, 네트워크에서 협업과 혁신, 효율성을 촉진하기에는 적합하지 않을 수 있다.

---

01 원장에 저장된 애플리케이션 코드인 '체인 코드'로 작업을 수행하는 것을 의미한다.

02 하이퍼레저 패브릭 트랜잭션의 처리 흐름은 트랜잭션의 '제안(propose)-승인(endorse)-정렬(order)-검증(validate)'의 순서를 따른다. 마지막 단계인 '검증'에서는 각 트랜잭션 승인 정책의 유효성을 검증하고 유효한 트랜잭션만을 스테이트 데이터베이스에 제출한다.

기업의 주요 역할은 중앙화된 구조에서 위계 서열적인 구조를 이루며, 책임은 공동 개발을 어렵게 만드는 경직된 환경을 만들고 동기를 제한하는 방식으로 분배된다. 이들 기업에서 비즈니스를 실행하는 논리는 시스템의 안정성을 도모하려는 목적에 맞추어 구성되며, 상당히 통제되기 때문에 한 번의 실수에도 시스템의 취약성이 드러난다.

오늘날 중앙화된 구조를 갖는 가장 대표적인 기업으로 구글과 페이스북이 있다. 이 조직들의 운영을 살펴보자면 인터넷에서 일어나는 모든 트랜잭션은 중앙 시스템이나 플랫폼에 집중된다.

탈중앙화된 구조

탈중앙화된 구조에서 권한과 통제권은 블록체인 비즈니스 네트워크에 참가하는 기업 전반에 걸쳐 분산된다(그림 6.1). 비즈니스 기능은 느슨하게 결합되어 있기 때문에 실행 속도가 빠를 수는 있지만, 의견을 하나로 수렴하거나 합의를 이루는 과정에서 시간 소모가 클 수 있다. 수익을 공동 개발하고 공유하는 데 도움이 되는 환경을 만드는 일이 탈중앙화된 구조에서 추구하는 주요 지향점이다.

탈중앙화된 시스템은 중앙화된 시스템과 달리 모든 트랜잭션이 단 하나의 플랫폼만을 통과하도록 설계되어 있지 않다. 대신에 시스템의 많은 노드가 P2P 거래를 실행할 수 있다. 인터넷으로 데이터와 파일을 발송하는 데 사용하는 P2P 파일 공유 프로토콜인 비트토렌트(BitTorrent)[03]가 탈중앙

---

03 사용자 사이에 직접 파일을 여러 조각으로 나누어 공유하는 프로토콜 또는 프로그램으로, 사용자가 토렌트 소프트웨어를 사용자 단말에 설치하고 다운로드받은 시드 파일을 실행하여 동일 파일을 소유하고 있는 전 세계 클라이언트에서 공유 파일을 다운로드하므로, 속도가 매우 빠르다.

그림 6.1 탈중앙화된 경제에서 기업 구조

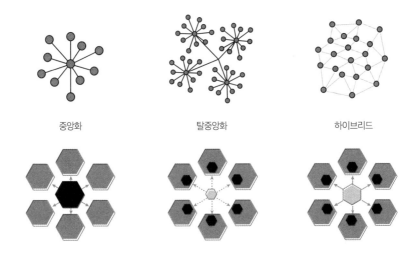

화된 구조의 전형적인 사례다.

하이브리드 구조

하이브리드 구조는 자율성의 관점에서 블록체인이 갖는 가치를 활용하고자 하는 많은 기업에 가장 적합한 환경이지만, 플랫폼과 네트워크의 특정한 측면에서 있어서만큼은 권한과 통제권을 유지해야 한다. 그러한 구조에서는 어떠한 중앙 개체도 네트워크 내에서 일어나는 비즈니스 트랜잭션을 들여다보거나 검증하지 않는다. 대신에 블록체인 네트워크는 중앙화된 구조나 탈중앙화된 구조 둘 중의 하나를 갖는 기업들로 구성된다. 오늘날 대다수의 블록체인 컨소시엄은 하이브리드 구조를 채택한다. 이 구조에서 트랜잭션 정보는 탈중앙화되어 신속성과 투명성, 감사 가능성을 제공하면서도 데이터 처리량(throughput) 또한 높다.

블록체인 네트워크에서 기업의 역할

대부분의 업계는 비즈니스 거래와 데이터의 프라이버시 준수 요건 차원에서 통제를 받는다. 이들 업계에 속하는 기업은 퍼블릭 블록체인 네트워크를 채택할 수 없다. 대신에 자사의 기술 혁신과 규제, 컴플라이언스에 대한 니즈와 비즈니스 니즈 사이에 균형을 맞출 수 있는 기업에서는 프라이빗 또는 허가형 블록체인 네트워크가 바람직한 선택이다.

기업이 업계의 비즈니스 프로세스를 전환하려는 목적으로 프라이빗 또는 허가형 블록체인 네트워크를 구축할 때 자사의 비즈니스 목표와 네트워크가 창출하는 가치의 성과에 따라 다양한 역할을 담당할 수 있을 것이다(그림 6.2). 예를 들면, 창립자와 회원사, 운영자 또는 네트워크나 컨소시엄의 일반 사용자 등이 그 역할에 포함될 수 있다. 또한, 어떤 역할은 단계와 성숙도, 규모, 업계, 비즈니스 프로세스, 이용 사례에 따라 네트워크에서 합쳐지거나 세부적으로 분리될 수도 있다.

창립자

기업 창립자는 비즈니스 전환이나 파괴적인 이용 사례, 프로세스를 발견해 왔다. 이들은 블록체인 네트워크와 참여자, 비즈니스상의 이점, 비용, 그

그림 6.2 블록체인 네트워크에서 기업의 역할

리고 블록체인의 설계와 구축, 운영, 관리, 통치가 어떻게 이뤄질 수 있는지 명확한 비전이 있다. 창립자는 참여율을 높이기 위해 적절한 참여 기업을 초대해 네트워크의 비전과 비즈니스 가치를 공유할 책임도 진다.

실용적인 측면에서 보자면 컨소시엄에 하나 또는 소수의 창립자만 속해 있는 편이 효율적으로 통제, 관리하기에 가장 좋다. 그런데 이렇게 하면 네트워크에서 탈중앙화라는 목적, 즉 다른 참여자의 자율권이 유명무실해진다.

지난 몇 년간 수백 개나 되는 블록체인 컨소시엄이 구축되었다. 금융 거래용 오픈 소스 분산 원장 플랫폼을 독자 개발한 R3[04]가 컨소시엄의 대표적인 창립자로, 200개 이상의 금융 기관과 규제 기관, 은행, 그 외 기업이 속해 있다.

---

04 데이비드 루터(David Rutter)가 2014년에 창립한 세계 최대 블록체인 컨소시엄으로, 2016년 11월에 오픈 소스 플랫폼인 코다(Corda)를 런칭했다. 300개 이상의 참여사가 코다 플랫폼에서 실행되는 분산 애플리케이션 'CorDapps'를 개발하고 있다.

회원사

기업 회원사는 기업 창립자와 마찬가지로 블록체인 네트워크의 회원사다. 기업 회원사는 네트워크에 창립 기업으로 가입했거나 네트워크가 설립된 이후에 가입했을 것이다. 기업 회원사는 피어(peer)라고 부르는 블록체인 노드를 갖는데 그 말인즉슨, 원장의 복사본을 갖고 체인 코드(스마트 계약)를 구동하며 컨소시엄 정책과 규정에 따라 창립자나 다른 통치 기업이 승인하면 합의 과정에 참여할 수 있음을 뜻한다. 회원사는 네트워크 설계와 구조, 적용할 때 들어가는 비용과 혜택을 함께 나눈다. 네트워크 규모가 커지고 회원사의 기여와 역할, 책임에 변화가 생기면 회원사가 창립 기업이 될 수도 있다.

J.P.모건 체이스와 크레딧 스위스(스위스 다국적 투자은행), 스코틀랜드 왕립은행, UBS가 R3 컨소시엄의 회원사다.

운영자

창립자나 기업 회원사가 블록체인 네트워크의 운영자가 될 수 있다. 그렇지 않으면 트랜잭션 양을 기준으로 요금을 받거나, 월별 혹은 연간 정액요금을 받고 네트워크 운영과 기술 관리 책임을 맡는 제삼자 기업이 블록체인 네트워크의 운영자가 될 수도 있다. 만일 운영자가 회원사나 창립자가 아닐 경우에는 네트워크에서 비즈니스 트랜잭션에 접속할 수 없거나 가시성을 가지지 못할 수도 있다. 그 운영자는 분산 원장의 복사본을 가진다고 해도 단지 운영 업무를 수행하기 위해서일 뿐이다. 기업 운영자는 운영의 품질과 네트워크의 성능, 가용성과 관련해 서비스 수준 협약을 유지한다.

사용자

블록체인 네트워크의 사용자는 창립자와 회원사로부터 초대를 받아 접속 권한을 부여받는다. 사용자는 허용 수준에 따라 트랜잭션과 네트워크 정보에 접속하거나 일부를 조회할 수는 있지만, 데이터를 소유하지는 못한다. 예를 들면, 규제 기관과 감사자는 네트워크의 사용자가 되기도 하므로 네트워크 트랜잭션을 조회하고 컴플라이언스 지침을 지키는지 확인할 수 있다.

사용자는 네트워크 창립자와 회원사와의 합의 계획에 따라 네트워크 접속과 참여에 따른 요금을 내기도 한다. 일반 사용자가 네트워크에 계속해서 기여하고 가치를 창출하면 거버넌스 정책과 지침에 따라 회원이 될 수도 있다.

효율적인 팀 구성하기

블록체인 프로젝트와 비즈니스 네트워크를 수행할 효율적인 팀을 구성하기 위해서는 반드시 다음과 같은 사항을 확인하고 정의해야 한다(그림 6.3).

■ **프로젝트 기업:** 여러분 기업은 블록체인을 활용해 새로운 비즈니스 솔루션이나 네트워크를 구축하고 있는 스타트업 기업인가, 아니면 블록체인을 도입할 만한 업계 프로세스나 비즈니스 이용 사례를 찾아낸 기존 기업 중 하나인가?

그림 6.3 블록체인 팀을 구성하는 데 필요한 체크리스트

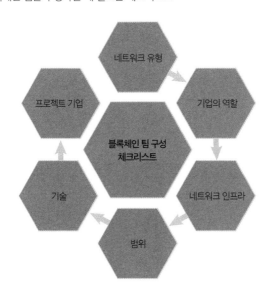

- **네트워크 유형:** 창립 기업이나 컨소시엄 회원사가 블록체인 네트워크를 주도할 것인가?
- **네트워크에서 참가 기업의 역할:** 기업은 창립자와 회원사, 운영사 또는 사용자 중 어디에 속하는가?
- **기술:** 네트워크는 하이퍼레저나 이더리움처럼 이미 기업용으로 최적화된 블록체인 기술을 사용할 것인가 아니면 창립자가 직접 개발할 것인가?
- **네트워크 인프라:** 네트워크는 주요 벤더사가 제공하는 클라우드 환경을 사용할 것인가 아니면 여러분 기업이 자체적으로 프라이빗 클라우드나 온프레미스(구축형) 인프라를 구축할 것인가?
- **범위:** 최소 기능 제품(MVP)과 최소 기능 생태계(MVE)를 구현하기 위한

효율적인 팀 구성하기

요구 사항과 제약이 있는가?

앞에 나온 질문에 대한 답을 찾다 보면 핵심적인 네트워크의 활동과 역할, 책임, 그에 상응하는 회원사와 기술(skill)에 대한 요구 사항을 파악하는 데 도움이 된다.

프로젝트 팀의 역할

일반적으로 블록체인 프로젝트 팀은 이 절에서 설명하는 핵심 역할 중에서 전부 또는 일부를 필요로 한다. 프로젝트 기업과 네트워크 유형, 참가 기업의 역할, 기술, 네트워크 인프라에 따라 이 역할 중에서 일부는 합해질 수도 있다.

운영 위원회 멤버

운영 위원회 멤버는 네트워크를 구성하는 기업들 소속의 개인들이다. 그들은 전반적인 블록체인 네트워크와 비즈니스 및 법률 정책, 규정, 규제에 관한 관리와 거버넌스를 진두지휘한다.

법률 컨설턴트

법률 자문 위원은 블록체인 프로젝트와 네트워크에서 가장 중요한 역할을 담당한다. 법률 컨설턴트는 스마트 계약이 자동으로 실행되려면 법률상의 파트너십과 계약을 어떻게 정의할지, 그리고 컴플라이언스 규제 관점에서 ICO를 어떻게 구상할지를 조언해 준다.

블록체인 컨설턴트

블록체인 컨설턴트는 블록체인 애플리케이션과 솔루션을 사용해 비즈니스에서 블록체인 기술을 채택하고 조직의 네트워크를 구축하는 데 조언한다. 컨설턴트는 블록체인 기술의 원리와 시스템, 애플리케이션을 당연히 알고 있을 것이다.

암호화폐 개발자

암호화폐 개발자는 트랜잭션과 네트워크 보안에 필요한 보안 수준과 암호화 강도를 규정하고 개발한다.

프로젝트 관리자

프로젝트 관리자는 일정과 비용, 예산 등 전체 블록체인 프로젝트의 수명 주기를 관리한다. 관리자는 업무 항목과 프로세스 활동을 통제하고 관장하며 업무와 다른 역할에서 필요로 하는 산출물을 규정한다.

제품 책임자

제품 책임자(product owner)는 블록체인 네트워크의 비즈니스 요건을 바탕으로 제품의 개발과 인도, 특징, 기능에 관한 로드맵 즉, 전반적인 비전을 관리한다. 이들은 제품의 이윤과 손실 또한 책임진다.

효율적인 팀 구성하기

사용자 연구 조사원

사용자 연구 조사원(고객에 관한 연구를 바탕으로 신제품에 대한 사용성을 검증하는 사람)는 업계나 비즈니스 이용 사례의 전환 차원에서 사용자의 문제나 고충을 찾아낸다. 또한, 블록체인 네트워크 관련한 사용자의 요구 사항과 사용자 행동을 개발한다.

UX 디자이너

UX(user experience, 사용자 경험) 디자이너는 사용자의 스토리를 작성한다. 블록체인의 시스템과 네트워크에 나타나는 간단한 인터페이스와 정보를 구체화해서 사용자가 끊김 없는 경험을 누릴 수 있게 한다.

블록체인 아키텍트

블록체인 아키텍트는 블록체인 네트워크에서 노드(컴퓨터)가 어떻게 배치되고, 해당 트랜잭션이 유효한지 아닌지를 모든 멤버가 어떻게 합의로 동의할지 등 시스템 아키텍처를 규정한다.

시스템 아키텍트

시스템 아키텍트는 블록체인 아키텍트와 디자이너, 제품 책임자, 개발자로부터 받은 의견을 반영해 블록체인 네트워크에서 시스템이 어떻게 운영될지 규정한다.

블록체인 개발자

블록체인 개발자는 비즈니스 네트워크의 로직(계약의 조건, 내용 등)을 스마트 계약과 애플리케이션 사용자 인터페이스에 프로그램으로 코딩한다. 이 개발자들은 자바스크립트(JavaScript)[05]나 구글의 Go 언어[06] 프로그래밍에 숙련되어야 한다.

품질 혹은 테스트 엔지니어

품질 혹은 테스트 엔지니어는 결함을 파악하려고 다양한 입력 매개 변수(input parameter)[07]와 조건을 활용해 각종 기능과 특징, 애플리케이션, 전반적인 블록체인 시스템을 평가한다. 제품을 생산 단계로 넘기기 전에 개발자로 하여금 결함을 고치려고 하는 것이 목적이다.

네트워크 엔지니어

네트워크 엔지니어는 블록체인에서 P2P 네트워킹 규모로 작업한다. 데이터와 정보가 원래 의도한 수신자에게만은 효율적으로 커뮤니케이션되고 교환되도록 확실히 한다.

---

05 웹의 언어는 HTML·자바스크립트·CSS가 삼위일체를 이루고 있었는데, 자바스크립트가 여러 방면에서 쓰이는 기술로 성장하더니 '노드 JS(node.js)'로 완전히 분리 독립해 성공을 거뒀다. 노드 JS는 오픈 소스 블록체인인 이더리움, 암호화폐 개발, 블록체인 노드나 서버에서 명령줄 툴을 작성할 때 사용한다.

06 Go 언어는 구글의 오픈 소스 프로그래밍 언어로, 2009년에 제작되어 2012년에 출시되었다. Go 언어는 적은 개발 리소스로 고성능 애플리케이션을 구축할 수 있다는 장점이 있어 최근 수요가 가장 많으며, 클라우드 기반 애플리케이션들도 Go 언어로 만들어지는 추세다.

07 사용자 또는 다른 프로그램에 의해 한 프로그램으로 전달되는 이름·숫자·선택된 옵션 등과 같은 정보 항목이다. 매개 변수들은 그것들을 받는 프로그램의 운영에 영향을 미친다.

비즈니스 개발 관리자

비즈니스 개발 관리자의 임무는 블록체인 네트워크에서 기업의 참여로, 또는 참여 없이 생태계에 걸쳐 비즈니스 파트너십을 구축하는 일이다. 관리자 또한 영업 제안서를 개발해 잠재 고객과 파트너 조직이 네트워크에 참여하도록 권유하는 데 활용한다.

마케팅 관리자 혹은 리더

마케팅 관리자 혹은 리더는 GTO(Go-to-Market, 시장 진출) 전략과 사고 리더십(thought leadership) 전략을 개발하고 창안한다. 이들 전략은 다양한 시장 세그먼트와 지역에 맞는 간결하고 분명한 메시지로 이루어져야 한다. 마케팅 관리자 혹은 리더는 브랜드 리더십을 확보하기 위해 마케팅 자료[08]와 참고 자료, 간단한 업계 분석 자료를 만들기도 한다.

인트라프라이즈
시너지

여러분이 블록체인 프로젝트 팀을 구성할 때 비즈니스 네트워크에서 모든 역할이 기업 한 곳에 있지 않는다는 점을 인식하게 될 것이다. 대신에 이들 역할은 전문성과 지식을 갖추면서 차별화된 부가 가치를 이끌어 내는 기업들에 자리하고 있다. 하지만 모든 팀과

---

08 제품이나 서비스의 판매를 지원하려고 사용된 여러 가지 보조 수단의 집합으로, 브로슈어, 판촉물, 카탈로그, 동영상 등이 포함된다.

그림 6.4 인트라프라이즈 시너지

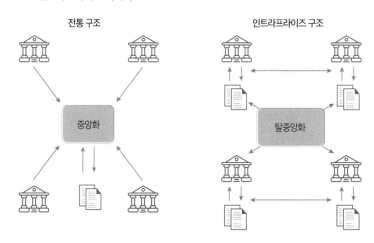

팀 구성원은 공통된 비즈니스 목표를 이루기 위해 협력하며 공동 개발하고 있는 기업들과는 논리적으로나 지리적으로 모두 다르다.

생태계 내에 있는 각 기업으로부터 '최고 중의 최고'를 뽑아내는 개념을 인트라프라이즈 시너지(intraprise synergy, 기업 간 시너지)라고 부른다. 인트라프라이즈 시너지는 블록체인 비즈니스 네트워크의 참여자에게 탈중앙화된 권한과 자율성을 바탕으로 설계하고 개발, 테스트할 수 있도록 재량권을 위임함으로써 참여자가 더욱 확장된 개념의 시스템과 네트워크의 일원으로 자신의 역량을 최고로 발휘해 비즈니스에 있어 근본적인 변화를 일으키도록 해 준다. 이 개념은 본질적으로 많은 기업이 계속해서 공동의 수익을 실현하도록 동기를 부여한다.

탈중앙화된 환경에서 개발된 인트라프라이즈 시너지는 공동 창조와 공동 개발을 통해 효율성을 최적화함으로써 전통적인 비즈니스 프로세스와 시스템을 많은 부분 파괴해 결국 불필요한 갖가지 중개자를 없애 준다. 탈중앙화된 권력 구조를 갖는 거대한 자율 네트워크가 여러 지역과 네트워크 운영센터에 걸쳐서 흩어져 있는 환경을 한번 떠올려 보면 그림 6.4와 같을 것이다. 이렇듯 인트라프라이즈 시너지는 탈중앙화된 환경에서 참여자 간에 연합체를 결성해 준다.

블록체인 프로젝트 팀 사례

앞에서 설명한 대로 블록체인 프로젝트 팀을 구성하는 데 필요한 사항은 비즈니스 모델과 생태계, 그리고 가장 중요한 비즈니스 네트워크에서 기업의 역할에 따라 다르다. 이 요소들은 블록체인 프로젝트에 맞는 적절한 팀을 구성하기 위한 일환으로 어떠한 역할과 책임, 기술이 필요할지 결정하는 데 도움이 된다.

이 절에서는 블록체인 기반의 공급망 관리 네트워크 프로젝트 팀을 예로 들어 설명하려고 한다. 이 네트워크는 신뢰성과 투명성, 안전성을 기반으로 하는 디지털 공급망 관리의 구축에 주안점을 둔다. 운영 위원회 외에도 비즈니스 개발과 마케팅 관리, 법률 및 비즈니스 컨설턴트, 기술 팀이 솔루션을 구축하기 위해서 필요하다.

블록체인 프로젝트 기술팀

블록체인 프로젝트 기술팀은 비즈니스 네트워크로부터 기술 요구 사항을 파악해 적절한 기술을 선택하고 특정 요구 사항을 갖는 애플리케이션 체인 코드와 스마트 계약, 합의 정책을 프로그램 언어로 작성하여 개발하게 된다.

예를 들어, 거대한 공급망 관리 네트워크 솔루션의 개발과 테스트, 운영 기능을 실행하는 경우 28명 이상의 팀원으로 구성된 기술팀이 필요했다.

- **아키텍처팀:** 최소 2명
- **설계팀:** 최소 5명
- **보안팀:** 최소 2명
- **데브옵스(DevOps)[09]:** 최소 3명
- **구현:** 최소 4명
- **테스트:** 최소 7명
- **전문가:** 기술별로 적어도 1명
- **프로젝트 관리자 또는 프로젝트 총괄 관리(PMO):** 최소 3명

Chapter 6 요약

6장에서는 블록체인 프로젝트를 이끌어 나가는 팀을 구성하는 데 있어 필요한 요소를 설명했다. 탈중앙화 경제에서는 중앙화와 탈중앙화, 하이브리드처럼 다양한 유형의 기업 구조가 도입될 수도 있다. 블록체인 네트워

---

09 개발(development)과 운영(operation)을 결합한 혼성어로, 시스템 개발자와 운영을 담당하는 정보 기술 전문가 사이의 소통·협업·통합 및 자동화를 강조하는 개발 방법론을 말한다. 소프트웨어 제품이나 서비스를 알맞은 시기에 출시하기 위해서 개발과 운영이 상호 의존적으로 대응해야 한다는 의미로 통용된다.

크에서 기업의 잠재 역할에는 창립자와 회원사, 운영자, 사용자가 포함된다.

블록체인 프로젝트와 비즈니스 네트워크를 수행할 효과적인 팀을 구성하려면 프로젝트 네트워크와 네트워크의 유형, 네트워크에서 참가 기업의 역할, 기술, 네트워크 인프라, 범위를 파악하고 정의해야 한다. 일반적인 블록체인 프로젝트 팀은 다음의 핵심 역할 중에서 모두 또는 일부를 필요로 한다. 운영 위원회 멤버와 법률 컨설턴트, 블록체인 컨설턴트, 암호화폐 개발자, 프로젝트 관리자, 제품 책임자, 사용자 연구 조사원, UX 디자이너, 블록체인 아키텍트, 시스템 아키텍트, 블록체인 개발자, 품질 혹은 테스트 엔지니어, 네트워크 엔지니어, 비즈니스 개발 관리자, 마케팅 관리자 혹은 리더 등이다.

생태계 내 각 기업으로부터 '최고 중의 최고'를 뽑아내려는 것은 인트라프라이즈 시너지를 얻으려는 데 그 목적이 있다. 이 개념은 블록체인 비즈니스 네트워크의 참여자에게 탈중앙화된 권한과 자율성을 바탕으로 설계하고 개발, 테스트할 수 있도록 재량권을 위임함으로써 참여자가 더욱 확장된 개념의 시스템과 네트워크의 일원으로 자신의 역량을 최고로 발휘하도록 해 준다. 나아가, 본질적으로 많은 기업이 계속해서 공동의 수익을 실현하도록 동기를 부여해 준다.

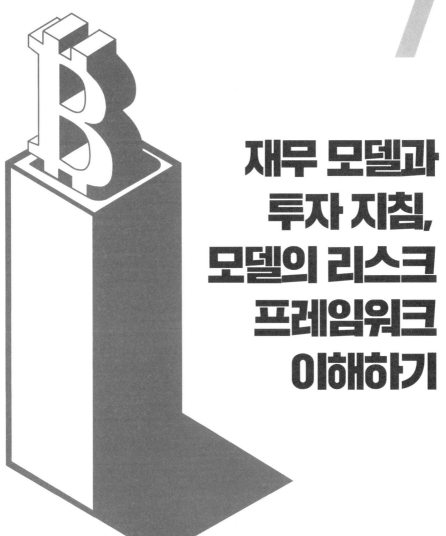

재무 모델과 투자 지침, 모델의 리스크 프레임워크 이해하기

블록체인에서 탈중앙화는 기업 구조와 기술 거버넌스,
거버넌스·리스크·컴플라이언스(GRC) 정책 프레임워크,
그리고 투자 지침부터 ROI 모델링에 이르기까지
모든 재무 모델의 구성에서 확연하게 드러난다.

_ 니틴 거(Nitin Gaur)

블록체인 프로젝트와 관계된 기획이나 대화에는 기술 설계와 비즈니스 모델이 주 내용을 이루지만, 블록체인 프로젝트를 진지하게 고민하는 기업이라면 블록체인의 수익화 전략을 이해하는 일이야말로 중요하면서도 유용한 활동이 된다. 수익화 전략은 허가형이나 비허가형 블록체인 네트워크 모두에 아직 풀기 어려운 숙제로 남아 있다. 기술 지형을 활용하려는 목적을 가진 기술 설계와 새로운 비즈니스 모델의 성숙도가 아직은 미흡하고, 따라서 표준화는 먼 미래의 일이기 때문이다. 블록체인 기술은 인터넷이 출현한 이후, 하나의 기술 장르로 진화하게 될지도 모를 새로운 설계 구성과 데이터 인증, 보안, 데이터 분배, 신뢰 메커니즘을 세상에 소개해 왔다. 이 장르는 원래의 인터넷 세대와 비교되곤 하는데 당시 새로운 비즈니스와 그에 따른 경제 모델이 만들어졌었다. 하지만 다가오는 시대는 단순히 정보의 교환이 아니라 가치의 창조와 이전에 초점이 맞추어질 것이다.

간소화된 공유 비즈니스 프로세스와 분산화된 기록 보관, 비즈니스의 규정을 대체하는 스마트 계약이라는 개념은 입지가 탄탄한 기업에는 비현실적인 모델로 보일지 모르지만 엄청난 기회를 안겨줄 수도 있다. 특히 이들 개념으로 인해 기업은 트랜잭션을 소수점 이하 n번째 자리까지 나눌 수 있기 때문에, 아주 미세한 단위의 거래[01]도 가능하다. 이러한 구현 가능성에 힘입어 개인 간(P2P)부터 기계 간(M2M) 트랜잭션에 이르기까지 새로운 가능성이 열리면서 생태계에서는 수익화 모델을 재고하고 있다.

블록체인 기술 자체가 네트워크에서 교환과 소유권, 신뢰를 촉진하도록 기능이 구성되어 있지만, 자산의 토큰화가 대단히 중요한 의미를 차지하는 이유는 가치 요소의 디지털화에 있다. 토큰화는 블록체인 네트워크에서 자산과 자산에 대한 권리나 청구권을 디지털 표시나 토큰으로 전환하는 프로세스다. 암호화폐와 토큰화된 자산 간의 차이점은 블록체인 세계에서 나타나고 있는 다양한 가치 네트워크에 걸쳐 교환 수단과 가치 평가 모델, 대체 가능성을 이해하는 데 있어 중요하다. 특히 토큰화는 공평한 교환을 둘러싸고 일어나는 기술과 비즈니스상의 쟁점과 관련해 상호 운용성 문제를 제기한다.

자산의 토큰화로 지분 소유(fractional ownership)라는 개념에 활력을 불어넣는 비즈니스 모델이 만들어지거나, 거액의 자산 중에서 인스턴스 한 개만을 소유하는 자격이 생길 수도 있게 된다. 블록체인 기반의 비즈니스 네트워크에서 자산의 토큰화가 약속하는 내용에는 디지털화와 시간과 신뢰의 비효율성 해결, 네트워크 참여자 간에 생기는 시너지를 통해 새로운 비즈니스 모델을 만들고 공동 창조를 촉진하는 일이 포함된다.

---

01 법정 화폐는 1원 이하로 쪼개서 계산하고 주는 것이 불가능하지만, 전자적으로 계산되는 코인은 무한에 가깝게 쪼개서 아주 작은 단위의 가치도 계산하고 전달해 줄 수 있다. 우리가 노래를 듣거나 기사를 읽을 때마다 아주 소액의 금액을 가수나 작가에게 직접 지불하는 마이크로 페이먼트를 구현할 수도 있다.

수익화에 관한 딜레마가 한 관점을 차지하기도 한다. 파괴자들은 소액 거래(자산 전체가 아니라 인스턴스에 대한 소유권 주장)나 자금을 모집해야 하는 암호화폐 공개와 증권형 토큰 공개(STO)에 집중한다. 반면에 기업은 효율성과 비용 절감, 비즈니스 프로세스의 비용 분담 등에 집중한다. 이러한 관심 분야의 다양성 때문에 강력하면서도 공생할 수 있는 생태계를 만드는 탐색에 흥미로운 접선이 만들어지기도 한다.

다음에 나오는 수익화 전략을 생태계에서는 흔히 사용하곤 한다.

- **토큰 기반형 모델:** 운영 요금은 블록체인 기반 비즈니스 네트워크의 분산 데이터베이스를 작성하는 데 사용한다.
- **교환 매개체로서의 토큰:** 토큰은 스텝스루(step-through) 화폐로 거래와 대출, 판매가 이루어진다.
- **자산 페어 트레이딩**(asset-pair trading, 두 자산 간의 교환 가치 비율 변동을 이용)**:** 이 거래로 마진을 내서 수익을 올린다.
- **프로토콜의 상용화:** 클라우드와 소프트웨어, 랩(연구소), 컨설팅 서비스 같은 기술 서비스로 수익을 낸다.

블록체인 프로젝트의 투자 지침을 비롯해 재무 고려 사항과 투자 자본 수익률 모델, 리스크 모델, 리스크 프레임워크, 전반적인 투자 지침 등 모든 관련된 재무 모델링을 산출하려면 수익화 전략을 개별적으로 선택해야 한다. 결과적으로 여러분이 선택한 전략은 프로젝트의 진척 정도와 리스크, 예상 기대 효과를 정의하는 가이드 역할을 한다.

블록체인 프로젝트의
기초 재무 지식 이해하기

블록체인 기반의 네트워크는 새로운 비즈니스와 신뢰 기반의 모델을 개발할 기회를 제공한다. 블록체인이 '혁명에 가까운 가능성을 가졌다'라는 표현이 적절한 이유이기도 하다. 블록체인 네트워크는 조직의 전 영역에 걸쳐 신뢰할 수 있는 공유 데이터와 프로세스의 자동화로 다자간의 협력을 뒷받침할 수 있는 역량이 있다. 따라서 효율성 제고부터 시작해 업계 전체 생태계의 운영 방식을 재창조하는 정점에 이르기까지 수많은 단계에서 이점을 가져다준다.

블록체인 이니셔티브는 두 가지 주요 범주로 나누어진다.

■ **기존의 프로세스 흐름을 개선:** 우수한 이용 사례 후보로는 다음을 꼽을 수 있다.

- 다자간 동일한 데이터를 보고 있어야 하는데도 데이터를 맞춰보느라 시간과 자원을 낭비하고 있는 상황
- 정보가 적시에 전달되지 않기 때문에 사기 사건이 일어날 수도 있는 상황
- 모든 참여자가 공급망이나 가치 사슬 전체에 걸쳐 가시성을 갖게 된다면 효율성이 높아지고 다른 이점이 생길 수 있는 프로세스

■ **새로운 비즈니스와 서비스 모델:** 대부분의 모델은 아직 개발이 모두 이뤄졌다고 할 수 없다. 기업용 블록체인 네트워크가 새롭게 등장해 새로운 시장(예: 중소기업 비즈니스도 도입할 수 있는 저렴한 무역 금융 서비스)을 열어 주

는 사례라든가, 개인과 공공 관리자, 비즈니스가 데이터의 프라이버시와
상업상의 기밀성은 노출하지 않고 사기 위험에 노출될 가능성은 최소화
해서 상호 작용하는지 재고해 볼 수 있는 사례를 찾아볼 수 있다.[01]

그림 7.1은 블록체인 네트워크의 규모가 커질수록 그에 따라 업계와 경
제에서 비즈니스의 영향력도 함께 커지는 모습을 보여 준다.

블록체인의 기초 재무를 평가하는 데 있어 구조적이고 체계적인 접근 방
식을 적용하겠다는 발상은 명확한 목표 설정으로 보일 수는 있다. 하지만
복잡한 기술 지형과 네트워크 운영의 탈중앙화된 속성, 그 결과로 나타나
는 비즈니스 모델 때문에 검증된 기술과 방법을 사용하려다 보면 기초 재
무를 재고해 봐야만 하는 고려 사항이 추가로 나타날 수도 있다.

그림 7.1 블록체인 네트워크 규모와 그에 따른 여파

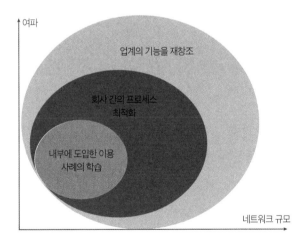

블록체인 프로젝트의 기초 재무 지식 이해하기

블록체인의 초기 기술과 새로이 펼쳐지는 블록체인 지형을 다루는 한 가지 방식은 핵심 프로젝트에 대해 주요 특징을 평가하고 트랜잭션 네트워크에서 가장 취약한 연결 고리를 찾아내는 일이다. 우리는 정략적으로나 정성적으로 검증된 툴과 방법을 사용해 핵심 리스크를 찾아내 식별할 수 있다. 그러고 나면 이 리스크들을 해석하고 그들의 여파와 심각성을 판단해 우선 순위를 매길 수 있으며, 뒤이어 프로젝트의 재무 요소에 대한 기승전결을 갖춘 분석이 나오게 될 것이다.

재무 모델을 만든다는 것은 일반적으로 새로운 비즈니스의 흐름 주변으로 비즈니스 설계를 구축하거나, 또는 더 효율적인 운영을 통해 비용 감소를 달성하겠다는 목표로 기존의 비즈니스 흐름을 전환하는 일에서부터 시작한다. 비즈니스 설계를 정의하고 나면 재무 모델을 설계하는 작업에는 다음과 같은 지표들이 포함된다.

- **프로젝트의 ROI 모델:** 투자의 의사 결정 과정에 입력값이 되는 가치 평가 모델
- **파트너십의 자금 지원 모델:** 참여자와 설립 파트너, 컨소시엄 모델을 바탕으로 한 자금원
- **비즈니스 구조:** 투자와 참가를 장려하고 생태계 참여자에게 혜택이 골고루 돌아가도록 하는 네트워크의 공평한 경제 모델
- **창립 파트너와 컨소시엄, 네트워크 운영자에게 돌아가는 수익률:** 투자 자본 수익률을 공평하게 분배하는 구조를 가진 모델
- **재무:** 네트워크 인프라에 재무 리스크를 지우는 한편, 초기에 투자와 운

용에 필요할 수도 있는 부채와 자본, 기타 모델

- **거버넌스·리스크·컴플라이언스(GRC), 그리고 모델 리스크 프레임워크:** 규제와 컴플라이언스, 다른 리스크로 인한 재무상의 부채와 리스크에 집중

블록체인의 재무 모델은 대다수 프로젝트의 재무 모델과는 다르다. 블록체인 기반의 비즈니스 네트워크는 생태계와 마켓 플레이스를 포함하며 흔히 동종 업계에서 경쟁과 협업을 동시에 벌이고 있는 비즈니스 중심의 참여자로 이루어져 있기 때문이다. 그러다 보니 네트워크의 비즈니스 구조가 복잡하다. 특히 단일 개체가 주도하는 네트워크는 참여자 입장에서는 경쟁적이라고 볼 수 없다. 또한 그러한 모델은 중앙에서 통제가 이루어지기 때문에 블록체인이 근본 신조로 내세우는 탈중앙화된 통제 구조와는 정반대의 방식이라고 여긴다. 블록체인에서 탈중앙화는 조직 구조와 기술 거버넌스, GRC 정책 프레임워크 그리고 투자 지침부터 ROI 모델에 이르기까지 재무 모델의 모든 구조에 분명하게 드러난다. 원하는 결과를 얻으려면 구체적 비즈니스 구조(컨소시엄, 조인트 벤처 등)를 세우고, 그러고 나서 재무 모델 작업에 들어가기 전에 리스크와 거버넌스, 운영에 필요한 프레임워크를 고안해야 한다.

이러한 접근 방식은 정치적, 관계지향적인 구조와 창립자의 투자 및 리스크 성향도 반영하게 된다. 하지만 컨소시엄(공통의 목표를 이루기 위해 협력하고 자원을 공유하는 개체들로 이루어진 그룹)이 성공을 거두려면 재무와 운영 모델이 명확하고 공평해야 한다. 그림 7.2는 재무 모델 분석에 들어가는 입력값을 보여 준다. 네트워크의 자금원과 파트너십 구조, 초기 투자 비용, 리

블록체인 프로젝트의 기초 재무 지식 이해하기

그림 7.2 블록체인 네트워크에 대한 재무 모델 분석에서 핵심 요소

스크, 비즈니스 가치 평가, 네트워크의 접근 가능한 시장 규모, 걸림돌이 되는 규제, 컴플라이언스, 관련 비용 등이 재무 모델 분석에 포함된다.

블록체인
투자 지침

기업은 리스크를 완화하기 위한 방편으로 투자 지침[02]을 세우는 것이 중요하다. 투자 지침은 투자의 기준과 지형을 보여 주는 계층화된 추상(layered abstraction) 형태를 띤다. 지침에 따른 평가 기준에는 입력값, 결괏값, 부단한 분석이 있다. 입력값은 해당 모델을 주도하는 가정에 해당하는 것으로, 일반적으로 기술 설계와 아키텍처 및 인재 유치, 규제 대응 비용, 비용 효율성 대(對) 신규 비즈니스의 기회 모델 등이 있다. 결괏값은 명시한 입력 대상에 따라 예상되는 성과 측정값이다. 투자 지침은 또 가정을 다르게 적용하면서 여러 번의 성과 측정값을 평가해 보는 모델로서의 역할을 할 수도 있다.

투자 지침은 블록체인 프로젝트의 가이드이자 평가 툴이 되기도 한다. 해당 지침을 적용해 끊임없이 얻어내는 결괏값이 투자 잠재성의 매력도를 정의하고 해당 투자의 결정과 당위성에 객관성을 부여하게 된다. 투자 지침은 순 현재 가치(NPV, Net Present Value)[03], 비용 대비 편익 비율(BCR, Benefit Cost Ratio)[04], 내부 수익률(IRR, Internal Rate of Return)[05], GRC 등 다양

---

02 학습자의 학습 결과물이나 성취 정도를 평가하기 위하여 사용하는 기준이나 지침을 말한다. 보통 항목별·수준별 표로 구성되며, 표의 각 칸에는 어떤 경우에 그 수준에 해당하는지를 상세히 기술한다.

03 '현금 유입의 총 현재 가치 – 현금 유출의 총 현재 가치'로. NPV>0일 경우에는 '현금 유입>현금 유출'이므로 투자안을 채택하고, NPV<0일 경우에는 '현금 유출>현금 유입'이므로 투자안을 기각한다.

04 '편익의 현재 가치/비용의 현재 가치'로 비용 대비 편익 비율이 1보다 크면 그 사업은 타당한 것으로 간주한다. 비용 대비 편익 비율이 1보다 크다는 것은 분자가 분모보다 크다는 것이고 결국 NPV가 0보다 크다는 것을 의미한다.

05 미래의 예상되는 모든 현금 유입을 현재 가치로 환산하여 최초 투자금과 같게 하는 비율

한 비즈니스 가치 평가 기법을 사용하는 재무 모델이다. 전체 투자와 리스크 프로파일을 제공하는 거버넌스의 리스크 관리와 컴플라이언스 분석은 개념 증명(PoC) 단계에서는 고려하지 않는다.

종합적인 투자 프로파일과 모델을 고안하는 작업은 투자자와 비즈니스 파트너, 이해관계자를 대상으로 분석의 범위와 깊이를 커뮤니케이션하는 데 있어 중요한 단계다. 더불어 투자 지침의 모든 단계마다 프로젝트의 실행과 적용, 차후 리스크 완화책을 포함해 논리로 명확하게 방어할 수 있는 계획을 마련해야 한다. 투자 지침을 피드백 루프(feedback loop) 메커니즘[06]을 가진 모델링과 분석에 중요한 툴로 활용할 수도 있다. 이 툴은 의도한 투자 목표와 공식 결과를 평가하는 채점 가이드로 사용될 수 있다.

이러한 접근 방식 이면에 있는 발상은 원하는 목표를 얻기 위해 모델에 끊임없이 변화를 줌으로써 리스크 완화를 반영한 점진적인 발전 모델을 완성해 나가는 것이다. 이 모델은 기술 탐색의 초기 단계에서 주장의 근거(proof point)[07] 제시에서 시작한다. 그리고 비즈니스 모델 관련해 진지하게 노력하고 리스크와 ROI, 재무와 거버넌스 모델을 테스트하면서 최소 기능 생태계(MVE)를 구성하는 쪽으로 진전이 이루어진다. 새로운 지식이 쌓이고 단계마다 거두는 성공의 폭이 점차 증가한다. 가치 평가 모델과 리스크 모델을 적용한 후 약간씩 수정하는 과정을 거치고, 감지와 동시에 반응하

---

06 출력(output)의 일부를 입력(input)에 되돌림으로써 자극에 대한 반응이나 활동을 자동으로 수정하는 메커니즘으로, 목표 행동과 실제 행동과의 차이를 없애는 기능을 한다.

07 자신이 주장하는 핵심 메시지의 근거가 되는 현상이나 데이터를 찾아 신뢰도를 높이는 방식으로, 가령 마케팅팀에서 고객의 구매 데이터를 분석해 영업팀에 시사점을 제시한다든지, 광고 대행사에서 고객사에 소비자의 이용 행태나 시장 트렌드에 비추어 광고안을 제시할 때 그 근거가 되는 배경 증거다.

그림 7.3 투자 지침

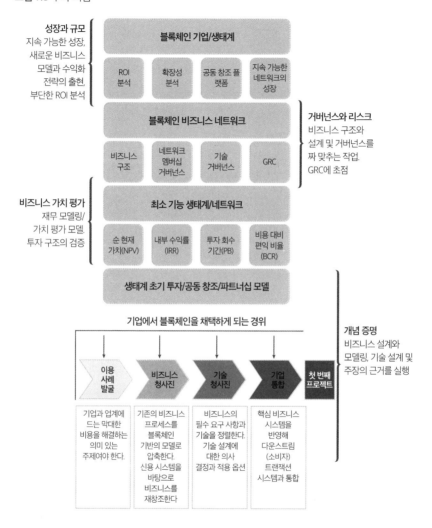

는 자발적인 거버넌스 정책을 확립하게 되면 블록체인 기반의 비즈니스 생

태계가 점점 성장해 규모가 커지게 된다. 요약하자면, 투자 지침은 그림 7.3

에서 볼 수 있듯이 성과 목표를 측정하는 정교한 툴이라 하겠다.

블록체인 투자 지침의 요소는 이어서 다루기로 하겠다.

개념 증명 혹은 설계

개념 증명 혹은 설계는 블록체인 네트워크 설계의 실행 가능성을 테스트해서 프로젝트의 리스크를 완화하기 위한 방편이다. 기업에서 블록체인을 채택할 때 유념해야 하는 사항은 한 가지 이용 사례로 초점을 좁힌 다음, 기존의 비즈니스에서 핵심만을 빼내서 블록체인 패러다임으로 전환하는 것이다.

우리는 네트워크에서 신뢰를 입증하는 방식으로 비트코인과 같은 퍼블릭 블록체인에서 채택한 보상 개념이 들어간 채굴 방식과 비즈니스 목적을 가진 참여자만 들어오는 프라이빗 블록체인에서 채택한 트랜잭션 승인 방식 중에서 어느 쪽이 좋은지 각각의 장점을 토론하곤 한다. 그런데 블록체인 기반의 비즈니스 네트워크는 회원사들의 비즈니스와 네트워크가 진화를 거듭해 감에 따라 그들이 쏟는 열정에 따라 얼마든지 발전할 수 있다. 관건은 기술 문제가 아니라 비즈니스를 얼마나 잘 육성할 것이냐 하는 포부의 문제라는 점이다. 지속 가능성에 깊이 초점을 맞춘다는 것은 모순된 이야기이기도 하다. 왜냐하면 다자간의 트랜잭션 네트워크에서 자산과 스마트 계약이나 전반적인 상호 작용을 통치하는 합의와 신용 시스템, 거버넌스 시스템과 같은 구성 요소 중에서 어떤 것은 통제하지만, 개방형 협력 혁신은 장려하기 때문이다. 이것이 지속 가능한 블록체인 시스템 설계를 위해서는 반드시 고려되어야 한다.

비즈니스 네트워크에서 성공적인 시스템 설계는 블록체인의 신조(다자가 참여하는 시나리오에서 거래, 신뢰, 소유권, 트랜잭션 가능성)와 정렬되도록 해야 한다. 그렇지 않으면 비즈니스 네트워크는 블록체인 기술의 잠재력을 결코 지속적으로 실현하지 못할 수도 있다. 네트워크의 성장을 뒷받침하고 유지하려면 설계 단계에서 이러한 사항을 고려하는 것이 무엇보다 중요하다. 개념 증명과 설계 단계에서 초기에 신중히 투자하는 일이야말로 비즈니스 모델과 출자 약정(capital commitment), 운영 비용과 관련한 장기적인 약속을 오래도록 유지하는 데 있어 대단히 중요하다. 개념 증명은 또한 비용 효율성이 높은 애자일 방법론(agile methodology)[08]이 근간으로 삼는 '빨리 실패하고, 자주 실패하라(fail fast and fail often)'[09] 모델로서 바라봐야 한다.

비즈니스의 가치 평가

블록체인의 최고 장점은 공유가치를 창조하는 데 있다. 창립자들은 초기 설계 단계 동안 확보된 최소 기능 생태계 회원사들을 인센티브 구조나 네트워크 향후 운영 방안, 각 회원사에 기대하는 역할과 책임 등에 관한 토론에 참여하도록 초청하는 것이 필요하다.

비즈니스에 대한 가치 평가는 중요한 업무이자 기술 및 설계의 주장 근거 다음에 자연스럽게 따라오는 단계다. 평가에서 어려운 점은 적절한 가

---

08 애자일 방법론은 하나의 큰 프로젝트를 여러 개의 작은 기능이나 프로세스로 분할하여 수행하는 방식으로, 변경이나 요청사항을 즉각 반영하고 테스트해서 유연하게 대응할 수 있도록 고안한 개발 방법론이다.

09 자잘한 작은 시도를 자꾸 해보고, 그런 가운데 실패를 자연스러운 것으로 받아들이는 사람이 오히려 멋들어진 계획을 세우느라 엄청난 시간과 에너지를 소비하는 사람보다 장기적으로 봤을 때 일을 성공적으로 성취한다는 의미로, 창업가 정신을 고취하는 맥락에서 많이 인용된다.

치 평가 방법론과 툴을 발굴하고 자금 모집과 파트너십 모델을 결정하며 공평한 참여 모델(창립자, 일반 참여자, 부가 가치를 제공하는 참여자)을 고안해서 운영상의 중립성과 네트워크 성장에 주안점을 둔 비즈니스 모델을 창출하는 데 있다. 이러한 가치 평가에서 고려할 사항은 MVE에 초점을 두는 것이다. MVE는 생태계의 지속 가능성을 입증하는 시험대이자 네트워크의 지속성 및 연속성 있는 성장을 촉진하는 모델에 투입하는 입력값이 된다. 참여자 간의 상호 작용으로 인한 공동 창조의 요소들로 인해 생태계가 다양해지고 트랜잭션 규모가 기하급수적으로 늘어나고 새로운 비즈니스 시너지가 만들어지면 네트워크가 성장한다고 할 수 있다.

이상적으로는, MVE를 활용해 비즈니스 네트워크에서 후속 성장을 이끌어 내려면 비즈니스 가치 평가 모델을 도입해야 한다. 어떤 비즈니스 모델은 표준화된 툴일 수도 있겠으나 새로운 플랫폼과 상호 작용으로 인한 성장 가능성과 새로운 비즈니스 모델의 출현도 고려해야 한다. 이렇게 추가로 고려해야 할 때도 MVE의 존재를 주장의 근거로 삼아 추정하는 것이 좋다.

거버넌스와 리스크

보험이 개인의 자산 포트폴리오에서 중요한 비중을 차지하는 것만큼이나 거버넌스와 리스크는 투자에서 중요한 고려 사항이다. 거버넌스 모델에는 효율적이고 정확하며 효과적인 리스크 모니터링 기능이 반영돼야 한다. 효과적인 리스크 모델링과 거버넌스 정책은 투자 수익에 부정적 영향을 미칠 수도 있는 리스크를 파악하고 방지하는 데 중점을 두는 책임 투자에 해당한다. 블록체인 모델 리스크 프레임워크(BMRF, Blockchain Model Risk Framework)는 블록체인 투자로부터 가치를 끌어내기 위해 모델과 모델의 적절한 활용을 정의한다.

성장과 규모

성장은 매출이 증가함에 따라 추가 자원도 함께 증가한다는 것을 의미하며, 규모는 투입되는 자원의 비율이 점진적으로 늘어나면서도 매출이 빠르게 늘어난다는 것을 의미한다. 규모는 기하급수적인 매출 증가로 이어지지만, 성장은 비즈니스가 점진적으로 혹은 비율에 비례해 상승하는 것을 의미한다. 두 개념 간의 차이를 이해하는 것은 두 가지 전략 간에 균형을 맞추는 일만큼이나 중요하다. 지속성 있는 성장은 생태계에 새로운 플레이어가 들어온다는 것을 뜻하며 그렇게 되면 블록체인 네트워크의 서비스 향상과 비즈니스 모델을 바탕으로 새로운 비즈니스 모델과 수익화 선택지가 생기고 결국 규모로 이어진다. 성장과 규모를 동시에 이루려면 비즈니스 분석 안목과 툴을 적용해 비즈니스 패턴을 부단히 분석해야 하고 비즈니스 네트워크를 사용하기 위해 계속해서 혁신해야 한다.

ROI
모델링

블록체인 투자 지침은 투자를 평가하고 성과를 측정하는 모델링과 분석 툴을 제공한다. ROI 모델링은 투자 수익성 측정에 도움이 되는 지침의 한 요소로 생각할 수 있다. ROI 측정은 투자 비용에 비례해 평가된다. 약정한 자본의 비용 계산은 복잡할 수 있으며 비즈니스 가치 평가와 개념 증명, 설계 요소처럼 ROI 모델링에서 하위 계층을 차지하는 항목은 투자 비용을 계산하는 데 도움이 될 수 있다.

ROI는 다양한 종류의 투자와 자본 프로젝트에 보편적으로 적용할 수 있다는 장점 때문에 재무 분석 지표에 많이 사용한다. 비록 다양한 ROI 모델이 다른 접근 방식과 결과를 보여 주지만 어떤 형태의 ROI 모델링은 보다 바람직한 기회를 결정하는 데 필요하다. ROI 모델 분석은 또한 수익성의 목표 달성에 걸림돌로 작용할지도 모를 리스크 요소를 드러내 준다. 한 프로젝트에 대한 투자 성향을 블록체인 네트워크에서 측정 가능한 비용상의 비효율성이나 잠재적인 새로운 비즈니스와 비교해 보여 주기도 한다. ROI를 산출하는 예는 다음과 같다.

ROI = [(투자 이익 - 투자 비용) / (투자 비용)] / 100

ROI는 프로젝트의 투자 대비 이익을 산출할 때 도움이 되지만, 자본 예산(capital budgeting)[10]은 장기 프로젝트에 대한 투자 타당성을 검토해 주기에 의사 결정에 도움이 되는 활동이다. 기본적으로 자본 예산은 프로젝트의 수명 주기 동안의 현금 흐름과 전반적인 이익을 분석할 때 사용할 수 있는 툴이다.

---

10 자본 예산에는 토지, 건물 또는 생산 시설에 대한 투자가 포함되며, 신제품 개발 및 사업 확장은 물론 투자의 영향이 1년 이상에 걸쳐 나타나는 광고비, 시장 조사비 및 연구 개발 등에 대한 투자도 포함된다.

블록체인 기반의 비즈니스 네트워크에서 의미 있는 ROI 모델을 고안하는 것은 다음과 같은 요소들이 개입돼 있기 때문에 복잡한 비즈니스 활동이자 재무 분석 활동이기도 하다.

1. 블록체인 네트워크는 수많은 참여자와 생태계 플레이어로 이루어진 생태계다. 이들이 생태계와 네트워크에 접근하느냐는 개인의 투자 우선 순위와 리스크 성향에 달려 있다.

2. 블록체인 네트워크는 탄탄한 비즈니스 모델이 필요하다. 블록체인 네트워크는 일반적으로 단독 프로젝트가 아니라 파트너십이나 컨소시엄 구조, 파트너십 자금 모집 모델, 컨소시엄 주도형 비즈니스 모델 등 수많은 요소로 이루어진다. 이 요소들을 전부 합하면 복잡한 계층으로 이루어진 재무 모델과 개별 설립 멤버들로 구성된 구조가 완성된다.

3. 블록체인 네트워크는 업계별로 특화되어 있으며, 업계의 하위 세그먼트에 따라 ROI 모델은 업계가 주도하는 시장 인프라와 시장 경제에 달려 있게 된다.

4. 생태계는 업계가 주도하는 전환을 반영하며, 탈중개화를 통해 효율성을 높여서 파괴에 의해 전환을 이루고자 한다. 이런 전환을 통해 체계화된 재무와 ROI, 리스크 모델이나 정해진 비즈니스 구조를 갖추지 못한 새로운 비즈니스 모델이 출현하게 된다. 대부분의 ROI 분석은 가정을 기반으로 한다.

5. 블록체인 네트워크는 전문가와 우수 인재를 필요로 한다. 블록체인

기술 영역에서는 경험이 풍부한 인재 풀이 부족하고 기본 이해와 비즈니스 모델링, 재무 구조, 비즈니스 설계가 미흡하다 보면 엄청 난 프로젝트 기획이 필요하고 블록체인 비즈니스 네트워크에 있어 운영상의 위험을 초래하기도 한다. 따라서 프로젝트 발상이라는 시 작 단계에서 ROI 모델링은 어려운 숙제가 된다.

이처럼 널리 사용하는 가치 평가 모델이 여러 개의 투자안을 놓고 의사 결정을 내리도록 방법론을 제공하지만, 블록체인 네트워크는 생태계와 관 련되어 있다. 그 안에는 생태계의 속성상 파괴를 비롯해 새로운 비즈니스 모델이나, 막 생기기 시작하는 비즈니스 모델이 융합되면서 생태계의 지형 도가 점차로 완성되어 나간다는 중요한 의미가 담겨 있다. 자산의 토큰화 를 이루는 요소와 그 결과로 나타나는 토큰과 인스턴스 경제로 인해 가치 평가 활동에 새로운 반전이 일어나면서 상당히 흥미로운 결과가 나오기도 한다.

이러한 블록체인 기반의 비즈니스 모델은 미래의 상태를 설명하며 네트 워크가 구축되는 것을 전제로 그 위에 빌딩 블록을 만들어 간다. 따라서 이 러한 비즈니스 모델과 그에 따른 재무 모델에는 새로운 가정과 창의적인 모델링 기법이 포함되기 때문에 앞을 내다보는 비전과 리더십 차원의 지원 이 필요하다. 그림 7.4에 나오듯이 블록체인의 가치 평가 모델 활동에서는 업계에 특화된 비즈니스 모델의 목표를 고려해야 한다.

그림 7.4 블록체인 네트워크의 가치 평가 모델

순 현재 가치(NPV)

순 현재 가치법은 몇 년에 걸쳐 유입되는 현금의 현재 가치 합계와 유출되는 현금의 현재 가치 합계 간의 차액을 뜻한다.

내부 수익률(IRR)

현금 유입의 현재 가치 합과 현금 유출의 현재 가치의 합이 같게 되는 할인율, 즉, NPV=0이 되게 하는 할인율을 뜻하며 NPV의 반대 개념이다. 내부 수익률이 자본 비용보다 높다는 것은 추진해도 괜찮은 프로젝트라는 뜻이다.

비용 대비 편익 비율(BCR)

비용 대비 편익 비율은 비용 편익 분석(cost-benefit analysis)에서 사용하는 지표로, 한 프로젝트나 제안의 전반적인 금전 가치를 요약해 보여 준다.

투자 회수 기간(PB)

투자한 원금을 회수하기까지 소요되는 시간이다.

블록체인 프로젝트에서 사용하는 가치 평가 모델 중에서 몇 가지를 다음에 소개하기로 하겠다.

순 현재 가치

순 현재 가치(NPV)는 현재 시점에서 투자한 금액과 앞으로 해당 투자로 인해 미래에 거두어들일 금액의 현재 가치를 비교하는 방식이다. 앞으로 몇 년에 걸쳐 벌어들일 금액을 특정한 수익률을 적용해 현재 가치로 환산한 후 이들 금액을 합해서 투자 금액과 비교하게 된다.02

NPV는 화폐의 시간 가치(TVM, Time Value of Money) 개념[11]에 중점을 둔 일반적 방식으로, 가용할 수 있는 투자금을 놓고 몇 가지 프로젝트가 경합하는 경우에 동일 선상에서 올바르게 비교할 수 있도록 한다. 블록체인 프로젝트에서는 위험 보상 비율(risk-reward ratio)이 개입되기 때문에 이러한 상황은 중요하다. 전환이 목적인 이러한 프로젝트들은 경쟁 관계에 있는 다른 프로젝트나 훨씬 성숙한 기술을 기반으로 하는 프로젝트에 비해 상대적으로 매력도가 떨어져 보일 가능성이 높다. 하지만 파괴적인 요소와 새로운 비즈니스의 매출원에 집중하다 보면 블록체인 프로젝트가 가진 잠재력을 훨씬 매력적으로 바라볼 수 있게 된다.

내부 수익률

순 현재 가치(NPV)가 0인 경우의 할인율을 뜻하는 개념인 내부 수익률(IRR, Internal Rate of Return)은 프로젝트가 손익 분기점에 도달하는 비율이다. 조 나이트(Joe Knight)[12][03]에 따르면 IRR은 NPV와 함께 재무 분석가들이 가장 흔히 사용하는 툴로, 두 가지 방식은 비슷하지만 서로 다른 변수를 사용하기 때문이다. NPV로 기업의 할인율(discount rate)[13]을 추정한 후에 투자금의 현재 가치를 계산한다. IRR로 프로젝트의 현금 흐름에 따라 유입되는

---

11 화폐는 시간에 따라 가치가 달라지며 일반적으로 현재의 돈이 미래의 돈보다 가치가 크다는 경제적인 원리다.

12 《HBR Tools: Return on Investment (ROI)》(2015)의 저자이자 재무 관련한 교육을 제공하는 Business literacy Institute의 공동 설립자이자 소유주다.

13 현재 시점의 가치를 미래 시점의 가치로 환산 시에는 '수익률'이라 부른다. 하지만 미래 시점의 가치를 현재 시점 가치로 환산 시에는 '할인율'이라 부른다. 기업의 할인율(금리)은 회사마다 차등 적용되어 상장비상장 여부, 업종별 리스크 여부 등을 고려해 동종 업계 평균 할인율을 통상적으로 적용한다.

실제 수익을 계산한 후, 이 수익률을 회사가 정해 놓은 기준 수익률(hurdle rate, 투자에 대한 기대 수익치를 정해 놓은 최소 희망 수익률)과 비교한다.3 통상적으로 IRR이 기준 수익률보다 높으면 투자할 가치가 있다고 평가한다. IRR은 성장 추세는 고려할 수 있지만 규모 추세는 고려할 수 없는 개념적인 접근 방식이다. IRR은 의사 결정권자의 주관적인 해석을 따르기 때문에 투자의 정당성이 복잡해지고 주관적이 될 수 있다.

비용 대비 편익 비율

비용 대비 편익 비율(BCR, Benefit Cost Ratio)은 한 프로젝트를 통해 거두어들인 금액이 해당 프로젝트를 실행하는 데 발생하는 비용보다 큰지 아닌지를 결정하는 데 사용하는 재무 비율이다. 만일 비용이 이윤을 초과한다면 프로젝트는 가상의 조건에서 금전상으로 충분한 가치를 전달하지 못하는 것이다.

BCR은 두 가지 요소를 갖는다. 첫째 프로젝트나 제안의 이점, 둘째 프로젝트나 제안의 비용. 프로젝트의 사회 기여 혜택과 같은 정성적인 요소들도 정확한 결과를 산출하기 위해 가능하면 금전 가치로 환산해야 한다.04

BCR은 재미있는 기업 가치 평가 기법이다. 프로젝트의 전환적인 요소와 해당 상황이 초래하는 파괴적인 측면에 대한 기업의 준비 상태를 다루기 때문이다. 프로젝트를 평가할 때 BCR을 NPV와 함께 활용하면 플랫폼과 생태계의 준비 상황이 장기적으로 이점을 가져다줄 것인지 확인할 수 있어서 새로운 비즈니스 모델과 파괴적인 세력에 대한 대응 등과 관련해 투자 정당성이나 가정을 결정할 수 있다.

투자 회수 기간

투자 회수 기간(PB, Payback Period)은 투자 비용을 회수하기까지 걸리는 시간이다. 이 기간이 길수록 투자하기에는 적절하지 않은 선택이기 때문에 어떤 상황을 받아들일지, 프로젝트를 착수할지를 판단하는 중요한 결정 요소다.

투자 회수 기간은 NPV와 IRR, 현금 흐름 할인법(DCF, Discounted Cash Flow)[14]과 같은 자본 예산(capital budgeting) 방식과 달리 화폐의 시간 가치(TVM)를 고려하지 않는다.05 블록체인 프로젝트의 투자 회수 기간은 기술과 초기 안착 리스크 때문에 ROI를 평가하기에는 부적절할 수 있다. 최소 기능 생태계를 개발하고 달성한 이후 네트워크 규모를 확대하기까지 걸리는 시간 때문에 투자 회수 기간 방식은 블록체인 프로젝트 프레임워크의 일부인 혁신의 위험성이나 시장에 최초로 진입할 경우에 갖는 이점을 고려하지 않는다.

리스크
모델링

리스크 모델링은 모델을 정의하고 리스크를 수치화한 후 해당 리스크를 분류해 성격을 정리할 수 있는 모델을 고안하는 작업이다. 예측된 리스크를 감수하는 일은 어떤 새로운 비즈니스에서나 핵심 사안이고 블록체인 프로젝트도 다를 바가 없다. 전략과 운영, 컴플

---

14 미래의 현금 흐름을 일정한 할인율로 할인하는 것으로, NPV를 산출할 경우, (미래) 현금 유입액의 현재 가치나 현금 유출액의 현재 가치(또는 초기 투자 비용)를 계산할 때 현금 흐름 할인(DCF)을 적용한다.

라이언스, 그리고 업계에 특화된 다른 유형의 리스크를 찾아내기 위해 리스크 모델과 시뮬레이션 모델을 개발하는 일은 중요할 수 있다. 여기에서 핵심 발상은 탄탄한 리스크 프로파일을 만들고 리스크 완화 전략을 상황에 따라 분류해 수립하는 모델을 고안하는 것이다. 그렇게 함으로써 블록체인 기반의 네트워크가 의도한 비즈니스 모델에 따라 기능을 수행하며 업계와 운영 환경, 기술 진화에 따라 부과된 리스크 매트릭스에 대응할 수 있게 된다. 대다수의 블록체인 비즈니스 네트워크는 특정한 업계(또는 업계 내의 특정한 생태계)에 초점을 맞추려는 목표를 가지고 있는 반면에, 네트워크 그 자체는 블록체인 네트워크가 창출하고자 하는 새로운 생태계에 일어나는 업계별로 특화된 리스크와 블록체인 주도형 기술 리스크, 운영 리스크로부터 지배를 받게 된다.

리스크 모델링의 목표는 업계 기술 운영 및 그 외의 영역과 관련된 특정 리스크를 이해하고 해당 리스크가 전체 시스템에 미치는 여파를 평가할 수 있는 모델을 고안하려는 것이다. 여기서 여파란 재무와 평판, 시스템에 관련된 것일 수도 있다. 리스크 모델을 고안하는 작업에는 제안된 모델을 테스트하면서 리스크 완화 계획을 수립하는 시뮬레이션 작업이 필요하다.

어쩌면 여러분에게는 공급망 관리에 미치는 위협 요소를 파악한다거나, 신흥 시장에 진입할 때 맞닥뜨리는 지정학상의 리스크를 가늠한다거나, 또는 해커나 테러리스트처럼 정체를 바꾸어 가며 출현하는 적수들이 어떻게 공격해 올 것인지 알고 싶어 하는 니즈가 있을 것이다. 리스크 모델을 개발한 후에는 시스템이 정상적인 운영 환경뿐만 아니라 가정의 'what if 시나리오'에서는 어떻게 동작하는지 평가하려고 리스크 모델을 사용할 수도 있다. 이렇게 함으로써 조직이 감당할 리스크 허용 한도(risk tolerance) 수준을 결정하고 다양한 여파를 버텨낼 수 있도록 회복 탄력성(resiliency)을 시스템에 구축하는 방법을 평가하는 데 도움을 받을 수 있다.06

그림 7.5는 블록체인 네트워크나 프로젝트의 리스크 모델에서 고려하는 리스크 유형 네 가지를 보여 준다. 리스크 요소에 계층이 존재한다는 사실은 시스템 리스크(systemic risk)를 측정하려면 모델 리스크 프레임워크 또는 블록체인 모델 리스크 프레임워크(BMRF, Blockchain Model Risk Framework)를 고안해야 한다는 것을 의미한다. 리스크 모델은 리스크 매트릭스를 이해함으로써 견실하고 유기적이며 효과적인 모델을 프레임워크를 바탕으로 구성하는 것이다. 그리고 그 프레임워크는 변화하는 시장 상황과 기술 지형, 비즈니스 모델의 동태적인 속성, 그 결과로 나타나는 재무 구조, 그리고 특정한 업계 세그먼트(분야)의 모델에 적응할 수 있을 만큼 충분히 효율적이여야 한다.

그림 7.5 블록체인 네트워크에서 평가하는 리스크 유형

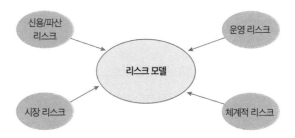

블록체인 모델 리스크 프레임워크

블록체인 비즈니스 네트워크에는 운영 리스크와 규제 리스크, 재무 리스크 등 다양한 리스크가 존재한다. 이러한 비즈니스 네트워크는 비즈니스와 운영 구조를 고안해야 하는데, 네트워크를 운영하는 비즈니스 개체의 핵심 목표에 맞추어 수익성과 경제성을 유지하며 투자자와 이해관계자가 요구하는 ROI를 달성하는 것이 목표다. 따라서 BMRF는 리스크를 설계하고 관리하고 완화하는 메커니즘을 고안하는 수단이 된다.

BMRF 분야는 비교적 새로운 방식이지만 리스크 분석에 있어 범위가 폭넓고 리스크 분석을 포괄하는 수단을 제공하기에 필요하다. 기본적으로, BMRF는 블록체인 네트워크 운영에 필요한 다양한 구성 요소 사이에 계층화된 리스크를 이해하고, 이들 리스크를 관리·완화 축소하려는 노력을 뒷받침하기 위한 방법론이라고 하겠다.

기업이나 프로젝트에 따라 다른 리스크 모델을 사용할 수 있겠지만 규제 프레임워크가 빠르게 변하고, 블록체인 기술 지형이 급속하게 진화하고, 검증된 인재 풀이 부족하고, 블록체인으로 인한 새로운 비즈니스 모델의 출현함으로 인해 많은 기업이나 프로젝트에서 BMRF를 활용할 것을 고려하는 계기가 되었다. 이 프레임워크의 고안 이면에는 리스크 관리를 통해 규제 요소를 충족하고 가치를 효율적으로 철저히 포착하겠다는 발상이 있다.

BMRF 안에서 기업은 올바른 입력값을 사용하라는 메시지를 받곤 한다. 컴플라이언스 비용 감소와 비용 감소의 최적화, 효과적인 자본 활용, 운영과 프로세스 효율성의 향상을 통해 수익성을 개선하려는 목적에서다. 이 요소들을 모두 합하면 블록체인 네트워크에서 가치를 효율적으로 획득할 수 있게 된다. 가치를 획득함으로써 네트워크 효율성에 의존하는 네트워크 참여자와 생태계뿐 아니라, 네트워크 운영자도 이점을 누리게 된다.

블록체인 모델 리스크를 관리할 때는 높은 위험성이 따른다. BMRF에 대한 진정한 테스트는 일이 잘못될 때라고 하겠다.

일이 잘못되면 참혹한 결과가 생길 수 있다. 디지털화와 자동화로 인해 점점 많은 모델이 비즈니스 프로세스에 통합되고 있는 중이므로, 그에 따라 기관들이 훨씬 커다란 모델 리스크와 그 결과로 인한 운영 손실에 노출되고 있다. 리스크의 원인 으로는 모델 자체의 결함과 모델의 오용이 반반을 차지한다.[07]

그림 7.6은 재무 모델과 가치 평가 모델, 리스크 모델의 종합적인 프레임 워크를 보여 준다. BMRF를 이루는 요소들은 이어서 설명하기로 하겠다.

비즈니스와 기술 청사진 고안하기

기업이 블록체인을 채택하게 되는 경위를 정의하는 것 이면에 있는 발상 은 한 가지 이용 사례로 초점을 좁히고 기존의 비즈니스에서 핵심만을 빼 내서 블록체인 패러다임으로 전환하는 것이다. 이런 발상은 비즈니스 모델 과 기술 모델 양쪽이 존재함을 뜻한다. 우리는 업계와 기업에 영향을 미치 는 한 가지 사례만 예로 들며 문제가 되는 영역에 비즈니스와 기술에 대한 안목을 적용하려고 한다. 그 결과로 컴플라이언스와 감사, 기업 통합에 필

---

15 투입 요소나 변수의 변화에 따라 그 결과가 어떠한 영향을 받는가를 분석하는 기법을 말한다. 투입 요소나 변수에 대해 낙관치·기대치·비관치 등에 의한 결과치 범위를 파악하게 해 주고, 변수 중 어느 것이 상대적으로 더 중요한지를 분석하고 그 변수의 정확한 추계를 가능하게 해 준다.

그림 7.6 블록체인 기반 비즈니스 네트워크의 리스크 프레임워크

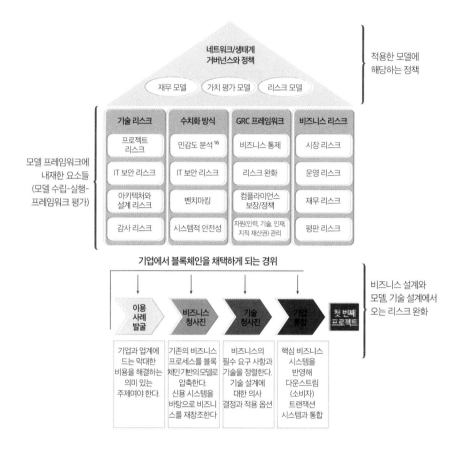

요한 요건을 갖추고 세심하게 기획된 비즈니스 아키텍처와 기술 청사진을 얻게 된다. 이런 활동이 필요한 이유는 사업 영역과 블록체인 기술에 관한 전문성을 올바르게 활용해 채택 모델을 찾아내기 위함으로, 블록체인 솔루션의 경제적 존속 가능성을 결정하는 요소들과 장애물, 도전 과제를 모아 표면화시키는 모델이라 하겠다.

리스크 모델링

블록체인에 참여한 결과로 얻게 되는 산출물과 부산물은 블록체인이 사회에 적응하며 생존하는 과정에서 대단히 중요하며, 블록체인 프로젝트를 위해 경영진의 스폰서와 자금이 필요한 비즈니스에 청사진을 제공하는 데 도움이 된다. 청사진을 그리는 일이야말로 이용 사례를 발굴하고 비즈니스의 책무 이행에 따른 도전 과제를 해결하기 위해 리스크 완화 툴을 결정하는 데 있어 첫 번째 단계여야 한다.

기술 리스크

기술 리스크에는 적절한 기술 프레임워크를 선택하고 IT 리스크 모델에 따른 선택을 하도록 확인하는 내용이 포함된다. 또한 커뮤니티와 업계로부터 참가와 채택이 폭넓게 일어나기 때문에 저렴한 비용으로 기술을 사용하고 인재를 채용할 수 있을 뿐 아니라 기술 혁신에 대한 지속성을 보장하는 개방형 표준을 활용하는 내용도 포함된다. 기술 리스크가 발생하면 인프라의 기획과 유지, 인재 유치, 그리고 블록체인 프로젝트에 필요한 전반적인 소프트웨어 개발 비용이 초과할 수 있다. 리스크 요소에는 IT 보안 리스크와 정보 보안 리스크, 아키텍처와 설계의 부실함에 따른 막대한 비용 초과, 우수 인력의 감소와 채용 기회 제한으로 인한 인재 확보 문제 등이 포함된다.

수치화 리스크

수치화 리스크는 리스크가 일어날 확률과 여파를 측정 가능한 계량 단위로 바꾼 것이다. 프로젝트 맥락에서 리스크의 가치나 총량을 프로젝트의 비용이나 추정 시간에 비상 가치(contingency value)로 더한다. 따라서 프로젝트 리스크의 수치화와

비용, 비상 계획(contingency plan)[16]은 불가분의 관계다.[08]

수치화 리스크에서는 시스템적인 안정성과 업계 표준과의 벤치마킹, 시장 표준과의 비교에 중점을 둔다. 수치화 분석은 특정 프로젝트를 처음으로 구축할 때는 더 어려운 작업일 수도 있다. 벤치마킹 대상이나 다른 프로젝트에서 참고할 만한 데이터가 없기 때문에 이런 프로젝트의 경우 위험 부담이 커진다.

GRC 프레임워크

거버넌스와 리스크 관리, 컴플라이언스 등 세 가지 항목은 서로 관련되어 있으며 조직이 목표를 안정적으로 달성하고 불확실성을 해결하며 성실하게 비즈니스에 대응할 수 있게 해 준다.[09]

다양한 거버넌스 프레임워크는 상호 의존적인 성격을 띠고 있기 때문에 비즈니스 통제와 리스크 완화 전략, 컴플라이언스 통제 및 정책 준수, 지적 재산권(IP) 관련한 견실한 정책, 인재 유치, 인사 정책 등의 미흡함으로 인해 시스템 리스크가 발생한다. 컴플라이언스(또는 불응)의 비용, 잘못된 리스크 완화 전략, 지적 재산권 인재 기업 자원 관련한 통제 절차의 미흡함으로 인해 운영 효율성과 상관없이 재무 모델이 불안정해질 수 있다.

---

16 예측하지 못한 상황이 닥쳤을 때 이를 대처하기 위한 위기 관리 경영 기법을 말한다. 국가 간 전쟁이나 분쟁, 급격한 유가 변동, 자연 재해, 대규모 노사 분쟁, 통화 가치 급락 등이 이에 해당한다.

비즈니스 리스크

비즈니스 리스크는 이윤 창출의 불확실성이나 손실의 위험성을 내포한다. 미래에 벌어질 예측할 수 없는 상황 때문에 어떤 이벤트는 리스크로 작용할 수도 있어 결국 비즈니스가 실패하게 된다.[10]

비즈니스 리스크에는 시장 리스크와 운영 리스크, 재무 리스크, 시스템 리스크가 포함되며, 하나 혹은 여러 리스크가 합쳐져서 블록체인 기반 비즈니스 네트워크에 실패를 초래하게 된다. 적절한 비즈니스 모델과 비즈니스 설계에 시간을 쏟는 일은 GRC 프레임워크의 구현 및 리스크 모델링과 더불어 중요한 고려 사항이다.

블록체인 거버넌스와 정책

블록체인 네트워크 운영자는 다양한 모델에 대해 정책이 있는 거버넌스 구조를 구현하고 정의해야 한다. 정책 프레임워크는 네트워크 전체에 해당하거나 ROI와 재무, 리스크 모델처럼 특정 모델에만 해당할 수도 있다. 이 정책들은 모델 리스크를 다루는 데 있어 지침이 되며 분석을 수행하기 위한 지형을 만들어 준다. 거버넌스 정책은 모델 리스크를 다룰 때는 첫 번째 방어선이 될 수 있지만, 네트워크 운영과 성장에 장애가 될 수도 있다. 성장 벡터(vector)[17]를 설정하는 차원에서 리스크를 관리하는 좌표와 환경을 제한하는 좌표 어딘가에서 균형점을 잡는 것이 중요하다.

---

17 물리적으로 방향과 크기를 가지는 양을 뜻하며, 특정 방향으로 행동을 일으킬 수 있는 추진력을 의미한다.

Chapter 7 요약

    현재 수많은 블록체인 프로젝트와 네트워크가 등장하고 있다. 하지만 블록체인 프로토콜의 기술상의 복잡함을 해결하고 특정 업계가 안고 있는 고질적인 비효율성을 해결할 수 있다고 주장하는 프레임워크들을 탐색하는 일은 여전히 난제로 남아 있다. 그중에서도 가장 어려운 과제는 표준안을 정의하는 일로, 그러기 위해서는 업계에서 의미 있고 확장 가능한 블록체인 기술의 이용 사례를 구체화하는 프레임워크를 사용해야 한다. 블록체인을 실제 업계와 비즈니스에 접목하려면 아직은 기술상의 애로사항이 많다. 하지만 참여자 사이에 신뢰를 쌓을 수 있는 글로벌 플랫폼을 형성해 비즈니스를 전환할 수 있는 블록체인의 역량은 인터넷을 능가할 만큼 잠재력이 충분하다고 하겠다.

    블록체인이 추구하는 목표는 대행사나 인적 감시, 통제, 중개업체가 개입하지 않더라도 가치의 교환이 활발하게 일어나는 신뢰할 수 있는 디지털 트랜잭션 네트워크를 만드는 것이다. 블록체인의 이러한 막강한 개념이 비즈니스에 미치는 함의는 엄청나다. 기업과 업계, 생태계에서는 이러한 잠재력을 파악하고 있지만, 블록체인 기반 비즈니스 네트워크의 전환적이고 파괴적인 요소와 비즈니스와 재무 설계, 프레임워크, 모델링에서 확실하게 검증된 사례가 부족한 점은 현재 블록체인을 업계에서 채택하기에 걸림돌로 작용하고 있다.

    업계와 컨소시엄, 기업은 리스크를 효과적으로 관리하는 한편, 자원을 체계적이고 정량적이며 적정한 수준으로 활용할 수 있도록 다양한 가치 평가 모델이나 재무 및 비즈니스 구조, 리스크 모델, 거버넌스 프레임워크를 고려한 모델과 프레임워크를 파악하고 고안해야 한다. 이 프레임워크들을 바탕으로 블록체인 도입의 여파와 실행 가능성, 리스크, 기술 적용 방안을 잘게 세분화해서 실용적인 차원에서 평가하고 난 후에는 업계별, 하위 업종별로 초점을 맞춰 다양한 투자 수준의 리스크와 거버넌스, ROI를 파악하도록 노력해야 한다.

모델 프레임워크는 규제와 컴플라이언스의 걸림돌을 해결하는 한편, 비즈니스 네트워크와 생태계, 디지털 마켓 플레이스를 형성하는 경제적으로 존속 가능한 기술을 도입해 전략적 의도를 형성함으로써 가치를 확보하는 데 목표를 두어야 한다. 블록체인 기반 비즈니스 네트워크가 전략적 접근 방식과 비즈니스 설계, 재무 지침, GRC 프레임워크를 적절하게 혼용하고, 기술적 안목과 인재 풀 등 가용 자원을 십분 활용한다면, 업계와 비즈니스에 파괴의 바람을 일으키면서도 막대한 수익을 가져다주는 전환을 꾀할 수 있겠다.

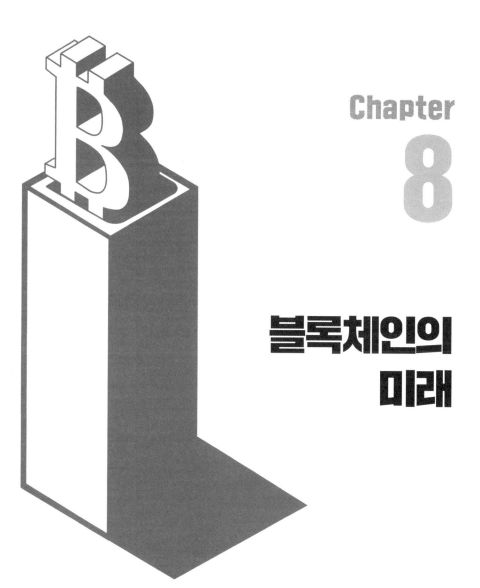

블록체인의
미래

블록체인은 우리 곁에 있으며… 영원히 그리고 사회 공익을 위해서.

_ 제리 쿠오모(Jerry Cuomo)

지금까지 이 책을 관심 있게 읽어준 독자에게 바라는 점이 있다면 여러분 조직에 블록체인 비즈니스를 어떻게 접목할지를 진지하게 고민하고 적극적으로 나서 주었으면 하는 것이다. 블록체인으로 전 세계에서 가장 근본적인 비즈니스 프로세스가 재구성되고 있고, 지금까지는 상상하지도 못했던 새로운 형태의 디지털 상호 작용이 활짝 열리고 있는 것을 경험하고 있다. 오늘날 블록체인은 업계와 공공 기관에서 업무 처리비와 복잡성을 어느 정도 줄여주는지 그 잠재력을 꾸준히 알리고 있다. 'Blockchain is certainly here for good' 문장에서 'for good'이 블록체인은 틀림없이 '영원할 것이다'라고 해석되지만, '사회 공익을 위해서'라는 의미로도 해석될 수 있다. 블록체인은 한때 유행이 아니라 '영속적'이라는 함의를 갖는다고 하겠다. 또, 블록체인은 '사회적 차원에서 공익(social for good)'을 위한 신뢰의 토대가 되고 있음을 시사한다. 말하자면, 화폐 위조와 디지털 감시 체제, 신원 도용 등 디지털 비즈니스에 폐해를 끼치는 다양한 악용 사례가 현저하게 줄어든다고 하겠다.

지금까지 우리는 블록체인이 비즈니스에 불러일으키는 전환적인 파급력 중에서 단지 도입기만을 지켜봐 왔을 뿐이다. 앞으로 일어날 변화를 가늠해 볼 때 블록체인으로 인해 걷잡을 수 없이 큰 여파가 몰아칠 것이다. 특히 네트워크 간에 합종연횡이 일어나고 업계와 생태계에 걸쳐 영향력을 한껏 드러내면서 '네트워크의 네트워크' 효과를 발산하게 될 것이다. 또한 우리는 블록체인이 인공지능과 사물 인터넷, 양자 컴퓨팅(quantum computing) 등 소위 신기술이라고 하는 이머징 테크놀로지(emerging technology) 간에 연결 지점(nexus) 역할을 하는 사례를 보게 될 것이다. 이들 신기술만이 가진 특장점과 신기술에는 결여된 블록체인의 신뢰가 어우러져 시너지 효과가 발휘되면서 블록체인으로 인해 신기술 도입이 가속화하게 될 것이다. 이번 장에서는 이러한 시너지 효과에 대해 살펴보기로 하겠다.

네트워크로 이루어진 네트워크

거의 매일 새로운 '라이브 블록체인 솔루션'이 시중에 등장한다. '라이브 블록체인 솔루션'이라 함은 날마다 블록을 새롭게 생성하고 가치를 교환하는 다수의 회원사로 이루어진 블록체인 네트워크를 가리킨다. 하지만 이러한 솔루션들이 자체 네트워크의 참여자를 위해서 가치를 만들고 있을지는 모르지만 솔루션 자체는 고립된 상태라고 하겠다. 만일 개개의 솔루션이 '나 홀로' 상태로 계속 남아 있는 시나리오라면 질문이 나오게 된다. "앞으로 얼마나 더 많은 솔루션이 나오게 될 것인가? 기업 입장에서는 그 기업과 관련된 모든 네트워크와 연결하려면 얼마나 많은 애플리케이션이나 솔루션이 필요할 것인가? 만일 개별 솔루션 간에 상호 운용이 가능하다면? 솔루션끼리 연결된다면 훨씬 많은 가치가 창출되지 않을까?

현재 상황을 놓고 블록체인의 앞날을 예견해 보자면 미래에는 블록체인 기술이 네트워크 간의 네트워크를 구성할 수 있는 기반을 마련해 경제와 정부, 기업을 비롯해 훨씬 많은 이해관계자 간에 협력 방식에서의 재편과 가치 창출이 부가적으로 일어나게 될 것이다. 한 조직의 블록체인 네트워크가 '거미줄'처럼 퍼져 나가 업계 생태계를 연결하는 네트워크로 자리잡을 때 비로소 블록체인 경제가 출현하게 된다. 이처럼 그물처럼 얽힌 구조 속에서 조직은 다수의 이종 솔루션과 연결하고 거래를 주고받으며 단독 네트워크가 가진 한계성을 넘어서 솔루션 간에 상호 운용을 통해 만들어지는 시장에서 기회를 엿보게 될 것이다. 결국, 조직은 애플리케이션이나 진입점(entry point), 피어(원장)를 하나씩만 가지고 있으면 되지, 비즈니스와 관련된 모든 네트워크와 솔루션에 접속하기 위해 여러 개를 반복해서 설치할 필요가 없어진다.

네트워크들로 구성된 블록체인 네트워크가 갖는 잠재 여파를 더 폭넓은 시각에서 바라보기 위해 글로벌 프러듀스 서플라이(GPS, Global Produce Supply)라는 가상의 회사를 예로 살펴보기로 하겠다. GPS는 생산품의 유통과 도매를 담당하는 회사다. GPS 입장에서는 최종 고객과 파트너를 성공적으로 연결하려면 생산품의 안전과 품질에 최선을 다하고 운송 및 유통 프로세스를 합리화하며 파트너들과의 대금 지급이 제때 이루어지도록 해야 한다. GPS는 이러한 기대를 충족시키기 위해 서로 다른 세 개의 블록체인 네트워크에 가입했다, 식품의 품질 및 안전, 운송, 무역 금융 네트워크로, 세 블록체인 솔루션은 저마다의 방식으로 GPS에 가치를 제공하고 있지만 어디까지나 개별로 존재하는 네트워크일 뿐 상호 연동해서 운영되는 기능은 없다.

만일 반대 상황이라면 어떨까? 세 네트워크를 연결해 상호 운용함으로써 창출되는 가치를 생각해 보도록 하자. 즉 세 가지 네트워크로 이루어진 GPS의 네트워크를 구성하려는 것이다. GPS는 세 네트워크로 구성된 하나의 솔루션만으로 식품의 품질 및 안전성을 확보하고, 운송 프로세스에서 신뢰와 추적성, 투명성을 제공하며, 무역 금융 네트워크를 활용해 파트너들과의 금융 거래를 수행하게 된다. 이렇게 되면 이미 블록체인이 창출해 놓은 현재의 가치 계층 위에 또 하나의 가치 계층이 잠재적으로 만들어지게 될 것이다.

오늘날 개별적으로 출현하고 있는 블록체인 솔루션들은 전례를 찾아볼 수 없는 방식으로 업계의 지형을 바꾸고 있다. 하지만 앞에 나온 GPS 사례에서 보았듯이 블록체인 네트워크와 솔루션이 상호 운용 기능을 갖기 시작할 때 비로소 현재의 네트워크 역량을 넘어 가치를 추가로 창출할 길이 활짝 열릴 수 있다.

2018년 9월 14일 IBM은 아세라(Hacera)와 손잡고 이러한 목표를 이루는 데 필요한 첫 단추를 끼웠다. IBM은 아세라가 발간한 무한 주소록

(Unbounded Registry)[01]이라는 이름의 비즈니스 안내 책자 프로젝트에 참가했다. 블록체인 프로젝트에 참여하고 싶은 전 세계 기업이 필요한 제휴 업체를 쉽고 빠르게 찾을 수 있도록 업종별 상호 및 연락처를 정리한 일종의 '옐로 페이지(yellow Pages)'[02]라고 할 수 있다.1 주소록에 등록된 현존하는 네트워크와 솔루션은 하이퍼레저 패브릭, 이더리움 쿼럼(Quorum), R3 코다, 스텔라 등을 포함해 다양한 블록체인 프레임워크에서 구현된다. IBM과 오라클, 마이크로소프트 등의 벤더와 더불어 전 세계 컨소시엄과 개발자가 무한 주소록에 참여하면서 가입자 기반이 계속해서 늘어나고 있다. 많은 참여자가 허가형과 비허가형 기반의 블록체인을 통해 개방형 협력을 추구하는 데 무한 주소록이 도움을 주고 있다. 앞으로도 블록체인 참여자가 이 주소록을 통해 프로젝트에 참여하게 되고 자신들의 활동 사항을 공개하며 협력할 수 있도록 장려할 것이다.

이 과정의 다음 단계는 기존 블록체인 기술이 가진 능력을 지속적으로 발휘해서 블록체인 기술들을 상호 연결하거나 다양한 프로그램 언어로 계층화하기 시작하는 것이다. 블록체인 솔루션으로 최대 가치를 이끌어 내려면 각 조직에서는 개별 솔루션을 연결할 방법을 고민해야 한다. 다행히도 우리가 모든 것을 직접 하느라 시간 낭비할 필요는 없다.

어째서 시간 낭비할 필요가 없는지 현재의 블록체인 기술로 설명해 보도

---

01 하이퍼레저 패브릭 1.0으로 만든 무한 주소록은 그 자체가 오픈 소스 애플리케이션으로 주소록에는 현존하는 블록체인 프로젝트 각각에 관한 설명과 행사, 기사뿐 아니라 담당팀에 직접 연락할 수 있도록 연락처가 나와 있다. 아세라의 승인 아래 블록체인 프로젝트 운영자가 직접 자신의 프로젝트 관련 정보를 탈중앙화 방식으로 주소록에 올리고 정보 페이지를 개설할 수 있다.

02 지금은 비록 사라졌지만, 인터넷이 확산되던 1990년대에는 분야별로 지정된 인덱스에 따라 웹사이트를 분류한 '야후 디렉터리'라는 온라인 주소록이 웹의 부흥을 선도했었다.

록 하겠다. 하이퍼레저 패브릭 기반의 네트워크를 사례로 들어 구체적으로 살펴보자. 우리는 피어와 채널로 이루어진 패브릭 네트워크의 구성이야말로 네트워크들로 이루어진 하나의 네트워크가 영향력을 제대로 발휘할 수 있는 곳이라고 생각한다. 피어는 분산 원장들이 존재하는 곳이고 채널[03]은 허가된 일부 사용자만 중요한 정보에 접근할 수 있는 프라이빗 서브 네트워크다. 조직들은 채널을 통해 다수의 블록체인 네트워크에 접속하기 위해 자신의 피어를 활용할 수도 있기 때문에 피어가 가진 영향력이 드러난다. 이러한 방식으로 복잡성이 줄어들고 다른 블록체인 네트워크와 조직이 상호 작용하는 절차가 최적화된다.

패브릭의 피어가 갖는 영향력을 십분 활용하는 것 이외에도 기존의 블록체인 기술에 다양한 프로그래밍 언어로 작성되는 스마트 계약의 역량을 이식시킬 수도 있다. 특히 일부 블록체인 프레임워크는 원하는 대로 커스터마이징이 가능한 모듈 구조로 이루어져 있어 스마트 계약을 작성하는 데 쓰는 다양한 언어를 지원하기도 한다. 예를 들면, 이더리움에서 스마트 계약을 코딩하기 위해 사용하는 프로그래밍 언어인 솔리디티(solidity)[04]가 하이퍼레저 패브릭에 구현된 네트워크에서 작동할 수 있다. 따라서 솔리디티로 작성한 스마트 계약이 포함된 솔루션을 하이퍼레저 패브릭 기반의 네트워크 사용자들도 사용할 수 있다. 이러한 상호 운용 역량은 계속해서 진화해 나갈 것이며, 특히 2018년 10월 1일 하이퍼레저 프로젝트와 이더리움

---

03 비즈니스 상황에서 몇몇 사람끼리만 특정 내용을 공유해야 하는 경우가 반드시 생기는데 패브릭은 이러한 상황에 유연하게 대처하고자 채널이라는 요소를 넣었다.

04 개발자가 솔리디티로 코드를 작성하면 솔리디티 컴파일러에 의해 이더리움 가상 머신(EVM, Ethereum Virtual Machine)이 인식 가능한 이더리움 바이트코드(Ethereum Bytecode)로 변환되어 EVM에서 실행된다.

기업 연합(EEA, Enterprise Ethereum Alliance) 간에 공통의 블록체인 표준을 설립하고 더 넓은 오픈 소스 커뮤니티를 만들겠다고 협업을 발표한 이래로2 사일로(silo, 담을 쌓아 외부와 소통하지 않는 현상)에 대한 위험이 해결됐다. 글로벌 블록체인 생태계가 하이퍼레저 프로젝트와 EEA의 양강 구도로 굳혀져 왔지만, 이 협력으로 인해 서로 다른 블록체인을 오가며 원활하게 트랜잭션을 처리하는 상호 운용성이 높아질 전망이다. 이는 블록체인 전체 커뮤니티가 한 단계 더 진화하게 되었음을 시사한다.

마지막으로 이러한 블록체인 네트워크와 솔루션을 한 조직을 위해 모아주는 요소가 매시업(mash-up) 애플리케이션[05]이다. 이 애플리케이션으로 조직이 블록체인 네트워크 및 솔루션과 연결하는 방식이 완전히 바뀌리라 예상한다. 조직이 네트워크마다 개별적으로 API를 연결하는 대신에 단 하나의 고정된 API만을 창구로 삼아 다양한 서비스에 접속하면 되기 때문이다. 매시업 애플리케이션에는 데이터 모델과 스마트 계약에서 정의한 다양한 기능이 포함되지만, 근본적으로 이 애플리케이션은 다양한 네트워크를 끈끈하게 모아주는 접착제와 같은 역할을 맡게 될 것이다. 조직에서 블록체인의 이용 사례가 계속 늘어남에 따라 이러한 구조 때문에 기업도 그에 맞춰 규모를 확장한다거나 업계 경쟁에서 우위를 차지하는 데 필요한 혁신의 속도를 갖출 수 있을 것이다. 클라우드 플랫폼 제공자들이 애플리케이션을 개발할 수 있도록 가치 있는 서비스를 제공해 왔듯이, IBM 블록체인 플랫폼과 같은 블록체인 플랫폼도 블록체인 기반 매시업 애플리케이션의 개발

---

05 기술·데이터·콘텐츠를 융합해 기존과 다른 새로운 서비스를 만들어내는 것으로, 사진과 그 사진을 찍은 장소 정보를 구글 지도와 조합하여 '지도 매시업'을 개발하는 것을 예로 들 수 있다.

과 고도화를 촉진하는 노력을 기울이고 있다.

　조직과 솔루션이 만나면 네트워크가 형성된다. 오늘날 우리는 새로운 길을 개척할 때 얻게 되는 이점을 경험하고 있지만, 대다수의 솔루션은 아직까지 고립된 방식으로 운영되고 있다. 그렇기는 해도 이종의 솔루션들을 상호 연결하는 조직의 역량 부족으로 조직과 솔루션이 단일 네트워크만 접속해야 하는 한계를 넘어서는 수준에 다가서고 있다. 우리는 처음부터 여러분이 블록체인을 단독으로는 추진할 수 없다고 알고 있었다. 여러분한테는 비슷한 사고방식을 가진 혁신가들로 이루어진 역동적인 커뮤니티와 생태계가 필요하다. 그들은 세계 경제 무대에서 기존의 비즈니스 수행 방식을 전환하는 데 일조하겠다는 비전을 공유하고 있다. 지금껏 나온 블록체인 기술의 잠재력은 빙산의 일각일 뿐, 발전 가능성은 무궁무진하다. 하지만 블록체인 프레임워크와 솔루션이 연결되도록 설계한다면 우리는 네트워크들로 이루어진 네트워크가 갖는 잠재력을 최대치로 끌어올릴 수 있으며 그렇게 함으로써 블록체인 경제가 형성될 것이다.

기술 간의 연결 지점이 되는 블록체인

　　　　　　블록체인은 인공지능과 사물 인터넷, 양자 컴퓨팅 등 이머징 테크놀로지의 채택을 가속화하는 연결 지점에 서 있다. 블록체인은 비즈니스에서 이들 새로운 기술을 전면적으로 확대 적용할 때 요구되는 신뢰라는 결여된 요소를 제공하기 때문이다. 다른 한편으로는 블록체인 비즈니스 네트워크는 최신 블록체인 플랫폼과 애플리케이션에 이들 기술을 통합함으로써 이점을 취하는 입장이기도 하다.

블록체인과 인공지능

블록체인과 인공지능은 기업에서 최고정보책임자(CIO)라면 누구나 업계의 판도를 뒤흔들 만한 '게임 체인저(game changer)' 기술로 여겨 목록에 올려놓고 눈여겨 보고 있을 것이다. 블록체인과 인공지능 기술 자체는 막대한 이점을 주지만 채택되기까지 부딪히는 저항 또한 만만치 않다. 또한 이들 기술 각각을 둘러싼 관심과 과장의 열기는 그 유례를 찾아볼 수 없을 정도로 후끈 달아올랐다고 하는 표현이 적절하다. 따라서 두 기술을 통합하게 되면 누구한테는 현대판 '수리수리 마수리 얍!'하는 IT 마술 주문쯤으로 보일 수도 있겠다. 또한 두 기술을 융합해 새로운 서비스를 창출하는 합리적이면서도 실용적인 매시업을 논리적으로 고민해 보는 방법도 있겠다.

오늘날 인공지능은 사실상 모든 면에서 중앙화된 프로세스다. 최종 사용자는 중앙기관에 대해 극단에 가까운 신뢰를 해야 신뢰 기반의 비즈니스 결과를 얻게 된다. 블록체인은 인공지능을 구성하는 세 가지 핵심 요소인 데이터와 모델, 분석을 탈중앙화함으로써 최종 사용자가 인공지능 기반의 비즈니스 프로세스를 전면적으로 받아들이고 의존하게 하기 위해 필요한 신뢰와 믿음을 최종 사용자에게 심어줄 수 있다. 이제 블록체인이 인공지능(데이터와 모델, 분석)에 신뢰를 부여해 어떻게 이 기술을 한 차원 높이는지 알아보도록 하겠다.

여러분의 데이터는 여러분의 것

전 세계에서 최고의 인공지능 기반 기술을 내놓고 있는 기업 대부분은 중앙화된 구조를 갖고 있다. 알리바바와 바이두, 텐센트와 같은 중국 기업뿐 아니라 아마존과 애플, 페이스북, 구글, IBM 모두 그렇다. 사용자들은 이 기업들이 가진 기술에 대해서는 열광하지만 다소 경계하는 성향이 있기 때문에 기업들은 사용자와 신뢰를 구축하는 데 어려움을 겪어 왔다. 비즈니스는 어떻게 하면 인공지능이 일정 기준을 넘어서는 행위를 한 적이 없다는 사실을 사용자들에게 확실하게 심어줄 수 있을까?

만일 이러한 인공지능 서비스가 여러분의 데이터를 수집한 이후 언제 어떻게 비즈니스 목적으로 사용하고 있는지 의심하지 않도록 입증해 주는 '포렌식[06] 리포트(forensic report)'를 제삼자의 확인을 받아 작성할 수 있다면 어떨지 상상해 보기 바란다. 여러분이 동의한다는 조건 아래 데이터를 활용하게 된다면 어떨지 머릿속에 떠올려 보기 바란다.

블록체인 원장은 디지털 저작권 관리 시스템으로 활용할 수 있어서 인공지능 서비스 제공업자에게 여러분의 데이터를 계약의 조건과 규정, 기간에 따라 '라이선스'할 수 있도록 해 준다. 이 원장은 비즈니스 사업자가 사용자의 데이터에 접속해 사용할 수 있는 허가권과 증명을 저장한 접속 관리 시스템 역할을 한다.

신뢰 기반의 인공지능 모델

데이터를 기반으로 컴퓨터가 스스로 새로운 알고리즘을 만들어 내는 머

---

06 컴퓨터IT 정보 분석으로 범죄 정보를 찾아내고 데이터를 복원해 각종 증거를 찾는 것을 말한다.

신러닝(machine learning)을 훈련하는 모델에 신뢰 기반의 데이터와 출처 증명을 제공하는 수단으로 블록체인 기술을 활용하는 사례를 생각해 보도록 하겠다. 앞의 내용을 설명하기 위해 우리는 사과와 오렌지 둘 중에 어떤 과일일까 하는 질문에 대한 답을 찾는 가상 시스템을 예로 들겠다.

우리가 구축하는 질의응답 시스템을 '모델'이라 부르며 이 모델은 '훈련' 과정을 거쳐 완성된다. 훈련의 목적은 우리가 하는 질문에 대부분 정확하게 답하는 정교한 모델을 만드는 데 있다. 당연히 모델을 훈련시키려면 훈련용으로 쓸 만한 데이터를 수집해야 한다. 이 경우에는 빛의 파장에 따른 과일의 색상과 총 무게 대비 설탕 함유량이 될 수 있겠다. 블록체인으로 여러분은 특정한 과일이 사과 또는 오렌지로 판정되기까지 예측이 나오게 된 증거에 대한 감사 추적을 볼 수 있을 뿐 아니라, 훈련할 때 사용한 데이터의 출처도 파악할 수 있다. 비즈니스 사업자는 또한 두 개의 과일 중에서 사과가 더 비쌀 경우 사과로 인식하는 빈도를 훨씬 높게 조정하여 장부를 '조작'하는 것은 아니라는 사실도 입증할 수 있다.

인공지능 결정에 대한 설명

유럽연합(EU)은 AI가 내린 어떠한 결정이든지 기꺼이 설명할 수 있어야 하고, 이를 위반할 시에는 기업에 수십억 달러의 벌금형을 부과하겠다는 법안을 도입했다. 2018년 5월 25일 발효된 유럽연합의 개인 정보 보호법(GDPR, General Data Protection Regulation)에는 알고리즘 자동화 의사 결정에 대해 설명을 요구할 권리와 함께 일부 알고리즘 의사 결정에 대해서는 배제할 권리가 포함되어 있다.

기술 간의 연결 지점이 되는 블록체인

어마어마하게 많은 양의 데이터가 매초 생성되고 있다. 인간보다는 AI가 결론을 내리기 위한 근거로서 데이터를 평가하고 사용하는 능력이 뛰어나다. 하지만 인공지능 기반 애플리케이션은 대용량 데이터와 수많은 변수를 평가하고, 임무와 목표와 관련된 변수들에 대해 학습하거나 그들 간의 연관 관계를 찾아내는 능력이 있다. 인공지능은 바로 이런 점 때문에 다양한 업계와 애플리케이션에서 계속해서 채택될 전망이며 우리는 그렇게 해서 나온 결과에 더욱더 의존하게 될 것이다. 하지만 인공지능이 내린 어떠한 결정도 여전히 인간이 그 정확도를 확인해야 하는 것이 현실이다. 블록체인은 이러한 결과와 의사 결정의 출처 증명과 투명성, 이해, 설명을 명확히 하는 데 도움이 될 수 있다. 만일 의사 결정과 의사 결정에 영향을 미치는 측정값(data point)을 블록체인 플랫폼 위에 트랜잭션을 통해 기록한다면 블록체인의 고유한 속성 덕분에 데이터를 편집하는 일이 훨씬 간편해질 것이다. 블록체인은 네트워크에서 트랜잭션에 신뢰를 부여하는 핵심 기술이다. 따라서 인공지능 기반 의사 결정 프로세스에 블록체인을 도입하는 것은 인공지능에서 얻어낸 의사 결정과 함께 결과를 완전히 신뢰하기 위해 필요한 투명성을 확보하는 데 필수적인 요소일 수 있다.3

블록체인과 사물 인터넷

주위의 정보나 수치를 스스로 계산하고 판단하고 처리하는 기능을 갖춘 십억 개 이상의 인텔리전트한 커넥티드 디바이스가 오늘날 사물 인터넷의 일부가 되어 있다. 앞으로도 수천억 개 이상이 쏟아져 나올 것으로 예상되는 이들 기기 때문에 우리는 전자산업이나 그 외 많은 분야를 휩쓸기 시작한 전환의 기로에 한 발짝 더 다가가게 될 것이다.

사물 인터넷의 발달로 현재 산업 현장에는 데이터를 확보해 데이터로부터 통찰력을 얻고 데이터 기반으로 의사 결정을 내릴 수 있는 여건이 충분히 갖추어져 있다. 따라서 획득한 정보에는 충분한 '신뢰'가 있다. 하지만 정확하게 실제 상황을 짚어 보자면 이 데이터들의 출처가 어디인지 우리가 정말로 안다고 할 수 있을까? 그렇다면 우리 자신도 검증할 수 없는 데이터를 바탕으로 의사 결정을 내리고 거래를 처리하는 것이 옳다는 것일까?

예를 들면, 날씨 데이터가 정말로 태평양 어딘가에 설치한 센서에서 수집된 것일까? 운송 컨테이너의 온도가 정말로 사전에 설정한 대로 잘 유지되고 있을까?[07] 사물 인터넷의 이용 사례는 무궁무진하지만, 여전히 신뢰라고 하는 풀리지 않는 쟁점이 공통으로 남아 있다.

그런데 블록체인과 사물 인터넷이 결합하면 수집한 데이터에 진정으로 신뢰를 부여할 수 있다. 근간이 되는 발상은 단말을 제조할 때 단말의 수명 동안 블록체인으로 확인하고 검증할 수 있는 아이디(ID)를 부여하자는 것이다. 단말의 아이디 프로토콜과 평판 시스템에 의존하는 블록체인 기술의 역량을 활용하면 사물 인터넷 시스템에게 엄청난 잠재력이 있다. 단말의 아이디 프로토콜로 각 단말은 고유의 블록체인 공개키를 가지게 되며 다른 단말로 암호화된 시도(challenge)와 응답(response)[08] 메시지를 보낼 수 있어서 단말의 아이디가 노출되지 않는다. 또, 블록체인으로 아이디를 가진 단말의

---

07 온도에 민감한 약물·식품 등의 화물을 운송하는 컨테이너 내외부의 온도를 사물 인터넷 기술로 측정하고 수집한 데이터의 모니터링에 블록체인 기술을 접목하는 시도가 물류 산업에서 진행되고 있다.

08 기기가 인증 서버로 시도(challenge)를 요청하고 인증 서버는 이에 대한 응답(response)으로 활성화 키(activation key)를 전송해 기기 간 상호 인증을 하는 방식이다.

평판이나 이력을 추적하고 관리하는 시스템을 개발할 수 있다.04

스마트 계약은 블록체인 네트워크에서 업무에 필요한 비즈니스 로직(business logic)09 을 나타낸다. 트랜잭션 요청(transaction proposal)10이 생기면 스마트 계약은 네트워크가 정한 지침 내에서 자동으로 실행된다. 사물 인터넷 네트워크에서 스마트 계약은 자동화된 코디네이션과 트랜잭션 및 상호 작용을 위한 승인 기능을 제공함으로써 핵심 역할을 담당할 수 있다. 사물 인터넷의 이면에 있는 원래의 발상은 적절한 시기에 문제의 원인이 되는 데이터를 수면 위로 떠올려 실행 가능한 안목을 얻는 것이었다. 예를 들면, 스마트홈은 현실로 구현되고 있는 개념으로 가정 내 대부분의 기기가 연결될 수 있다. 실제로 사물 인터넷의 경우 기기에 문제가 발생하면 새로운 부품을 주문하는 등의 조치를 사물 인터넷이 알아서 취할 수 있다. 우리는 이들 기기가 대응하는 행위를 통제하는 방법이 필요하며, 블록체인의 스마트 계약이 이런 일을 처리하기에 가장 적절한 기능을 갖추었다고 본다.05

뉴욕의 브루클린에 있는 한 커뮤니티6에서는 블록체인7을 통해 태양 에너지의 생산량을 기록하고 여분의 신재생 에너지 크레딧(포인트)을 구매할

---

09 업무에 필요한 데이터 처리를 수행하는 응용 프로그램의 일부를 말하며, 데이터의 입력과 수정, 조회 및 보고서 처리 등을 수행하는 루틴. 즉, 눈에 보이는 일의 뒤에서 일어나는 각종 처리를 의미한다.

10 하이퍼레저 패브릭에서 트랜잭션 사이클은 '실행(execute)-정렬(order)-검증(validate)'으로 이루어지며, 이 단계 자체가 합의 알고리즘이자 원장이 업데이트되는 과정이다. 패브릭은 트랜잭션 요청(transaction proposal)으로 처음 시작하는데, 트랜잭션을 승인하는 일부 피어(endorsing peer)들에 해당 요청을 보내면 그 피어들은 스마트 계약을 실행하고 원장에 실제로 트랜잭션이 기입된다. 승인하는 피어가 트랜잭션에 서명하고 원래 요청자에게 결괏값을 돌려보내면 이것이 '실행'에 해당한다.

수 있도록 하는 '브루클린 마이크로 그리드' 시범 사업[11]이 진행되고 있다. 스마트폰 단말마다 아이디가 있으며 기록과 교환에 관한 이력을 통해 평판을 쌓고 있다. 블록체인을 통해 사람들은 구매력을 훨씬 쉽게 모으고 유지 운영에 대한 부담을 나눠 가지며 태양열에 의한 실제 생산량이 단말에 기록되고 있다고 신뢰하고 있다.

사물 인터넷이 계속해 진화하고 채택 기반이 확대될수록 단말을 독자적으로 관리하는 능력과 단말이 스스로 대응하는 행위는 필수가 될 것이다. 블록체인과 스마트 계약은 이런 역량을 사물 인터넷과 통합하기에 제격이라 하겠다.

블록체인과 양자 컴퓨팅

블록체인은 신뢰와 투명성, 보안 측면에서 트랜잭션과 비즈니스 네트워크에 대변혁을 일으키고 있다. 양자 컴퓨팅은 디지털 세대에서는 결코 경험한 적이 없는 기존 컴퓨터의 연산 능력을 훨씬 능가하는 새로운 컴퓨팅 아키텍처로서, 컴퓨팅 능력에 새로운 패러다임을 제시한다. 그렇다면 블록체인과 양자 컴퓨팅은 어떤 공통점이 있을까?

블록체인 기술의 장점으로 흔히 조작이 원천적으로 불가능하다거나, 적어도 조작 방지 기능을 갖췄다고 말하곤 한다. 블록체인이 블록체인의 안전을 보장해 주는 표준화된 암호화 기능과 합의 프로토콜을 기반으로 삼기 때문에 주로 이러한 감상에 치우친 평가가 나오곤 한다. 오늘날 일반적으

---

11 태양광 패널을 50여 가구에 설치하고 가정에서 만들어진 전기는 브루클린 마이크로 그리드 미터를 거쳐 동네별로 설치된 블록체인으로 이동한다. 스마트폰의 앱을 통해 소비자·판매자가 에너지의 수요와 공급 현황을 실시간으로 파악하고 이웃끼리 전기를 사고팔 수 있는 P2P 전력 거래 시스템이다.

로 가용한 기술로 이 암호화 기술과 합의 알고리즘을 무력화하기 위해서는 엄청난 컴퓨팅 연산 능력이 필요하므로 이들이 비교적 안전한 편이기는 하다. 하지만 그렇다 하더라도 사람들이 블록체인의 강점으로 높게 평가하는 보안에도 치명적인 아킬레스건이 존재할 수 있다. 기존 슈퍼컴퓨터보다 수백만 배 빨리 정보를 처리할 수 있는 양자 컴퓨터로 블록체인 프레임워크에서 실행되는 기존의 암호화된 보호장치를 파괴하는 일은 식은 죽 먹기나 다름없다.

양자 컴퓨터가 현재 블록체인을 무력화할 수 있는 반면에 양자 사이버 보안 또한 해결책을 제시할 수 있다. 양자 컴퓨팅 전문가이자 허드슨 퀀텀 이니셔티브(Hudson Quantum Initiative) 연구소의 공동 창립자인 이달리아 프리드슨(Idalia Friedson)은 새롭게 부상하고 있는 양자 사이버 보안을 3단계에 걸쳐 도입한다면 "새로운 기술의 출현으로 완전히 쓸모가 없어진 다른 시스템들이 겪어야 했던 비극적 운명을 블록체인은 피해갈 수 있다"라고 주장한다.

- **1단계:** 순수 난수(true random number, 참 난수)[12] 또는 양자 키(quantum key)[13] 를 추가해 기존 암호화 알고리즘의 성능을 강화한다. 블록체인 소프트웨

---

12 컴퓨터 기술의 발달에 따라 암호화된 난수의 패턴이 노출되는 경우가 발생하는데 이를 해결하는 방법이 바로 QRND(Quantum Random Number Generator, 양자 난수 생성기)다. QRND는 0이 될지 1이 될지 알 수 없는 양자의 불확정성을 이용해 정해진 패턴이 없는 '순수 난수(true random number)'를 생성한다. 공인인증서, OTP(일회용 비밀번호) 등에 활용되는 기존 난수는 유사 난수로써, 실제로는 패턴이 있는 숫자이므로 양자 컴퓨터의 해킹 위험성이 존재한다. QRND는 통신망은 물론 각종 사물 인터넷 제품에 간편하게 탑재될 수 있도록 초소형으로 개발되어 손쉽게 보안성을 높인다는 장점이 있다.

13 양자(Quantum, 입자가 운동할 때의 최소 에너지 물리량 단위)의 특성을 이용해 송신자와 수신자만이 해독할 수 있는 암호 키를 만들어 도청을 막는 기술

어에 양자 키를 추가하는 방식은 기존 일반 컴퓨터와 양자 컴퓨터 양쪽 으로부터 보안을 강화하는 방안이 될 것이다.

- **2단계:** 양자 저항 알고리즘(quantum-resistant algorithms)을 개발한다. 미국 국립표준기술연구원(The U.S. National Institute of Standards and Technology, NIST)에서는 차세대 알고리즘으로 공모했던 프로젝트들을 현재 심사 중 이다. 그중 하나가 수학계에서 절대 답을 찾을 수 없다고 알려진 '격자 문제(lattice problem)'[14]를 응용한 암호인 격자 기반 암호기법(lattice-based cryptography)으로, 양자 컴퓨터를 도입해도 깨지지 않는 차세대 암호체계 임이 입증되었다. 지금까지는 어떠한 알고리즘도 이 방식으로 데이터를 암호화하는 체계를 무너뜨릴 수 없다고 알려졌다.

- **3단계:** 보안이 필요한 두 시스템에 양자 암호 키 분배(QKD, Quantum Key Distribution)[15] 시스템을 설치 운용하면서 송신자와 수신자가 광자(photon) 에 정보를 저장하고 양자 암호 비밀키를 나눠 가져 한 지점에서 다른 지 점으로 정보를 보내도록 한다. 제삼자가 중간에서 정보 탈취를 시도할 경우 접속이 자동으로 차단되므로 해킹이 원천 방지된다고 알려졌다.

양자 컴퓨팅이 블록체인의 보안에 심각한 위협을 끼칠 수도 있겠지만, 프리드슨이 제안한 3단계 방안처럼 양자 키와 양자 저항 알고리즘, 양자 키 하드웨어를 개발해 도입하려는 시도가 앞으로 닥쳐올 위기에 대처하는 해

---

14 격자 문제는 일종의 최단 거리를 찾는 문제로, '현재로서는 풀 수 있음이 증명되지 않은 문제'인 NP 완전 문제(NP complete problem)로 분류된다.

15 송신자와 수신자가 각자 가진 양자 키 분배(QKD) 기기를 통해 양자를 주고받으며, 양자의 특성(불확정성) 을 활용해 예측 불가능한 암호 키를 만드는 원리다.

결책이 될 수 있다. 조금만 앞을 보려고 한다면, 앞으로도 블록체인은 조작 방지 기능을 갖춘 원장을 통해 신뢰 기반을 제공하며, 양자 컴퓨팅으로 인한 위협의 방향을 돌려 보안 수준이 대폭 강화될 수도 있다.

여러분도 알다시피 블록체인은 신뢰라는 결여된 요소를 제공하기 때문에 인공지능과 사물 인터넷 등 새롭게 부상하는 기술의 채택을 가속화하는데 일익을 담당하게 될 것이다. 마찬가지로 블록체인 비즈니스 네트워크는 인공지능과 사물 인터넷 등의 기술을 최신 블록체인 플랫폼과 애플리케이션에 통합함으로써 수혜를 입는 입장이기도 하다.

블록체인이 가져올 기회와 도전

비즈니스 리더가 적합한 내용을 적절한 깊이로 활용할 수 있도록 이 책의 각 장마다 신중하게 내용을 선정했다. 블록체인의 기술 기반이나 비즈니스 모델과 같은 폭넓은 주제와 함께 블록체인 기반 비즈니스와 프로젝트에 대한 기술 설계에 필요한 구현 문제를 의미 깊게 다루었다. 우리는 블록체인 전문가이자 선구적인 이론가, 비즈니스 리더로서 지금까지의 실전 경험을 바탕으로 블록체인 프로젝트를 진행할 때 생기는 문제와 함께 업계 및 특정 비즈니스 양측에서 바라보는 준비 상황을 되짚어 봤다. 또한 신뢰가 내재화된 다자간 트랜잭션 네트워크에서 기반이 되는 블록체인의 핵심(또는 확장 가능한) 네트워크를 설계할 때 필요한 기술상의 안목에 대해서도 다루었다. 우리가 이 책을 쓰게 된 주요 동기에는 현저히 부족한 기술 역량과 함께 비즈니스 모델의 리더십, 블록체인 시스템 설계 경험, 업계별 블록체인 분류 체계, 블록체인 모델 프레임워크, 리스크와 투자 모델, 공통된 비즈니스 설계 패턴 등이 작용했다.

우리는 블록체인 커뮤니티와 업계 협회, 블록체인 기술 표준 단체에서 선구적인 이론가로 활발하게 활동해 오면서 프라이버시와 기밀성, 확장성, 코드와 인프라 관리에 대한 네트워크 중심적인 접근 방식 등 복잡한 기술 쟁점들은 여전히 해결이 안 된 채 남아 있다고 생각한다. 이상적으로 말해 이러한 쟁점들이 해결되면 트랜잭션 비용을 예상 범위에서 경제적으로 현실적인 솔루션이 나오게 될 전망이다. 이러한 복잡한 기술상의 쟁점들은 새로운 가치의 공동 창조를 촉진하는 플랫폼을 제공하는 탈중앙화되거나 준탈중화된 블록체인 기반 비즈니스 네트워크의 비즈니스 설계에 직접적인 영향을 미친다. 궁극적으로 비즈니스 네트워크를 작동시키는 비즈니스 모델은 비용에 대한 예측 가능성과 경제적 존속 가능성, 새로운 가치 창조에 그 성패가 달려 있다. 결국 네트워크에서 트랜잭션 처리하는 과정이 간소화됨으로써 새로운 비즈니스 모델이 출현할 기회는 훨씬 많아진다는 점을 전제하고 있다.

이 책은 기술 기반과 지형, 비즈니스 모델, 거버넌스와 리스크 구조화, 재무 모델에 이르기까지 다양한 주제를 짜임새 있게 구성해 여러분이 의사 결정 기준을 새롭게 정립하는 데 도움을 주고자 했다. 견실한 의사 결정 프로세스에는 의사 결정의 질적 측면에 영향을 미칠 수 있는 다양한 데이터가 포함되었다. 재무와 시장 기반 데이터, 업계에 특화된 데이터가 그 예가 될 수 있다. 이 책에서 제시하는 프레임워크와 지침은 여러분이 의사 결정을 쉽게 내릴 수 있게 한 것으로, 단순하고 정량화할 수 있으며 동료 사이에서 수용 가능한 모델을 도입하도록 도움을 줄 것이다.

우리는 과거 경험에 비추어 리스크 모델링과 리스크 모델 프레임워크, 프로젝트 재무 모델을 설명하는 장을 추가하면 좋겠다는 결론에 이르렀다. 기술 리스크와 컴플라이언스 리스크, 업계 고유 리스크와 같이 모든 영역을 망라함으로써 비즈니스 리더가 리스크를 이해하고 수치화해 체계적으로 접근할 수 있는 프레임워크를 제시했다. 우리의 리스크 모델 프레임워크는 리스크를 제약 사항이 아니라 기회 관점에서 바라본다. 이 프레임워크는 블록체인 회원사 간에 리스크를 공유하는 데 주안점을 두며, 결과로 생겨나는 기회는 최종 결산 결과(bottom line)에 더해져 프로젝트의 재무 모델링과 거버넌스·리스크·컴플라이언스(GRC) 프레임워크에 대한 전통 방식에 새로운 관점을 투영한다.

여러분의 조직이 블록체인 기반 비즈니스 네트워크에 참여할 만한 수준인지 현재 상황을 확인하려면 업계에 특화되어 일어나고 있는 혁신과 채택 패턴을 파악해야 한다. 기술 지형 절에서는 이용 사례의 비즈니스 모델에 영향을 미치는 기본 토대와 기술 지형을 다루기 위해 신뢰를 구현하는 방식의 차이점(trust divide)에 관해 설명했다. 업계의 하위 세그먼트에서 일어나는 사례일 수도 있다. 3장과 4장에서는 기술 기반에 관한 견실한 기초 지식을 전해 주며 기술 기반이 비즈니스 모델에 지속적으로 미치는 영향도 보여 준다. 비즈니스 리더는 우리가 제안하는 선택 매트릭스로 비즈니스 설계와 솔루션 설계 작업을 통해 만들어지는 아키텍처 중에서 최선의 안을 선택하도록 도움을 받을 수 있다. 우리가 설명하는 투자 지침으로 비즈니스 리더는 기업의 자원을 현명하고 신중하게 사용하는 프레임워크를 완벽하게 숙지하게 되며, 프로젝트의 각 단계를 거치면서 투자가 목표 달성치를 이루도록 하려는 취지에서 리스크 완화 툴을 제시한다.

블록체인의 기술 기반을 비즈니스 모델과 결부시킬 때 우리는 허가형과 비허가형 네트워크 간의 선택을 놓고 기술 중립 방식(특정 기술에 의존하지 않음)을 취했다. 이 네트워크들 사이에 신뢰를 구현하는 방식이 어떻게 다른지 이해하려면 기업 주도형 블록체인 기술과 암호화폐 주도형 세계 간의 차이점을 알아야 한다. 전자는 허가형 블록체인으로 주로 기존 프로세스 혁신을 목적으로 하는 전환적 성향이 강하며, 후자는 비허가형 블록체인으로 대개 퍼블릭 블록체인 영역에서 찾아볼 수 있으며 블록체인을 도입해 운영 활동에서 전환과 재창조를 도모하려는 업계에서 파괴자 역할을 한다. 여러분이 둘 중에 어떤 블록체인을 선택하건 간에 이 책에서 설명한 툴과 프레임워크를 바탕으로 양쪽 블록체인의 동기 부여 요소와 기술 진척 정도를 파악하고 구분하는 것이 중요하다. 궁극적으로는 혁신 성장과 뒤따라 나타나는 비즈니스 모델의 재창조가 새로운 경제 가치를 창출하게 되어 결국 이 세상을 변화시킬 것이다.

이 책에서 다룬 주제의 범위와 맥락에 국한하지 말고 현재처럼 중앙에서 모든 것이 관리되는 세계에서 일어나는 현상, 즉 격차와 비효율성, 그 외 제약적인 측면과 비즈니스 트랜잭션과 관련된 모든 활동이 완벽하게 탈중앙화되는 세계에서 일어나는 현상이 스펙트럼을 따라 어떻게 펼쳐질지 이해하는 것이 중요하다. 우리가 진행한 프로젝트의 경험에 비추어 보면 업계는 현재의 중앙화된 시스템과 공존할 수 있는 새로운 모델을 채택하기 때문에 블록체인의 파괴적 여파가 받아들여지기 위해서는 새로운 모델은 중앙화와 탈중앙화라는 스펙트럼의 양 끝 사이 중간의 어디쯤 자리해야 한다. 비즈니스 네트워크가 가진 문화적 요소를 감안하고 리스크를 완화하려면 완전하게 탈중앙화된 모델이나 준탈중앙화 모델로 옮겨가는 과정은 점진적으로 진행되어야 한다. 완전하게 탈중앙화된 노선으로 갈아타는 일은 쉽지 않다. 업계를 대표하는 기업이나 컨소시엄에서 개념 증명과 파일럿 형태로 추진하는 전환적 성격의 프로젝트들에서는 완전하게 탈중앙화된 세상으로 옮겨가기 전에 블록체인 기술과 신뢰, 트랜잭션 리스크를 파악하려고 노력한다. 중앙화된 구조에서 완전히 탈중앙화된 구조에 이르기까지 스펙트럼의 양 끝을 이동하는 경로를 따라 흥미로운 여정이 펼쳐지며 현재 양측 진영에서 창의적이고 혁신적인 아이디어가 무럭무럭 자라고 있다.

이 책이 여러분의 흥미와 관심을 유도하고 정보를 정확하게 전달해 주는 블록체인 탐색 여정 가이드가 되기를 바란다. 여러분이 블록체인 기술 프로젝트를 비즈니스에 채택하려고 할 때 부딪히는 도전이나 채택 지침에 관한 비즈니스상의 전반적인 관점을 알고 싶을 때 참고하는 책이 되었으면 한다. 블록체인의 기술 지형이 워낙 급속하게 변화를 겪고 있고 진화를 거듭하다 보니 이 책을 집필하면서 재미있는 경험을 했었다. 새로이 출현하는 비즈니스 모델과 업계 전반에 걸쳐 일어나는 전환이 초래할 가능성 때문에 우리에게 목적의식이 생겼고, 그것이 끊임없이 샘 솟는 에너지의 원천이 되기도 하였다. 그 결과 업계에 불어 닥친 파괴와 전환에 대처하기 위해 혁신을 일구고, 또 그 혁신을 적용해서 블록체인 기술의 잠재력을 이해하기 위한 여정을 묵묵히 이어나가게 되었다. 이 책은 견고한 비즈니스 모델을 구축하는 데 필요한 기본기를 충실하게 알려주며. 블록체인 비즈니스 설계에 필요한 일부 핵심 요소와 함께 블록체인 비즈니스가 제시하는 청사진에 대한 깊은 안목을 제공한다.

전체 요약

블록체인 네트워크를 성공적으로 구축하려고 할 때 알아야 하는 모든 내용을 배웠다. 블록체인을 직접 구축해 나가면서 각 장에서 배운 내용과 장차 어떤 일이 일어날 수 있을지 되짚어 보면 유용하다.

2장에서는 블록체인이 가져다주는 기회와 함께 기회에서 오는 이점을 누리기 위해 고려해야 하는 도전들에 대해 개략적으로 살펴보았다. 블록체인은 전환을 추구하며 분산된 조직 구조와 신뢰 기반의 비즈니스 모델, 탈중앙화된 생태계와 같은 새로운 기회를 열어 주고 있다. 은행권과 금융 시장, 보험, 헬스케어, 리테일, 소비재 상품, 정부, 미디어, 엔터테인먼트, 자동차, 여행, 교통 등의 많은 분야에서 블록체인이 열어 주는 기회를 충분히 활용할 수 있다. 그러나 이러한 기회는 도전 요소와 함께 찾아온다. 블록체인 네트워크의 범위를 정하고 그 네트워크를 구축하기 위한 동기 부여 요소를 모아 활용하며, 네트워크를 관리할 거버넌스 구조를 설립하고, 기술을 확보해 현장에서 실제로 구동되도록 하는 일 등이 포함된다. 블록체인은 파괴적인 기술로 블록체인이 업계의 지형을 변화시킴에 따라 여러분의 비즈니스도 적응할 필요가 있겠지만, 범위와 동기 부여 요소를 적절하게 설정하고 거버넌스 구조가 제대로 갖추어진다면 여러분은 지형 변화의 물결을 타고 떠올라 단순히 살아남는 것 이상을 누릴 수 있을 것이다. 다시 말해 시장에서 번영을 누리고 경쟁 우위에 설 수 있게 된다는 이야기다.

블록체인 네트워크를 구성할 때 수반되는 기회와 도전을 보았는데, 그렇다면 그 블록체인 네트워크를 구축하고 있는 지형은 실제로 어떠할까? 3장에서는 형세를 탐험하고 여러분의 시야에 들어오는 환경과 기술 측면을 설명했다. 기업용 블록체인 네트워크에서는 네트워크에 포함되기를 원하는 참여자만 접속할 수 있도록 허가형 네트워크를 사용한다. 그리고 블록체인 네트워크의 구축 비용에 대해서 설명했는데, 제대로만 구현한다면 투자 대비 효과를 막대하게 거두고 기대 수명을 채우게 될 것이다. 그중에서도 핵심으로 볼 수 있는 블록체인이 생산하고 블록체인을 통해 가치를 이끌어내는 암호자산(토큰)에 대해 배웠다. 이 자산들은 네트워크를 성장시키기 위해 보호하고 활용해야 한다. 그렇게 되면 가치가 지속해서 늘게 된다.

3장의 주제는 중요한 내용이기 때문에 반드시 이해해야 한다. 블록체인 네트워크의 모든 기술적 측면을 훤히 꿰뚫고 있어야만 블록체인이 가져올 파괴적인 영향력에 쉽고 빠르게 적응할 수 있다. 기술 기반이 탄탄해야 블록체인이 입지를 굳건하게 다지게 되며 진화하게 된다.

기업용 블록체인 네트워크가 가진 강점을 충분히 누리기 위해서는 비즈니스와 업계에 맞는 적합한 비즈니스와 기술 모델을 정해야 한다. 블록체인에 참여함으로써 얻게 되는 경제적 인센티브가 가장 큰 모델, 즉 단독보다는 네트워크를 통해서 훨씬 큰 가치를 창출할 수 있는 모델을 원할 것이다. 모델을 제대로 선정한다면 블록체인 네트워크로 옮겨가는 과정이 수월하고 블록체인의 파괴적 특성이 가져다주는 이점을 최대한 누리게 될 것이다. 비즈니스 모델은 다양한 형태로 존재하는데 그중에서도 조인트 벤처와 컨소시엄, 신규 법인, 비즈니스 생태계, 민간 투자 사업 또는 창립자가 주도하는 네트워크, BOOT(Build Own Operate Transfer) 방식 또는 컨소시엄 구성원들이 주도하는 네트워크 등이 있다. 이에 대해서는 4장에서 다루었다.

블록체인을 구현할 때 블록체인 기술을 이해하는 것 다음으로 가장 중요한 것은 의사 결정이 모델을 선택하는 일이다. 비즈니스와 업계에 가장 잘 맞는 모델은 구현하기도 쉬울뿐더러 투자 대비 효과가 가장 높을 것이다. 반대로 잘 맞지 않는 모델에서는 가치가 창출되지 않을 뿐 아니라 실제로 가치를 떨어뜨릴 우려도 있다.

이쯤 되면 블록체인 네트워크에 맞는 모델을 선정해 구현할 준비가 되었을 것이다. 가장 먼저 해야 할 과제는 거버넌스 구조를 갖추는 일로, 여러분과 생태계 파트너가 블록체인 네트워크에 대한 공통의 비전과 목표를 갖는 데 필요하다. 거버넌스 구조가 갖추어지면 생태계 파트너들도 자신들의 블록체인 네트워크가 어떻게 관리되는지 알게 될 것이다. 5장에서는 업계에 특화된 요건을 반영하고 비즈니스 모델과 기술 청사진 간의 연계성을 긴밀하게 확보하는 거버넌스 구조를 어떻게 설립하는지를 설명했다. 모든 참여자는 공통 거버넌스 구조를 채택해 공통으로 설정한 목표와 네트워크 자원의 공정하고 공평한 활용과 참여 규칙을 따르게 된다.

거버넌스는 블록체인 네트워크가 원만하고 효율적으로 운영되며 최대 가치를 창출할 것을 보장한다. 우수한 거버넌스 구조란 평범한 보통의 블록체인 네트워크와 우세하고 수익성 있는 블록체인 네트워크 간의 차이를 의미할 수도 있다. 따라서 블록체인에 맞는 적절한 기술과 모델을 선정하는 일 외에도 블록체인을 제대로 통치하는 인프라를 갖추어야 한다.

블록체인은 혼자만의 노력으로 만들어지는 것이 아니다! 블록체인을 성공적으로 구축하려면 네트워크 구성에서 다양한 책임과 역할을 떠맡을 전문가들로 팀을 구성해야 한다. 창립자와 회원사, 운영자, 네트워크 사용자처럼 상위 역할을 맡을 기업 차원의 팀이 필요하다. 그러고 나면 실전 현장에서 네트워크 구축에 깊숙이 관여하는 행동 대원들이 필요하다. 이들은 운영 위원회 멤버와 프로젝트 관리자, 블록체인 컨설턴트, 엔지니어 등의 역할을 맡게 된다. 각 분야의 전문가는 모두 인터프라이즈 시너지(interprise synergy, 기업 내부 시너지)라는 개념 하에 협업하게 되는데, 각 전문가가 규모가 큰 네트워크 내에서 막강한 자율권을 행사하며 탈중앙화된 권한을 갖는 권위자로 일하도록 권한을 이양받는 구조다. 6장에서 팀 구성원과 역할에 관해 설명했다.

다음으로 블록체인 구축에서 한 부분을 차지하는 각 역할에 맞는 적임자를 선별해야 한다. 팀의 각 구성원은 자기 분야에서는 전문가이어야 하고 자신이 맡은 역할의 범위 내에서만큼은 의사 결정에 대한 자율성과 권한을 가져야 한다. 하지만 어디까지나 본인이 맡은 역할의 테두리 안에서만 그러한 것이다. 누구나 팀의 구성원이 타인의 영역을 침범해 충돌을 일으키고 업무에 방해가 되기를 원치 않는다.

이 책을 읽으면서 블록체인의 복잡한 기술을 둘러싸고 많은 도전 과제가 쌓여 있음을 배웠다. 그중의 한 가지는 오늘날 다양한 재무 모델과 투자 지침, 프레임워크(블록체인 네트워크를 최대한 효율적으로 확대할 목적을 가진 구조)

가 존재하기 때문에 일어난다. 그중에서 어떤 것을 선택할까? 7장에서는 여러분의 네트워크에 가장 잘 맞는 요소를 결정하는 지침을 제시해 주었다. 7장에서 학습한 내용은 모든 규모의 리스크를 효율적으로 관리하는 한편, 자원이 체계적, 정량적, 측정 가능하게 구현되도록 하는 데 도움을 준다. 전략적 접근 방식과 비즈니스 설계, 재무 지침, GRC 프레임워크를 적절하게 혼용하고 기술적 안목과 인재 풀 등 가용 자원을 십분 활용한다면 블록체인 기반 비즈니스 네트워크를 통해 업계와 비즈니스에 파괴의 바람을 일으키면서도 막대한 수익을 가져다주는 전환을 꾀할 수 있을 것이다.

툴을 올바르게 사용하지 않는다면 자원을 최적으로 배치하면서 리스크를 관리하는 일이란 어렵다. 블록체인 네트워크를 구축하고 구현할 때 재무 모델과 투자 지침, 리스크 프레임워크가 비즈니스와 업계에 최고의 위험 보상 비율(risk and reward ratio)을 가져다줄 수 있도록 전력을 다해야 한다. 따라서 어떤 툴을 사용할지 신중하게 고려하기 바란다.

블록체인 네트워크를 구축하는 일이 쉬운 일은 아니지만, 이 책을 읽으면서 터득한 지식을 적용한다면 사회 공익에 기여하고 모든 참여자를 이롭게 하는 협력 분위기를 비즈니스와 업계에 조장하며, 비즈니스에 무한한 가치를 일으킬 수 있는 네트워크를 탄생시킬 수 있을 것이다. 지금이야말로 앞으로도 오래도록 비즈니스의 지형을 변화시킬 새롭고 급진적인 기술을 활용해 승기를 잡을 때다.

감사의 말

　현재 시중에 출간된 블록체인 관련 책들 사이에서 틈새를 찾으려고 노력을 쏟은 것 자체는 대단히 고무적인 일이었지만, 한편으로는 철저히 실용적이고 비즈니스적인 가치 관점에서 틈새를 메우려고 하다 보니 상당히 어려운 작업이 되었다. 하지만 집단 지식을 모으고 필자 세 명의 70년 이상의 기술과 비즈니스 리더십 경험, 10여 년간 쌓은 블록체인 기술의 전문 지식, 수천 명이나 되는 고객사와의 상호 작용을 동원하다 보니 집필진 원정대한테는 대단히 보람 있고 서로서로 격려하는 탐험이었다.

　책을 집필하는 일은 여행이나 마찬가지다. 목적지에 도달하기까지 여러 여정을 거치면서 직간접으로 도움을 주는 많은 사람을 만나게 된다. 가족과 동료, 이 여행을 성공적으로 마칠 수 있도록 자애로움을 베풀어 준 편집자와 출판 관계자 등 대단히 훌륭한 여러분이 곁에서 아낌없는 지원과 용기를 북돋워 주었기 때문에 결실을 보게 되었다. 우리는 상당히 운이 좋았으며 지금 이 지면을 빌어 진심으로 감사하다는 말을 전하고 싶다.

　첫째로, 피어슨 출판사의 투철한 프로 의식으로 무장한 최고의 출판 팀 (제작 편집인 줄리 나힐, 카피 라이터 질 홉스, 프로젝트 관리자 레이첼 폴)에게 진심으로 감사의 마음을 전한다. 그리고 편집장 그레고리 도엔치는 최고의 파트너로, 이 책의 전 집필 과정을 통틀어 매끄럽고 시의적절하게 일정을 조절해 주어 즐겁게 일할 수 있었다.

둘째로, 우리는 집필 과정 동안 각별히 신경써 주고 아낌없는 도움을 베풀어 준 동료들에게 신세를 많이 졌다. IBM 마케팅 서비스의 스티븐 스탠설은 전반적인 책 집필 과정을 차근차근 설명해 주고, 초창기 도서 집필 제안서를 검토하고 다듬어 우리를 피어슨 팀에 소개해 주었다. IBM Redbook 편집팀 소속의 웨이드 윌리스는 우리가 작성한 초안을 다듬어 주는 1차 편집자로, 문법상의 오류를 고쳐주고 피어슨 팀으로 원고를 넘기기 전에 내용상의 공백을 메워 주었다. IBM 블록체인 마케팅의 콜비 머피는 마케팅 측면에서 지원해 주었고, 특히 블록체인의 미래를 예측하는 내용에서 도움을 주었다. IBM 블록체인 마케팅의 팀 리처와 스티븐 미콜라이자크는 콘텐츠의 적절성을 검토하고 마케팅 및 법률 지침을 준수하도록 전반적 프로세스를 지원해 주었다. 제리와 같은 팀에 근무하는 피터 리스는 제리의 도서 관련한 업무와 시간 조율, 자료 검색 등을 도와주었다. IBM 블록체인 디자인 팀의 숀 린치는 독창적인 책 표지 디자인 작업을 해 주었으며, IBM 블록체인 디자인 팀의 스티브 킴 또한 디자인 관련한 컨설팅을 해 주었다. IBM 블록체인 사업부 총괄 마리 위크에게 특별히 감사의 말을 전하고 싶다. 피어슨 출판사와 함께 일할 기회를 주고, 초기에 서평과 추천사를 작성해 주는 등 친절한 도움을 주었다. 그리고 IBM 블록체인 기술의 설립 리더이자 IBM 클라우드 및 코그너티브 소프트웨어 담당 수석부사장인 아빈드 크리슈나도 귀중한 조언을 해 주고 리더십을 발휘해 주었으며, 초기에 서평과 추천사를 작성해 주었다.

마지막으로 우리는 다음에 나오는 사람들에게도 대단히 감사하다는 말을 전한다. 블록체인의 선구적인 이론가이자 ≪블록체인 혁명≫의 저자인 돈 탭스콧은 우리가 작성한 원고를 놓고 균형 잡힌 검토를 남겨 주었으며, 감사하게도 추천사까지 작성해 주었다. 현재 MIT 슬론 경영대학원의 리서치 어필리에이트이자 월스트리트저널 CIO 저널 칼럼니스트로 활동하고 IBM 전 부사장을 역임한 어빙 블라다우스키 버거는 원고를 검토하고 솔직한 의견을 주었으며 진심 어리고 훌륭한 추천사도 남겨 주었다. 루미나스 스트래터지의 CEO 겸 창립자이자 ≪Winning with Customers: A Playbook for B2B≫의 공동 저자인 키스 피그는 콘텐츠를 간결히 하는 데 신경 쓰고 독자를 위한 가치 제공에 집중하라는 중요하고도 건설적인 조언을 해 주었으며, 원고를 검토하고 추천사도 남겨 주었다. 미국 디지털 상공회의소의 설립자 겸 대표인 페리안 보링은 글로벌 블록체인 커뮤니티에서 만난 훌륭한 친구이자 리더로, 원고를 검토하는 데 도움을 주고 추천사도 시기적절하게 써 주었다. 디지털 상공회의소는 교육과 옹호 활동을 펼치고 정부와 민간 조직, 정책 입안자, 규제 기관, 업계와 밀접하게 일하면서 블록체인 기술의 수용을 촉구하는 원동력이 되고 있다.

다른 무엇보다도 가장 중요한 것은 자이는 아내 바샬에게 진심으로 고마움을 표하는 바이다. 바샬은 진정으로 영감을 불러일으키는 존재로, 자이의 아이디어 도화선의 불씨를 댕겨 결국 책을 집필하도록 격려하기에 이르렀다. 그녀 자신도 시스코 시스템즈 정보 프라이버시 및 시큐리티 분야에서 풀타임 시니어 프로그램 매니저로 일하면서 몇 개월간 가정에서 일어나는 모든 일을 혼자서 처리하느라 이중고를 겪었다. 어린 자녀 두 명이 학교와 클럽 활동에 참여하고 저녁에는 스포츠 활동, 주말에는 피아노, 댄스, 태권도, 미술 수업, 축구, 야구, 발리볼 연습 및 게임에 참가하도록 그녀 혼자서 돌보아야 했다. "여보, 너무나 고마워요." 자이는 딸 사치와 아들 요그야한테도 감사의 마음을 전한다. 아빠가 책을 쓰는 데 충분한 시간을 할애하도록 배려하고, 많은 시간을 함께 보내지 못하는 데도 흔쾌히 이해해 주었다. 자이는 또한 어머니 사루피 데비, 아버지 푸시야 램, 그리고 책을 집필하는 동안 인도에서 날마다 전화를 걸어 자이의 안부를 묻고 그의 앞날에 축복을 빌어준 장모 치트라 마여카한테도 감사하는 마음을 영원히 간직한다. 자이와 바샬의 인도에 있는 형제자매들(수치타, 라메쉬, 에이미, 비제이, 수니타, 아니타, 비니타)도 열렬한 지지를 보내 주었으며 집필 동기를 유발하는 중추적인 역할을 했다.

물론 자이의 가족 이외에도 공동 저자의 도움 없이 이 책을 완성하기란 불가능했을 것이다. 자이는 영원히 기억에 남을 공동 집필 경험을 진심으로 즐겼으며, 특히 놀라우리만치 뛰어난 리더십과 기술에 대한 비전을 공유해 준 제리에게 고마움을 표한다. 니틴도 그의 수백 명 고객사와의 상호작용으로부터 터득한 독특한 통찰력을 가져다주고 이 책의 중요한 주제에 진정한 균형점을 찾아 주어 감사하게 생각한다. 마지막으로 브루스 헉스, 벤켓 라가반, 산제이 트라이파시 등 관리팀에게도 직간접으로 동기 부여와 격려를 해 주어서 고맙게 생각한다.

제리의 표현을 빌리자면 "블록체인은 팀 스포츠"이며 제리도 가족들에게 감사를 표하는 바이다. 사랑스러운 아내 스테파니와 아버지 제롬 팝, 어머니 리타 리츠, 딸 로즈 로보, 사위 크리스토퍼, 아들 젠나로 버드, 여동생 스테파니 세스, 안드레아 아지아, 그리고 처가 식구와 고모, 삼촌, 조카, 사촌에게도 고마움을 전한다. 한 명 한 명 제리의 얼굴에서 웃음이 떠나지 않게 만들었던 인물이다. 그동안 밴드 연습에 빠졌는데도 양해한 밴드 마인드 더 갭의 멤버 아이도와 배리, 마르, 린한테도 감사를 전한다.

그리고 제리의 동료들 없이 블록체인 제리는 불가능할 것이다. 만일 대표로 몇 명만 언급했다가는 명단에서 빠진 이들로부터 공격을 받게 되리라는 것을 제리도 잘 안다. 하지만 적어도 그가 블록을 원장에 담도록 지원해준 현재의 리더십 팀 IBM 체인 갱(chain gang)에게 만큼은 감사의 말을 남겨야 한다. 아르빈드, 마리, 브리짓 밴, 라메쉬, 브리지드, 제임스, 존 매클레인, 가리, 크리슈나, 크리스, 섀론, 앤서니, 캐스린, 마크, 피터, 앤디, 바비, 미타, 미히르, 데이비드, 게일, 스티브, 팀, 앨런, 앨런, 아담, 댄, 에일린, 롭, 레이첼, 마이클. . . . 그리고 존. 제리는 글이 방향을 제대로 잡도록 곁에서 길잡이가 되어준 콜비 머피에게 특히 감사를 표한다. 마지막으로 제리는 공동 저자인 자이와 니틴한테도 고마움을 전한다. 제리가 이 책의 집필을 돕겠다고 동의했을 때 그 말은 일단 확정하고 나면 돌이킬 수 없는 블록체인상의 트랜잭션과 같은 불변의 맹세로 남았다. 이 팀이 제리에게 의무를 부과해 제리를 오늘날 이 자리에 있게 만들었다. 제리는 그 점을 대단히 고맙게 여긴다.

니틴은 아내 리투가 보내준 지지와 그녀 혼자 가사를 도맡아 처리하면서 아들 닐을 돌보아 주어 고맙게 생각한다. 업무 처리와 출장에 드는 시간은 누구에게나 엄청난 부담이 될 수 있지만, 책까지 집필하게 되면 그 부담은 이루 말할 수 없을 정도다. 이럴 때 넛지(nudge)와 격려야말로 에너지 수준을 끌어올리는 데 큰 효과를 발휘하는 일등 공신이다. 니틴은 그가 집필 여행에 나서 있는 동안 리투와 닐이 보내준 보이지 않는 지지에 고마움을 느낀다.

니틴도 공동 저자 제리와 자이에게 감사의 말을 전한다. 제리는 공감과 격려를 앞세운 멘토십과 리더십, 지지를 보여 주었으며, 자이는 이 과정에서 그를 앞에서 인도하고 책에 모든 내용이 담길 수 있도록 확인하고 신경 써 주었다. 니틴은 또한 다음 이들에게도 감사를 말을 남긴다. IBM 마케팅의 팀 리처가 보내준 지지와 웨이드 월리스가 초안을 편집해 주었던 일, 피어슨 출판사 팀의 카피라이터 질이 제때 맞춰 편집하고 피드백을 해준 일 모두 고맙게 생각한다. 그리고 출판 과정에서 친절히 이끌어 준 피어슨 출판사의 그레고리 도엔치에 특별히 감사하다는 말을 전하고 싶다.

미주

1. David Chaum. "Blind Signatures for Untraceable Payments." Advances in Cryptology: Proceedings of Crypto 82 (January 1982): 199–203.

2. Reshma Kamath. "Food Traceability on Blockchain: Walmart's Pork and Mango Pilots with IBM." Journal of the British Blockchain Association (June 12, 2018). jbba.scholasticahq.com/ article/3712-food-traceability-on-blockchain-walmart-s-pork-and-mango-pilots-with-ibm; IBM Corporation and Brooklyn Roasting Company. "Transparency from Farm to Cup." The Blockchain Bean, May 1, 2017. www.ibm.com/thought-leadership/blockchainbean; Larry Dignan. "Unilever Aims to Force More Digital Ad Transparency, Plots Blockchain Pilot with IBM." ZDNet, February 12, 2018. www.zdnet.com/article/unilever-aims-to-force-more-digital-ad-transparency-plots-blockchain-pilot-with-ibm; Nicky Morris. "Maersk/IBM Complete Supply Chain Blockchain Pilot." Ledger Insights, August 9, 2018. www.ledgerinsights.com/maersk-ibm-supplychain-blockchain-pilot-tradelens.

3. Jai S. Arun and Alexander Carmichael. "Trust Me: Digital Identity on Blockchain." IBM Institute for Business Value, April 2017. public.dhe.ibm.com/common/ssi/ecm/gb/en/gbe03823usen/ gbe03823usen-00_GBE03823USEN.pdf

4. Identity.Foundation. "Decentralized Identity Foundation" n.d. identity.foundation.

5. Identity.Foundation. "Working Groups." n.d. identity.foundation/#wgs.

6. Dan Gisolfi. "Decentralized Identity: An Alternative to Password-Based Authentication." Blockchain Unleashed: IBM Blockchain Blog. IBM Corporation, October 5, 2018. www.ibm.com/ blogs/blockchain/2018/10/decentralized-identity-an-alternative-to-password-based-authentication; Adam Gunther. "Collaboration: Unlocking Decentralized, Digital Identity Management through Blockchain." Blockchain Unleashed: IBM Blockchain Blog. IBM Corporation, April 4, 2018. www. ibm.com/blogs/blockchain/2018/04/collaboration-unlocking-decentralized-digital-identity-management-through-blockchain.

7. Suzanne Barlyn. "AIG Teams with IBM to Use Blockchain for 'Smart' Insurance Policy." Reuters, June 15, 2017. www.reuters.com/article/us-aig-blockchain-insurance-idUSKBN1953CD; Giulio Prisco. "IBM, Five International Banks Pilot Blockchain-Based Platform for Trade Finance." NASDAQ.com, April 26, 2018. www.nasdaq.com/article/ibm-five-international-banks-pilotblockchain-based-platform-for-trade-finance-cm954045.

Chapter 1

1. "Security Model." The Network: R3 Corda V3.0 Documentation. R3, 2016. docs.corda.net/releases/release-M8.2/key-concepts-security-model.html.

2. "Channels." Prerequisites: Hyperledger–Fabric Docs Master Documentation. Hyperledger, 2017. hyperledger-fabric.readthedocs.io/en/release-1.0/channels. html.

3. "Zero-Knowledge Proof Standardization." An Open Industry/Academic Initiative, 2019. zkproof.org/.

4. Vukolic, Marko. "IBM Research: Behind the Architecture of Hyperledger Fabric." The Analytics Maturity Model (IT's Best Kept Secret Is Optimization). IBM, 2018. www.ibm.com/blogs/research/2018/02/architecturehyperledger-fabric/.

5. Ongaro, Diego, and John Ousterhout. "In Search of an Understandable Consensus Algorithm (Consensus Version." raft.github.io/raft.pdf.

6. Center for Food Safety and Applied Nutrition. "Labeling & Nutrition: Changes to the Nutrition Facts Label." U.S. Food and Drug Administration, Center for Drug Evaluation and Research, 2018. www.fda.gov/Food/ GuidanceRegulation/GuidanceDocumentsRegulat oryInformation/ LabelingNutrition/ucm385663.htm.

7. Condon, Mairin. "We.Trade Blockchain Platform Completes Multiple RealTime Customer Transactions." We.Trade, 2018. we-trade.com/article/ we-trade-blockchain-platform-completes-multiple-real-time-customertransactions.

8. "Your Identity in Your Control." Verified.Me, SecureKey Technologies, 2018. verified.me/.

9. "CLSNet." Oversight Committee, CLS Group, 2018. www.cls-group.com/ products/processing/clsnet/.

10. "True Tickets." True Tickets, 2018. true-tickets.com/.

11. "Introducing Car EWallet." Car EWallet, ZF Friedrichshafen AG, 2018/. car-ewallet.zf.com/site/carewallet/en/car_ewallet.html.

12. "Loyyal." Loyyal, 2018. loyyal.com/.

13. Gilkey, Charlie. "Maven, Connector, or Salesperson: What's Your Archetype?" Productive Flourishing, June 28, 2018. www.productiveflourishing.com/mavenconnector-or-salesperson-whats-your-archetype/.

14. "Meet the Team: Greg Wolfond." SecureKey Technologies, 2018. securekey. com/about-securekey/meet-team/.

15. "Multistate Outbreak of E. coli O157:H7 Infections Linked to Fresh Spinach (Final Update)." Centers for Disease Control and Prevention, October 6, 2006. www.cdc.gov/ecoli/2006/spinach-10-2006.html.

16. "IBM Food Trust." IBM Food Trust: IBM Blockchain. IBM, 2018. www.ibm. com/blockchain/solutions/food-trust.

17. Mearian, Lucas. "Why a Walmart VP Had a 'Religious Conversion' to Blockchain." Computerworld. IDG Communications, April 27, 2018. www. computerworld.com/article/3269431/blockchain/why-a-walmart-vp-had-areligious-conversion-to-blockchain. html.

18. "Identity Fraud Hits All Time High with 16.7 Million U.S. Victims in 2017, According to New Javelin Strategy & Research Study." Javelin, 2018. www. javelinstrategy.com/press-release/identity-fraud-hits-all-time-high-167-millionus-victims-2017-according-new-javelin.

19. "Digital Identity Guidelines: Now Available." NIST Special Publication 800-63B. National Institute of Standards and Technology, 2017. pages.nist. gov/800-63-3/.

20. "Verifier Pairs AI with Optical Scanning for Real-World Product Authentication." The Analytics Maturity Model (IT Best Kept Secret Is Optimization). IBM, 2018. www.ibm. com/blogs/research/2018/05/ ai-authentication-verifier/.

21. Cuomo, Jerry. "Simply Defining Enterprise Blockchain." LinkedIn, 2018. www.linkedin. com/pulse/simply-defining-enterprise-blockchain-jerry-cuomo/.

Chapter 2

1. Crowe's Financial Cost of Fraud 2018 Report. www.crowe.com/uk/croweuk/ insights/financial-cost-of-fraud-2018

2. Gartner, 2018 Worldwide Cybersecurity Forecast Report. www.gartner.com/ en/newsroom/press-releases/2018-08-15-gartner-forecasts-worldwideinformation-security-spending-to-

exceed-124-billion-in-2019

3. Statista, Report: Size of the Cyber Security Market Worldwide, from 2017 to 2022. www.statista.com/statistics/595182/worldwide-security-as-a-servicemarket-size/

4. International Association for Contract and Commercial Management Report. blog.iaccm.com/commitment-matters-tim-cummins-blog/the-cost-of-acontract

5. Statista, Report: Size of the Legal Services Market Worldwide from 2013 to 2021. www.statista.com/statistics/605125/size-of-the-global-legal-servicesmarket/

6. Gartner, Forecast: Blockchain Business Value, Worldwide, 2017–2030. www.gartner.com/doc/3627117/forecast-blockchain-business-value-worldwide

7. Michael Burgi, "What's Being Done to Rein in $7 Billion in Ad Fraud," Adweek, February 21, 2016.

8. Lucy Handley, "Billions of Digital Marketing Dollars Are Being Wasted as Online Adverts Miss Their Intended Targets: Research," CNBC, December 20, 2016.

Chapter 3

1. Bellare, Mihir; and Rogaway, Phillip. (September 21, 2005). "Introduction." In Introduction to Modern Cryptography (p. 10). web.cs.ucdavis. edu/~rogaway/classes/227/spring05/book/main.pdf.

2. hackernoon.com/stablecoins-designing-a-price-stable-cryptocurrency- 6bf24e2689e5

3. medium.com/@argongroup/stablecoins-explained-206466da5e61

4. medium.com/coinmonks/asset-tokenization-on-blockchain-explainedin-plain-english-f4e4b5e26a6d

5. www.nasdaq.com/article/how-tokenization-is-putting-real-world-assets-onblockchains-cm767952

6. www.investopedia.com/terms/f/fungibility.asp

7. www.w3.org/Protocols/Design/Interevol.html

Chapter 7

1. "Emerging Technology Projection: The Total Economic Impact of IBM Blockchain—Projected Cost Savings and Business Benefits Enabled by IBM Blockchain." www-01.ibm.com/common/ssi/cgi-bin/ssialias? htmlfid=79017679USEN.

2. www.accountingcoach.com/blog/npv-net-present-value

3. hbr.org/2016/03/a-refresher-on-internal-rate-of-return

4. bizfluent.com/how-6200049-calculate-benefit-cost-ratio.html

5. www.investopedia.com/terms/p/paybackperiod.asp

6. www2.deloitte.com/mn/en/pages/governance-risk-and-compliance/articles/ risk-modeling.html

7. www.mckinsey.com/business-functions/risk/our-insights/the-evolution-ofmodel-risk-management

8. www.pmi.org/learning/library/quantitative-risk-assessment-methods-9929

9. go.oceg.org/grc-capability-model-red-book

10. www.investopedia.com/terms/b/businessrisk.asp#axzz27Teb1xOk

Chapter 8

1. Cuomo, Jerry. "The Yellow Pages of Blockchain Has Arrived: Networks Are Now Visible to the World." Blockchain Unleashed: IBM Blockchain Blog. IBM Blockchain, 2018. www.ibm.com/blogs/blockchain/2018/09/the-yellow-pagesof-blockchain-has-arrived-networks-are-now-visible-to-the-world/.

2. Murphy, Colby. "Joining Forces for the Advancement of Blockchain Technologies." Blockchain Unleashed: IBM Blockchain Blog. IBM Blockchain, 2018. www.ibm.com/blogs/blockchain/2018/10/joining-forces-for-theadvancement-of-blockchain-technologies/.

3. Modex Team. "Combining Blockchain and Artificial Intelligence for a Better Future." Blog. modex.tech, August 13, 2018. blog.modex.tech/combiningblockchain-and-artificial-intelligence-for-a-better-future-421e97141e60.

4. Lombardo, Hans. "Blockchain Serves as Tool for Human, Product and IoT Device Identity Validation." Chain of Things. Chain of Things Limited, January 11, 2017. www.

chainofthings.com/news/2017/1/11/blockchain-servesas-tool-for-human-product-and-iot-device-identity-validation.

5. Smartz. "How Blockchain and Smart Contracts Can Impact IoT." Smartz Platform Blog: Medium, August 21, 2018. medium.com/smartz-blog/howblockchain-and-smart-contracts-can-impact-iot-f9e77ebe02ab.

6. "The Future of Energy Is Local." Brooklynmicrogrid.com. Brooklyn Microgrid, 2018. brooklynmicrogrid.com/.

7. "The Future of Energy: Blockchain, Transactive Grids, Microgrids, Energy Trading: LO3 Stock, Tokens and Information." LO3 Energy, 2018. lo3energy. com/.

찾아보기